김광석과
철학하기

김광석과 철학하기

1판 1쇄 발행 2016. 1. 11.
1판 4쇄 발행 2019. 4. 11.

지은이 김광식

발행인 고세규
편집 강미선 | 디자인 안희정
발행처 김영사
등록 1979년 5월 17일(제406-2003-036호)
주소 경기도 파주시 문발로 197(문발동) 우편번호 10881
전화 마케팅부 031)955-3100, 편집부 031)955-3200 | 팩스 031)955-3111

KOMCA 승인 필

값은 뒤표지에 있습니다.   ISBN 978-89-349-7324-9 03100

홈페이지 www.gimmyoung.com   카페 cafe.naver.com/gimmyoung
페이스북 facebook.com/gybooks   이메일 bestbook@gimmyoung.com

좋은 독자가 좋은 책을 만듭니다.
김영사는 독자 여러분의 의견에 항상 귀 기울이고 있습니다.

이 도서의 국립중앙도서관 출판시도서목록(CIP)은 서지정보유통지원시스템 홈페이지
(http://seoji.nl.go.kr)와 국가자료공동목록시스템(http://www.nl.go.kr/kolisnet)에서
이용하실 수 있습니다.(CIP제어번호 : CIP2015036135)

김광석과 철학하기

김광식 지음

흔들리지 않는 삶을 위한
12가지 행복 철학

김영사

prologue

슬픔으로 슬픔을,
생각으로 생각을 치유한다

"몸의 아픔을 고치지 못하는 의술이 소용없듯이, 마음의 아픔을 치유하지 못

하는 철학은 아무 소용없다."

_ 에피쿠로스[1]

"1989년쯤으로 기억된다. (…) 버스에서 흘러나오는 노래가 너무 절절해서 나
도 모르는 새에 눈가가 촉촉하게 젖어 왔다. (…) 〈어느 60대 노부부의 이야기〉
라는 노래였다. (…) 〈김광석 다시 부르기2〉에 이 노래를 담기로 했다. (…) '막내
아들 대학 시험'이라는 대목에 이르기만 하면 이상하게 목이 메어와 녹음을 진
행할 수가 없었다. 몇 번인가 시도를 했지만 마찬가지였다. 결국 술 먹고 노래
를 불렀다. (…) 음주 녹음이라고 할까? 하하하. 여하튼 음주 녹음에 대한 단속
은 없어서 다행이다. (…) 이 노래를 듣고 나처럼 눈물을 흘리시는 분들이 꽤 많
다. (…) 울고 싶은 마음이 들면 우는 게 좋을 것 같다."[2] "마음에 상처를 안고
살아가는 사람들 (…) 외로움을 달래주고 용기를 주는 따뜻한 노래를 들려주고
싶다."[3]

_김광석

김광석과 에피쿠로스 이 두 사람을 믿고 책을 쓴다. 이 책은 노래와 철학으로 아픔을 치유하고자 한다.

왜 노래와 철학인가? 아픈 마음을 엮고 푸는 씨줄과 날줄이 감성과 이성이니까. 노래는 감성으로 아픈 마음을 어루만져주고, 철학은 이성으로 아픈 마음을 헤아려준다. 마음이 아플 때 노래를 들으면 아픔이 가라앉는다. 하지만 시간이 지나면 다시 아프다. 아픔의 증상만 가라앉혔을 뿐 아픔의 원인을 찾아 해결한 게 아니기 때문이다. 아픔의 원인을 찾아 해결할 수 있는 건 감성이 아니라 이성이다.

왜 김광석인가? 슬프니까. 슬퍼서 오히려 마음속 슬픔이 차분히 가라앉는다. 슬픔이 슬픔을 치유하는 것이다. 그런데 왜 슬픈 노래를 생뚱맞게 행복을 위한 철학과 엮는가? 행복을 위한 철학은 불행한 이들을 위한 철학이기 때문이다. 행복한 이들은 행복을 위한 철학을 필요로 하지 않는다. 이미 행복하기 때문에.

불행은 마음속 깊이 가라앉아 있다. 불행은 마음의 수면에 슬픔으로 떠오른다. 마음속 불행이 깊을수록 드러나는 슬픔도 깊다. 김광석 노래에 담긴 슬픔을 따라 내려가다보면 뿌리 깊은 불행을 만난다. 철학이 오랫동안 파헤쳐왔던 그 뿌리 깊은 불행을. 철학은 궁극의 학문이다. 철학은 마음속 불행의 뿌리를 깊이 파헤쳐 치유를 시도한다. 궁극(근본)에 이를 때까지. 그리고 그것으로부터 벗어날 행복의 실마리를 찾을 때까지.

김광석을 떠올리면 가슴 한 편이 쓸쓸하다. 채움보다 비움을 노래하는 탓일까? 만남보다 헤어짐을 노래하며 머묾보다 떠남을 노래하는 그는 무한의 시간보다 유한의 시간을 사랑한다. 유한의 시간 속에서 그는 하이데거를 만난다. 〈서른 즈음에〉로 하이데거의 《존재와 시간》을 만난다.

우리는 '존재'한다. 하지만 존재하는 '방식'은 서로 다르다. 누구는 한없이 살 수 있는 것처럼 무한의 시간을 살지만, 누구는 시간의 유한성을 깨닫고 실존의 삶을 산다. 그래야 행복하다.

〈서른 즈음에〉 김광석은 깨닫는다. 늘 머물러 있는 청춘인 줄 알았는데, 매일 이별하며 살고 있다는 것을. 서른셋이라는 유한의 시간을 살고 그렇게 그는 우리 곁을 떠났다. 마침 오늘이 그가 세상을 떠난 지 20년이 되는 날이다. 그가 문득 물어올 것만 같다. 당신은 행복하냐고.

김광석의 노래와 철학은 서로를 비추는 거울 같다. 너무 아픈 사랑은 사랑이 아니라고 할 만큼 절절한 사랑 속에서 '죽음'의 철학을 이야기하는 하이데거를 만나고, 사랑했지만 떠날 수밖에 없는 슬픔 속에서 '의심'의 철학을 이야기하는 흄을 만난다.

짧게 잘린 머리를 보고 마음까지 굳어지는 슬픔 속에서 '비판'의 철학을 이야기하는 칸트를 만나고, 다시 못 올 그 먼 길을 홀로 보내는 슬픔 속에서 '자유'의 철학을 이야기하는 헤겔을 만난다.

타는 목마름으로 민주주의라는 네 글자를 남몰래 쓰는 슬픔 속에서 '혁명'의 철학을 이야기하는 마르크스를 만나고, 어린아이에게서 어른의 모습을 보는 슬픔 속에서 '초인'의 철학을 이야기하는 니체를 만난다.

"우리는 이 세상을 하나의 동물원이라 생각하는 의미에서 우리 그룹에 동물원이라는 이름을 붙였어요. 어느 철학자가 그랬죠. 인간은 동물에서 초인으로 가는 중간의 존재라고요. 우리는 모두 눈에 보이지 않는 창살의 동물원에 갇혀 창살 밖의 자유로운 세상을 동경하며 살아가는 것 같아요."[4]

니체의 초인으로 자신의 노래 철학을 이야기하는 가수, 어쩌면 그는 노래하는 철학자다. 그는 초인을 꿈꾸며 외로운 줄타기를 하는 인간적인, 너무나 인간적인 사람이다. 때로는 그에게서 자유를 그리워하는 동물 냄새가 난다.

감히 '김광석의 철학'을 시도하지는 않는다. 김광석과 철학의 만남을 엿볼 뿐이다. 보다 정직하게 말하자면 김광석과 김광식의 만남이다. 김광석은 슬픔으로 슬픔을 치유하고, 김광식은 생각으로 생각을 치유하고자 한다. '김광석 vs 김광식', 행복을 위한 철학콘서트에 여러분을 초대한다. 슬픈 사람만 와라. 이미 행복한 사람은 사절이다.

서울대학교와 서울대학교 평생교육원에서 여러 학기 강의한 내용을 책으로 엮었다. 뜨거운 관심과 참여는 감동 그 자체였다. 여러 해 동안 함께한 수백 명의 수강생들께 감사드린다.

KBS 2TV 〈TV 특강〉에서 '행복을 위한 철학 콘서트'라는 이름으로 신년벽두에 1주일 동안 강연했던 시리즈를 보완했다. 이상은 작가님, 정종원 PD님, 안성주 제작사 대표님, 임대배 CP님께 감사드린다.

MBC FM 4U 〈세상을 바꾸는 생각〉과 KBS1 라디오 〈세상의 모든 지식〉에서 여러 달 동안 강연했던 내용도 포함했다. 이병관 작가님, 정영선 PD님, 신은정 작가님, 한혜련 PD님, 김형주 PD님, 이은성 진행자님께도 감사드린다.

강미선 편집자님과 안희정 디자이너님, 박혜림 일러스트 작가님을 비롯하여 출판에 도움을 주신 김영사의 모든 분들께 감사드린다.

이 책의 기획에 남다른 관심과 도움을 주신 정인회 선배님, 철학자 강신주 님, 추천사를 써주신 강헌 평론가님, 이남인 교수님께도 깊이 감사드린다. 무엇보다 사랑하는 가족에게 고마움을 전한다. 마지막으로 김광석과 김광식에게도 감사드린다. 광석아, 광식아 고맙다. 모두들 행복하시길.

2016. 1. 6
관악산에서
김광식

차례

TRACK 1

"거리에서"와
행복의 철학

행복은 삶의 방식, 곧 라이프스타일이다.
행복은 명사가 아니라 부사다.
'행복'이 무엇인지 묻기보다
'행복하게' 산다는 것이 무엇인지를 물어야 한다.

거리에서

거리에 가로등 불이 하나둘씩 켜지고
검붉은 노을 너머 또 하루가 저물 땐
왠지 모든 것이 꿈결 같아요

거리에 짙은 어둠이 낙엽처럼 쌓이고
차가운 바람만이 나의 곁을 스치면
왠지 모든 것이 꿈결 같아요

유리에 비친 내 모습은 무얼 찾고
있는지
뭐라 말하려 해도 기억하려 하여도
허한 눈길만이 되돌아와요

옷깃을 세워 걸으며 웃음 지려 하여도
떠나가던 그대의 모습 보일 것 같아
다시 돌아보며 눈물 흘려요

그리운 그대 아름다운 모습으로
마치 아무 일도 없던 것처럼
내가 알지 못하는 머나먼 그곳으로
떠나버린 후

그리운 그대 아름다운 모습으로
마치 아무 일도 없던 것처럼
내가 알지 못하는 머나먼 그곳으로
떠나버린 후

사랑의 슬픈 추억은 소리 없이 흩어져
이젠 그대 모습도 함께 나눈 사랑도
더딘 시간 속에 잊혀져 가요

사랑의 슬픈 추억은 소리 없이 흩어져
이젠 그대 모습도 함께 나눈 사랑도
더딘 시간 속에 잊혀져 가요
더딘 시간 속에 잊혀져 가요

작사 · 작곡 김창기 | 노래 김광석

제1악장

꿈결처럼
산다는
것은

　　　　　　나는 강의 첫 시간에 〈거리에서〉라는
노래를 학생들에게 들려준다. 거리에 가로등 불이 하나둘씩 켜지는
저녁 무렵이면 노래는 더욱 애잔하게 들린다. 왜 청춘들에게 김광
석의 〈거리에서〉를 들려주는 걸까. 사랑의 열병이나 삶의 고민 때문
에 거리를 방황하는 청춘들에게 행복의 비밀을 슬며시 건네주고 싶
어서다.

　이 노래를 들으면 행복보다 슬픔이 느껴진다. 아니, 슬픔을 넘어
아픔이 느껴진다. 거리에서 방황하는 김광석의 슬픔과 아픔, 그리고
나의 슬픔과 아픔이. 그래서 묻게 된다. 나는 지금 행복한가.

　〈거리에서〉를 불렀던 김광석은 행복하지 않았던 것 같다. 그는
한참 자신의 인기가 치솟았던 1993년에 돌연 활동을 멈추었다. 그
리고 공연장이 아닌 거리에서 종종 만취한 모습을 보였다. 심지어
클럽에서 바닥에 누워 악을 쓰며 울부짖기도 했다고 한다. 무엇이

김광석을 그토록 힘들게 했을까? 김광석을 슬프게 만드는 '그 무엇'은 무엇이었을까? 애타게 찾고 기억하려 하고, 눈물 흘리며 그리워하는 것은 무엇이었을까?

우리는 그 답을 안다. 우리가 또 다른 김광석이기 때문이다. 그 답은 '그대'일 수도 있고, 그대의 아름다운 '모습'일 수도 있고, 그대와 함께 나눈 '사랑'일 수도 있고, 그 모든 것일 수도 있다. 어떤 것이든 그것은 우리가 더 이상 가지고 있지 못한 '잃어버린' 그 무엇이다. 그리고 이제는 '그 무엇'마저 더딘 시간 속에 잊혀 간다. 그 '덧없음'이 슬프다.

꿈결, 행복의 키워드

이 노래에 숨겨진 행복을 위한 키워드는 '꿈결'이다. '왠지 모든 것이 꿈결 같다'는 말에 행복의 비밀이 숨어 있다. 꿈결이란 꿈인 듯 현실인 듯, 꿈과 현실의 경계를 넘나드는 애매모호한 상태다. 꿈이라고 말할 수도 있고 꿈이 아니라고 말할 수도 있다. 꿈결이란 바로 꿈과 현실의 플라스마 상태, 넘나듦의 상태다.

또한 꿈결은 덧없는 상태다. 꿈결이란 덧없이 빠르게 지나가는 동안을 뜻한다. 잠드는 순간이나 깨는 순간을 떠올리면 그야말로 순식간이다. 눈 깜짝할 사이에 잠이 들고, 잠이 깬다. 그 순간을 붙들어놓기는 어렵다. 말하자면, 꿈결은 넘나듦과 덧없음의 상태다.

〈거리에서〉를 부르는 김광석은 그리워하고 있다. 유리에 비친 내 모습이 애타게 찾고 있는 그대를 그리워하며, 무얼 말하려 해도 기억하려 해도 허한 눈길만이 되돌아오는 그대를 그리워한다. 아름다운 모습으로 마치 아무 일도 없던 것처럼, 내가 알지 못하는 머나먼 그곳으로 떠나버린 그대를 그리워하며, 사랑의 슬픈 추억이 소리 없이 흩어져 이젠 그 모습도 함께 나눈 사랑도 더딘 시간 속에 잊히는 그대를 그리워한다.

그는 그러한 그리움을 꿈결 같다고 말한다. 거리에 가로등 불이 하나둘씩 켜지고 검붉은 노을 너머 또 하루가 저물 때 느껴지는 느낌 같다고 한다. 하루가 저물 때는 낮도 아니고 밤도 아닌 낮과 밤의 경계 상태이듯, 그리움 역시 그리워하는 대상이 나에게 있는 것도 아니고 없는 것도 아닌, 있음과 없음의 경계 상태다. 내 곁에 있다면 그리워할 필요가 없고, 내 맘 속에 없다면 더 이상 그리워하지 않을 테니까.

노을이 영원히 머물 수 없듯이 그리움도 영원할 수 없다. 그리움은 해변에 쓴 '영원히 사랑한다'는 맹세 같다. 그 굳은 다짐이 밀려오고 쓸려 가는 파도 속에 점점 스러지듯, 그리움 역시 소리 없이 흩어져 더딘 시간 속에 점점 잊혀 간다.

이처럼 그리움은 넘나듦과 덧없음의 속성을 가진 꿈결 같다. 여기 그리움 속에서 우리는 삶의 넘나듦과 덧없음을, 행복을 위한 꿈결의 철학을 깨달을 수 있다.

꿈결의 철학, 그것은 우리가 삶에서 영원히 변하지 않는 진리나 가치라고 믿는 소중한 것들이 한순간에 '꿈결처럼' 덧없이 변하거나 사라질 수 있다는 깨달음이다. 반反꿈결의 철학은 그 진리나 가치라고 믿는 것들이 영원히 변하지 않는다고 믿고 거기에 집착하는 것이다.

하지만 영원히 변하지 않는 진리나 가치가 있을까? '태양은 지구 둘레를 돈다'거나 '노예나 여자나 흑인의 가치는 주인이나 남자나 백인의 가치보다 낮다'고 생각했던 이전의 가치들을 생각해보라.

행복한 삶의 철학은 반꿈결의 철학보다는 꿈결의 철학에 가깝다. 삶이란 다시 말해, 살아 있다는 것은 어떤 고정된 울타리나 상태 속에 머물러 있지 않는다는 걸 뜻한다. 그 안에 머물러 있으면 썩는다.

반꿈결의 철학, 독단과 집착

인간의 행복이 꿈결의 철학에서 비롯된다면, 인간의 많은 불행은 넘나듦과 덧없음을 깨닫지 못하고 영원함에 집착하는 반꿈결의 철학에서 비롯된다. 그것은 진리와 거짓, 가치 있음과 가치 없음을 둘로 분명히 나눌 수 있다고 믿는다. 사랑과 사랑 아님의 구분이 절대적이라고 믿거나 사랑은 영원하다고 믿고 집착하는 사람은 그렇지 않은 사람보다 불행한 삶을 살 가능성이 더 크다.

그에게 그리움은 사랑이 아니다. 내 곁을 떠나간 사랑은 더 이상 사랑이 아니다. 사랑을 잃었다고 생각해서 괴롭고 불행하다. 혹은 사랑을 얻지 못해 불행하다고 믿는다. 그래서 얻지 못하던 사랑을 얻거나 잃어버린 사랑을 되찾을 때, 뛸 듯이 기뻐하며 비로소 행복해졌다고 믿는다.

가끔 우리는 뉴스에서 사랑하는 여자가 헤어지자고 말해 살인을 저질렀다는 남자들의 기사를 보고는 한다. 사랑하는 이를 죽인 남자에게 그리움은 사랑이 아니다. 남자는 그리움 대신 잃어버린 사랑에 집착했다.

반꿈결의 철학은 다른 모든 것과 절대적으로 구별되는 '그 무엇'에 집착한다. 다른 모든 것은 '그 무엇'이 절대로 아니며 '그 무엇'을 절대로 대신할 수 없다. '그 무엇'은 영원하며 절대로 변하지 않는다. 아니 절대로 변해서는 안 된다.

'그 무엇'을 얻으면 행복해지고, 잃으면 불행해진다고 여긴다. 그래서 '그 무엇'에 집착한다. 얻으려고 집착하고, 얻으면 잃지 않으려고 집착한다. 잃으면 불행하다고 여겨 남의 목숨을 끊거나 자신의 목숨을 끊는 일조차 서슴지 않는다.

행복하게 살려면 꿈결의 철학을 삶의 철학으로 삼아야 한다. 다른 모든 것과 절대적으로 구별되는 '그 무엇'은 없다. 다른 어떤 것도 '그 무엇'이 될 수 있다. 절대로 변하지 않는 영원한 '그 무엇'은 없다. 얻으면 행복해지고, 잃으면 불행해지는 '그 무엇'은 없다.

꿈결 속에서 꿈과 현실이 넘나들듯이, 그리움 속에서 사랑과 사랑 아님이 넘나든다. 꿈결 속에서 모든 것이 영원하지 못하고 덧없이 사라지듯이, 그리움 속에서 사랑마저 영원하지 못하고 덧없이 사라진다. 심지어 그리움마저도 덧없이 사라진다. 꿈결이나 그리움 속에서는 손에 잡히는 '그 무엇(실체, substance)'을 찾을 수 없다. 그래서 그것을 얻으면 행복해지고, 잃으면 불행해지는 '그 무엇'도 있을 수 없다.

이쪽이기도 아니기도

〈공동경비구역〉은 꿈결의 철학을 잘 보여주는 영화다. 남한도 아니고 북한도 아닌, 또한 남한이기도 하고 북한이기도 한 '공동경비

구역'은 꿈결 같은 공간이다. 남한이든 북한이든 자본주의나 사회주의가 영원히 변하지 않는 진리나 가치라고 믿는다. 그들의 믿음은 넘나듦이나 덧없음 따위가 전혀 끼어들 틈이 없이 확고하다.

휴전선 철책선이 남과 북을 가르는 절대로 넘을 수 없는 '보이는' 절대 경계라면, 지뢰는 '보이지 않는' 절대 경계다. 보이는 강도보다 보이지 않는 귀신이 더 무섭듯이, 보이는 철책선보다 보이지 않는 지뢰가 더 무섭다. 하지만 지뢰보다 더 무서운 것은 몸에 밴 이념이다. 영원히 옳다고 믿는 가치나 신념에 대한 절대적 믿음, 곧 반꿈결의 철학이 더 무서운 법이다.

"가까이 오지 마." 지뢰를 밟은 이수혁이 다가오는 북한 병사들에게 총을 겨누며 외치는 이 한마디는 반꿈결의 철학이 지닌 비극성을 단적으로 보여준다. 무서운 지뢰를 밟았는데도 이념은 다른 이념에게 총을 겨눈다. 반세기 분단의 비극이 개인의 영혼 속에 그어놓은, 넘을 수 없는, 넘어서는 안 되는 절대 경계를 상기시키는 이 한마디보다 그 비극을 더 적나라하게 보여주는 말은 없다.

아이러니하게도 분단 비극의 결정체인 지뢰가 넘을 수 없는 듯 보였던 이념의 절대 경계를 폭발시킨다. "야, 개××들아! 그냥 가면 어떡해. … 살려주세요."

어떤 경계든 처음 한 번 넘기가 어렵지, 일단 넘으면 넘나들기는 어렵지 않다. "살려주세요"라는 한마디는 견고해 보였던 반꿈결의 철학에 작은 균열을 내는 강력한 꿈결 철학의 지뢰다. 이 강력하고도 너무나 인간적인 지뢰는 이수혁의 절대 경계뿐만 아니라 오경필의 절대 경계마저도 허물었다.

"살려주세요"라는 꿈결 철학의 지뢰는 넘나듦과 덧없음으로 무장된 삶의 의지로부터 나왔다. 울타리에 집착하여 넘나듦을 거부하고 머물러 있으면 썩는다는 비밀을 체득한 삶의 의지는 절대 경계에 대한 집착을 허물었다. 그들은 친구가 되어 철책선을 넘나들며 절대 경계가 사라진 놀이판을 즐긴다.

하지만 꿈결 철학이라는 이 조그만 섬은 반꿈결 철학이라는 커다란 대양에 둘러싸여 늘 불안하다. 꿈결 같은 놀이판에 불쑥 끼어든 "전쟁이 나면 우리도 서로 쏴야 돼?"라는 질문은 흥겨운 놀이판을 깨고 오랜 침묵이 흐르게 만든다. 그들은 이 낯선 어색한 침묵을 김광석의 노래와 술로 수습하려 한다. "오마이 생각나는구만. 그런데 광석인 왜 일찍이 죽었대니? 야, 야! 우리 광석이를 위해서 딱 한 잔만 하자." 하지만 그 불안은 쉬이 가시지 않는다.

불안은 갑작스럽게 문을 열어젖힌 북한 장교에게 발각되어 현실이 된다. "뭐야. 이게 뭐야 지금." 꿈결의 철학을 겨누는 이 한마디. 꿈에서 화들짝 놀라 깨어난 듯 그들이 서로를 향해 총을 겨누며 소리친다. "형이고 뭐고 다 필요 없어. 결국 우린 적이야." 꿈결 철학의 섬을 덮친 반꿈결 철학의 해일은 모든 행복을 삽시간에 삼켜버린다.

꿈결 철학의 영혼은 덧없이 사라져버린 것일까. 아니다. 그들은 남한에서, 북한에서 각각 시퍼런 이념의 칼날로부터 마지막까지 서로를 지켜주려 했다. 이수혁은 반꿈결 이념의 유혹에 넘어가 친구를 쏴버렸다는 죄책감을 스스로 목숨을 바쳐 씻어낸다. 십자가처럼 누워 피 흘리는 이수혁을 비추는 마지막 장면 뒤로 김광석의 〈부치지 않은 편지〉가 흐른다. "풀잎은 쓰러져도 하늘을 보고, … 언 강 바람 속으로 무덤도 없이, 세찬 눈보라 속으로 노래도 없이…그대 사랑 이제 곧 노래 되리니…" 꿈결의 철학으로 되살아나, 되돌아보지 말고 그대 잘 가라.

제2악장
행복은 라이프
스타일

　　　　　　　김광석의 노래에 담긴 '꿈결의 철학'
을 잘 보여주는 이는 아리스토텔레스(Aristoteles, BC 384~322)다. 아
리스토텔레스의 '중용의 철학'은 그 철학적 근거를 제공한다.

　중용mesotes이란 극단을 피하는 것을 뜻한다. 지나침과 모자람
이라는 극단을 멀리한다. 탐욕이라는 지나침의 극단도, 금욕이라는
모자람의 극단도 멀리한다. 무모함이라는 지나침의 극단도, 비겁함
이라는 모자람의 극단도, 오만함이라는 지나침의 극단도, 비굴함의
모자람이라는 극단도 멀리한다.

　지나침이든 모자람이든 극단은 '이것 아니면 저것'이라 여기는
이분법적 반꿈결의 철학에 뿌리를 두고 있다. 극단은 욕망의 경우
에도 욕망이 있음과 혹은 없음만 있을 뿐, '절제'처럼 욕망이 있기도
하고 없기도 한 중간은 절대로 있을 수 없다고 독단한다.

　또한 중용은 극단에 대한 집착을 피하는 것을 뜻한다. 극단에 대

한 집착은 오로지 '이것만이 진리나 가치'라 여기는 절대주의라는 반꿈결의 철학에 뿌리를 두고 있다. 극단은 욕망이 있는 것만이 옳으며 이것만이 영원한 진리나 가치라고 여기거나, 거꾸로 욕망이 없는 것만이 옳으며 이것만이 영원히 변하지 않는 진리나 가치라고 여긴다.

중용의 철학은 넘나듦과 덧없음이란 깨달음에 바탕을 둔 꿈결의 철학으로 이분법과 절대주의라는 반꿈결의 철학을 거부한다. 이것도 아니면서 저것도 아니며, 이것이면서 저것이기도 하다. 중용의 덕인 절제는 욕망이 있는 것도 아니면서 없는 것도 아니며, 욕망이 있으면서도 또한 없는 것이기도 하다.

또한 중용의 철학은 영원히 변하지 않을 것 같아도 그 꿈이 한순간에 덧없이 사라질 수 있다는 깨달음에 바탕을 둔 꿈결의 철학이다. 중용의 철학은 이것만이 혹은 저것만이 우리를 행복하게 만드는 영원한 '그 무엇'이라는 믿음이 영원할 수 없다고 여긴다. 그것은 우리를 행복하게 만드는 영원한 '그 무엇'으로 여겨지는 쾌락도, 부도, 명예도, 사랑도 영원한 구원자가 아닌 한낱 덧없는 것일 수 있다고 여긴다.

'중용의 철학'은《니코마코스 윤리학》에 잘 나타나 있다. 아리스토텔레스는 넓은 의미의 '중용의 철학'인 '덧없음의 철학'으로부터 시작하여 좁은 의미의 '중용의 철학'인 '넘나듦의 철학'으로 나아간다.

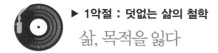

삶, 목적을 잃다

아리스토텔레스가 말하는 행복의 핵심은 '덧없음'이다. 그는 얻으면 행복해지고 잃으면 불행해지는 영원히 변하지 않는 '그 무엇'은 없다고 한다. 우리가 '그 무엇'으로 여기는 쾌락이나 부나 명예나 사랑 따위는 영원한 가치를 갖는 것이 아닌 덧없는 것들이다.

그래서 그는 우리가 그 무엇을 얻으려 집착하며 사는 것은 부질없다고 여긴다. 마치 손가락 사이를 빠져나가는 모래알을 움켜쥐면 쥘수록 사라지는 것과 같다. 얻으려 집착하면 할수록 행복해지기는커녕 불행해진다고 여긴다. 그것들은 손에만 넣으면 행복을 얻을 수 있는 절대반지가 아니다. 왜 그럴까? 그 열쇠는 "행복이란 무엇인가"라는 물음 속에 있다.

아리스토텔레스가 쓴 대표적인 책, 《니코마코스 윤리학》은 행복론이다. 그는 이 책을 쉰 살쯤에 낳은 늦둥이 아들 니코마코스를 위해 썼다. 예순두 살에 죽었으니 아들을 사랑한 아버지의 유언장인 셈이다.

아리스토텔레스는 먼저 어떻게 살아야 하는지를 묻는다. 그러나 그것을 알기 위해서는 왜 사는지를 먼저 알아야 한다. 사는 이유나 목적을 안다면 그 이유나 목적에 맞게 살면 되니까.

당신은 왜 사는가? 부자가 되려고? 권력이나 명예를 얻기 쉬우니까? 그럼 권력이나 명예는 왜 얻으려고 하는가. 운명적인 사랑이나 자아실현을 하기 쉬워서? 그럼 운명적인 사랑이나 자아실현은 왜 얻으려고 하는가? 물음은 이렇게 끝없이 이어질 것이다.

이러한 물음을 거듭하면 더 이상 다른 어떤 것을 이유로 들기 어려워지는 때가 온다. 다시 말해 "왜?"라는 물음을 더 이상 물을 수 없게 될 것이다. 바로 이것이 우리가 알고 싶었던, 우리가 사는 참된 이유다. 아리스토텔레스는 이 참된 이유를 삶의 '궁극 목적'이라고 한다. 그렇다면 그게 뭘까?

아리스토텔레스는 어떤 것이 '궁극 목적'이 되려면 두 가지 조건을 만족해야 한다고 보았다. 그것은 완결성teleiotaton과 완전성autarkeia이라는 조건이다.

먼저 완결성을 갖춰야 한다. 최종적인 목적이 되어야 한다. 더 높은 다른 목적의 수단이어서는 안 된다. 다른 것을 위해 그것을 원해서는 안 된다. 그 목적은 그것을 수단으로 삼는 어떤 더 높은 다른 목적이 있을 수 없는 가장 높은 궁극적인 것이어야 한다.

완전성도 갖춰야 한다. 모자람이 없이 완전해야 한다. 더 이상 어떤 다른 목적도 보탤 필요가 없어야 한다. 그것만으로 필요한 모든 것이 충족되어야 한다. 같은 수준이든 더 높은 수준이든 다른 어떤 목적도 더 이상 필요로 하지 않아야 한다. 완결성과 완전성을 모두 갖춘 삶의 궁극 목적은 무엇일까?

돈이 삶의 궁극 목적일까?

사업가가 복잡해진 머리를 식히려고 평화로운 어촌을 찾아갔다. 그는 한가로운 바닷가에서 한 어부가 귀한 물고기를 손쉽게 잡는 것을 보았다. 해가 아직 중천인데 어부는 몇 마리만 잡고서는 집으로 갈 채비를 했다.

"왜 더 잡지 않고 가세요? 하루 종일 잡으면 금방 부자가 될 텐데." 사업가가 물었다. "부자가 되면 뭣하게요?" "부자가 되면 한가로이 낚시나 하면서 즐겁게 지낼 수 있잖아요." 어부가 말했다. "전이미 그렇게 지내고 있는데요."

사업가는 깨달았다. 자신은 행복한 삶을 살기 위한 수단으로서 돈을 번다고 생각했지만 실제로는 돈 그 자체를 절대 불변의 영원한 궁극 목적으로 삼고 있었음을.

돈은 행복을 위해 기꺼이 포기할 수도 있다. 행복을 위한 수단에 지나지 않으니까. 돈을 벌었다고 해도 그것으로 모든 것이 충족되는 게 아니다. 돈은 벌었어도 건강이 나쁘다면, 명예나 사랑을 잃었다면, 다시 건강이나 명예나 사랑을 얻고자 하는 또 다른 목적을 추구하려고 할 것이다.

> 돈을 벌기 위한 생활은 강제로 어쩔 수 없어서 하게 되는 생활이다. 부는 분명히 우리가 구하고 있는 좋은 것이 아니다. 왜냐하면 그것은 유용한 것일 따름이며, 다른 어떤 것 때문에 존재하는 것이기 때문이다. 그러므로 우리는 돈보다 차라리 다른 어떤 것들을 목적으로 삼아야 할 것이다. 왜냐하면 우리는 돈이 아니라 다른 어떤 것들 때문에 돈을 원하기 때문이다.
>
> _ 아리스토텔레스, 《니코마코스 윤리학》[5]

쾌락이 삶의 궁극 목적일까?

독일 철학자 슈페만Robert Spaemann이 말하는 '쾌락기계'를 생각해보자. 당신은 마취된 상태로 쾌락침대 위에 누워 있고 머리에는 뇌의 쾌락 중추로 연결된 전극 단자가 붙어 있다. 부작용이 없는 약물이 주사되고 뇌에 연결된 전기 자극을 통해 끊임없이 강력하고 지속적인 쾌락을 느낄 수 있도록 되어 있다.

말하자면, 당신이 평소에 꿈꾸던 백만장자가 되어 한가로이 낚시를 즐기거나 세계 곳곳을 누리며 멋진 로맨스를 즐기거나 유명한 정치가나 연예계 스타가 되어 인기를 한 몸에 받으며 기쁨의 절정을 만끽할 수 있다. 그 밖에도 당신이 원하고 상상할 수 있는 최상의 즐거움들을 평생 느낄 수 있다. 그리고 죽음의 순간은 아무 고통 없이 맞게 될 것이다.

자, 당신은 이 쾌락기계를 사용할 수 있는 기회를 갖고 있다. 어떻게 할 것인가? 이 기계를 사용해 최고의 즐거움을 누리겠는가? 한 가지 분명한 건, 누구나 이 쾌락기계를 원할 것이라고 장담하지는 못한다는 것이다. 비록 소수일지라도 쾌락이 아닌, 또는 쾌락을 넘어서는 소중한 가치가 있는 어떤 다른 목적을 위해, 이 최상의 즐거움을 선택하지 않는 사람이 있을 것이다.

이는 쾌락이 아닌, 또는 쾌락을 넘어서는 다른 소중한 어떤 목적이나 이유가 있다는 것을 뜻한다. 즐거움이 있어도 모든 게 충족된 게 아니다. 명예와 같은 다른 목적을 위해 쾌락을 포기할 수도 있다. 고통을 무릅쓰고 병들고 가난한 사람들을 돕는 이들도 있지 않은가. 쾌락은 완전하지 못하다. 쾌락은 삶의 궁극 목적이 될 수 없다.

쾌락은 언제 또 다른 멋진 매력에 밀려 쓰러질지 모르는 늘 불안한 가녀린 하이힐일 뿐이다.

> 쾌락은 [원하여 목적으로 삼는] 여러 좋은 것들 가운데 하나다. 쾌락은 [원하여 목적으로 삼는] 다른 어떤 좋은 것들보다 더 나은 [가장] 좋은 것이 아니다. 쾌락은 그것만으로 보다는 어떤 것이든 다른 어떤 좋은 것이 보태어졌을 때 더욱 원하[여 목적으로 삼]는 것이기 때문이다.
> _ 아리스토텔레스, 《니코마코스 윤리학》

명예가 삶의 궁극 목적일까?

영국의 에드워드 8세, 윈저 공은 사랑이냐 명예냐의 갈림길에서 국왕이라는 명예를 포기했다. 한때 영국의 국왕이었으나 왕실과 국민이 미국의 평범한 이혼녀였던 심프슨 부인과의 결혼을 반대하자 왕위를 내려놓고 사랑을 선택했다.

아리스토텔레스는 명예도 완전하지 못하므로 삶의 궁극 목적이 될 수 없다고 본다. 그는 무엇보다 명예가 그것을 받는 사람이 아니라 그것을 주는 사람에게 달린, 수동적이고 우연적인 것이라는 데 주목했다. 다른 것에 의존하는 수동적이고 우연적인 것은 그 자체로 충분하지 못하고 그 이상의 다른 것을 필요로 하므로 완전한 것이 될 수 없다. 그 불안하고 덧없는 명예를 금과옥조로 여기며 삶의 궁극 목적으로 삼는 것만큼 어리석은 것도 없다.

> 명예도 우리가 찾는 [삶의 궁극 목적으로 삼을 가장] 좋은 것으로 보기에는

많이 모자란 것 같다. 왜냐하면 명예란 그것을 받는 사람보다 오히려 그것을

주는 사람에게 달려 있는 것으로 생각되기 때문이다. 우리가 생각하기에 좋은

것이란 어떤 사람에게 고유한 것이며 그래서 그에게서 쉽게 떼어낼 수 없는

것이기 때문이다.

_ 아리스토텔레스, 《니코마코스 윤리학》

사랑이 삶의 궁극 목적일까?

사랑이 삶의 궁극 목적일까? 김광석의 노래처럼 머나먼 그곳으로 떠나버린 그대가 마치 아무 일도 없던 것처럼 다시 돌아와 사랑을 하게 된다면 삶의 궁극 목적이 달성된 것일까? 사랑 때문에 한창 천당과 지옥을 오가는 사람들은 그렇게 생각할 수도 있겠다. 원하는 사랑만 이룰 수 있다면 다른 어떤 것도 필요 없다고 생각할 테니까.

하지만 사랑은 완전하지 못하다. 사랑하지만 다른 목적을 위해, 이를테면 돈 때문에 사랑을 포기할 수 있다. 영원한 사랑도 어렵지만 완전한 사랑은 아예 불가능하다. 사랑은 절대로 변하지 않는, 그것만 있으면 모든 것이 충족되는 절대반지가 아니다. 깨어질까 늘 불안한 덧없는 유리반지다.

당신은 어떤가? 사랑만 있으면 더 이상 다른 것은 필요 없는가? 아니면 '사랑이 밥 먹여주나'라는 생각이 드는가? 어쩌면 이것은 젊음을 가늠하는 리트머스 시험지인지도 모르겠다.

▶ 2악절 : 덧없는 행복의 철학

행복, 덧없이 사라지는 아우라

    돈도 쾌락도 명예도 사랑도 아니라면, 삶의 궁극 목적은 대체 무엇일까? 아리스토텔레스는 '행복'이라고 대답한다. 행복은 다른 것을 위한 수단이 될 수 없으며, 더 이상 다른 것을 보탤 필요가 없기 때문이다.

    생각해보라. 다른 목적을 위해 행복해지려는 사람이 있을까? 돈이나 쾌락이나 명예나 사랑을 위해 행복해지려고 하는 사람이 있을까? 행복해지려고 그것들을 얻으려 하지, 그것들을 얻기 위해 행복해지려고 하지는 않는다.

    지금 사는 삶이 행복하다면 다른 어떤 것이 더 필요할까? 모든 것이 행복하게 살기 위한 수단이고 그 삶의 궁극 목적을 달성했다면 다른 무엇이 더 필요할까. 궁극 목적을 달성했는데 또 다른 수단이 필요하다는 말은 모순이다.

> 행복이야말로 다른 어느 것보다도 이러한 것〔삶의 궁극 목적으로 삼는 가장 좋은 것〕으로 여겨지는 것이다. 우리는 언제나 행복을 그것 자체 때문에 선택하지 결코 다른 어떤 것 때문에 선택하지 않기 때문이다.
>
> _ 아리스토텔레스, 《니코마코스 윤리학》

    행복만이 삶의 궁극 목적이라면 우리가 변치 않는 절대 가치로 여기고 집착하는 돈, 쾌락, 명예, 사랑과 같은 다른 목적들은 모두 행복을 위한 수단에 지나지 않는 덧없는 것임이 분명해진다.

그렇다면 행복이야말로 그것을 얻으면 원하는 모든 것을 얻을 수 있는 영원히 변치 않는 절대 가치가 아닐까. 행복은 완결하고 완전하여 그것만 이루면 모든 것이 충족된다고 하지 않았는가. 행복이 영원히 변치 않는 절대반지라면 모든 것이 덧없다는 꿈결 철학을 뒤집는 확실한 반대의 예는 아닌가.

아리스토텔레스의 '덧없음의 철학'의 정수는 바로 이 행복조차 덧없음을 밝히는 데 있다. 우리가 돈이나 쾌락이나 명예나 사랑을 얻으려 그토록 집착하는 것은 그것들을 얻으면 행복도 얻을 수 있다고 착각하기 때문이다. 왜 이러한 착각을 할까. 행복을 즐거움이라고 생각하기 때문이다. 돈을 얻는 즐거움이 곧 행복이고, 명예나 사랑을 얻는 즐거움이 곧 행복이라고 생각한다.

물론 행복하면서 괴로운 사람은 없다. 행복하면 즐겁다. 하지만 아리스토텔레스는 즐겁다고 곧 행복한 것은 아니라고 말한다. 즐거움은 행복의 부산물에 지나지 않는다. 즐거움은 심리 상태이지만, 행복은 심리 상태가 아니다. 행복은 활동이다. 더 정확히 말하자면 활동 방식이다.

행복은 명사가 아닌 부사다

행복이란 어떤 심리 상태를 가지고 사는 게 아니라 단지 '행복하게' 사는 것이다. 행복이란 사물처럼 소유할 수 있는 '그 무엇'이 아니다. 행복은 물질적 형태든 정신적 형태든 이를테면 사물이나 심리 상태처럼 소유할 수 없다. 행복은 잘 사는 행위 그 자체이며, 잘 사는 행위 방식이다. 행복은 삶의 방식, 곧 라이프스타일이다. 행복은 명사가 아니라 부사다. '행복'이 무엇인지 묻기보다 '행복하게' 산다는 것이 무엇인지를 물어야 한다.

즐거움은 행위의 결과나 부산물이자 동기나 목적일 수는 있지만, 행위 그 자체가 아니다. 즐거움은 행위를 유발하고 강화하고 북돋울 수 있다. 즐거운 행위란 말은 즐거움을 목적으로 삼거나 즐거움을 결과로 도출하는 행위를 뜻하지 즐거움 자체가 행위란 말이 아니다.

행복이 즐거움이 아니라는 주장의 핵심 근거는 행복이 심리 상태가 아니라 행위나 행위 방식이라는 주장에 있다. 왜 행복이 행위나 행위 방식인가?

아리스토텔레스는 모든 사람이 '행복한 삶'을 원한다는 분명한 사실로부터 출발한다. '행복한 삶'이란 무엇일까? '좋은 삶'일 것이다. 그럼 '좋은 삶'이란 무엇일까? 삶은 사는 행위다. 사는 행위를 잘하는 삶이 좋은 삶이다. 어떻게 사는 것이 사는 행위를 잘하는 삶일까?

피겨 스케이트를 잘 타는 행위를 보자. 피겨 스케이트를 잘 탄다는 것은 그 행위에 고유한 기능이나 능력을 잘 발휘한다는 것을 뜻한다. 김연아 선수가 만약 잘 먹는다고 해서, 그것을 보고 피겨 스케이트를 잘 탄다고 하지 않는다. 공을 잘 차는 행위도 마찬가지다. 박지성 선수가 만약 춤을 잘 춘다고 해서 공을 잘 찬다고 말하진 않는다. 어떤 행위를 '잘한다'는 것은 그 행위에 고유한 기능이나 능력을 잘 발휘한다는 뜻이다.

잘 사는 것도 마찬가지다. 사람이 사는 행위에 고유한 기능이나 능력을 잘 발휘하면 '잘 산다'고 할 수 있다. 사람이 '잘 산다'는 것은 인간의 고유한 기능인 이성을 가지고 생각하는 기능을 잘 발휘한다는 것을 뜻한다. 그러므로 '행복하게 산다'는 것은 이성의 기능을 잘 발휘하며 사는 것이다. 행복은 이성적으로 사는 라이프스타일이다.

행복한 삶이란 좋은 삶이고, 좋은 삶이란 잘 사는 행위라면, 행복한 삶은 곧 잘 사는 행위를 말한다. 행복이 그리스어로 유다이모니아eudaimonia, 곧 잘 존재함well-being인 까닭도 그 때문일 게다.

행복은 '잘'이라는 삶의 방식, 라이프스타일 그 자체다. 그래서 우리는 '잘' 사는 행위를 '행복하게' 사는 행위로 자연스럽게 바꿀 수 있다. 누군가에게 "잘 살아라!"라고 하는 말 대신에 "행복하게 살아라!"라고 말해도 되는 까닭이 여기에 있다.

행복이 행위 방식이나 스타일이라면 그것은 더구나 사물처럼 소유할 수 있는 '그 무엇'이 아니다. 멋지게 걷는 방식을 봐라. 그 멋짐은 얻거나 잃거나 양도할 수 없다. 실체가 아니니까.

그냥 걷는 순간 느낄 수 있을 뿐이다. 멋진 스타일을 느낄 수 있는 촉이 있다면. 멋진 스타일은 멋지게 걷는 순간마다 눈 깜짝할 사이에 나타났다 덧없이 사라질 뿐이다. 행복한 라이프스타일도 마찬가지다. 행복하게 사는 순간마다 섬광처럼 나타났다 덧없이 사라지는 아우라일 뿐이다.

▶ **3악절 : 넘나듦의 철학**
중용, 지나침과 모자람 사이의 줄타기

아리스토텔레스의 중용의 철학은 덧없음의 철학으로 시작하여 넘나듦의 철학으로 완성된다. 흔히 중용의 철학이라고 부르는 것은 바로 이 넘나듦의 철학을 일컫는다.

행복은 이성적으로 사는 라이프스타일이다. 아리스토텔레스는 지나침이나 모자람이 없이 사는 게 '이성적으로' 사는 것이라 한다. 이게 중용이다. 중용은 양 극단의 산술적인 중간이 아니라 더 이상 더하거나 뺄 것이 없는 상태를 말한다. 몸매가 지나친 군살도 없고 살이 모자라 야위지도 않을 때 아름답듯이, 삶도 지나침과 모자람이 없을 때 아름답고 행복하다.

중용은 지나침과 모자람 사이의 경계를 넘나들며 절묘한 균형을 잡는 줄타기다. 중용은 욕심이 지나친 탐욕과 모자란 금욕 사이의 경계를 넘나들며 '절제'라는 균형을 잡는다. 중용은 위험을 무릅쓰는 것인 지나친 무모함과 모자란 비겁 사이의 경계를 넘나들며 '용기'라는 균형을 잡는다. 중용은 자기를 긍정하는 마음이 지나친 오만함과 모자란 비굴함 사이의 경계를 넘나들며 '긍지'라는 균형을 잡는다. 중용은 관심과 열정이 지나친 조급함과 모자란 나태함 사이의 경계를 넘나들며 '성실함'이라는 균형을 잡는다.

운동이 모자라거나 지나치면 체력을 잃게 한다. 마찬가지로 음식이 모자라거나 지나쳐도 건강을 해친다. 그러나 음식이 알맞으면 건강하게 만들거나 유지하거나 더 건강하게 만든다.

절제와 용기와 다른 덕도 마찬가지다. 무슨 일이나 뒷걸음치며 두려워하고, 무슨 일이나 자기의 자리를 지키지 않은 사람은 비겁한 사람이 된다. 무슨 일이든 두려워하지 않고, 어떠한 위험에라도 뛰어드는 사람은 무모한 사람이 된다.

마찬가지로 온갖 쾌락에 파묻혀 조금도 삼가지 않는 사람은 방탕하게 되며, 어떤 쾌락이라도 피하는 사람은 나무나 돌처럼 무감각한 사람이 되고 만다. 그러므로 절제와 용기는 지나침과 모자람으로 말미암아 잃게 되고 중용에 의해 보존된다.

_ 아리스토텔레스, 《니코마코스 윤리학》

중용의 철학은 넘나듦을 거부하는 이분법이라는 반꿈결의 철학과 거리를 둔다. 반꿈결의 철학인 이분법의 철학에는 가령 열정이 있든가 없든가 둘 가운데 하나일 뿐이지, 열정이 있기도 하고 없기도 한 중간은 있을 수 없다. 사랑하는 여자 친구가 헤어지자고 했다고 살인을 하는 이는 오로지 열정에만 사로잡혀 있다. 냉정한 이성적 판단이 들어설 틈이 없다.

넘나듦의 철학인 중용의 철학은 꿈결의 철학이다. 중용의 철학에서는 열정이 있는 것이면서 없는 것일 수도 있다. 마치 꿈결이 꿈인 것과 꿈이 아닌 것 사이의 경계를 넘나들 듯이. 중용의 덕이 몸에 밴 이는 열정에만 사로잡히지 않고 열정과 냉정한 이성적 판단 사이를 넘나들며 사랑을 한다. 냉정과 열정 사이를 넘나들며 살아야 '행복하게' 잘 살 수 있다.

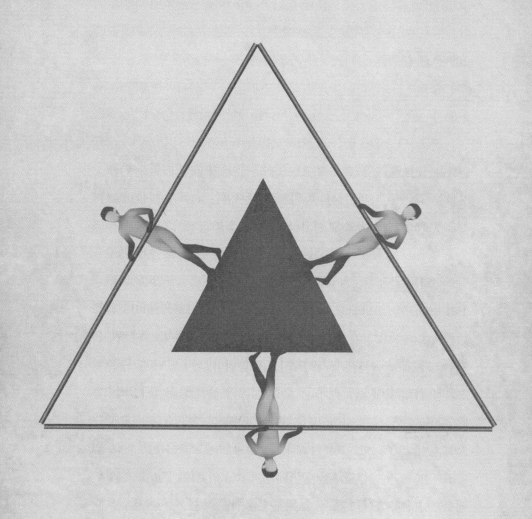

제3악장
꿈결 vs 중용

어느 늦가을, 메일 한 통을 받았다.

안녕하세요? 첫 수업 때 교수님이 우울하거나 슬플 땐 언제든지 상담하라고
하셔서 이렇게 글을 씁니다. 저는 지금 너무나 힘들어서 어쩔 줄을 모르겠어
요. 불안하고 울고 싶고 멍하고 두렵고 복잡합니다. 무서워서 죽고 싶지는 않
은데 정말 갈 길을 모르겠어요.
중고등학교 때 늘 자신감에 넘치고 뭐든지 꿈꾸면 할 수 있다고 생각했던 저
인데, 요즘은 아무것도 못할 것 같은 바보가 되어버렸습니다. 왜 사는지, 어떤
삶을 살아야 할지, 어떤 가치를 지니고 살지 아무것도 알 수 없는 요즘이에요.
저는 이제 어떻게 해야 할까요. 건드리면 울 것 같고 잠도 안 오고 몸도 안 좋
고 스트레스가 너무 심합니다. 시간이 너무 빨리 가는데, 세상은 무섭고 어쩔
줄 모르겠어요. 저 좀 도와주세요.
_ 학생의 메일

이 학생만 불안한 걸까? 우리는 괜찮은 걸까? 젊은이들은 원하는 대학을 가지 못할까 봐, 원하는 회사에 취직하지 못할까 봐, 사랑을 잃을까 봐 불안하고, 나이 든 이들은 승진하지 못할까 봐, 일자리를 잃을까 봐, 사업이 망할까 봐, 전세금이 오를까 봐, 아파트값이나 주식값이 떨어질까 봐, 이혼을 당할까 봐, 아프거나 죽을까 봐 불안하다.

하지만 우리가 얻으려 하거나 잃지 않으려 집착하는 '그 무엇'은 그것만 얻으면 더 이상의 다른 어떤 것도 필요 없는 완결하고 완전한 삶의 궁극 목적이 아니다. 삶의 궁극 목적은 그 무엇을 얻는 게 아니라 행복하게 사는 것이다. 다른 모든 것은 '행복하게' 살기 위해 얻고자 하는 덧없는 수단에 지나지 않는다. 그것이 있으면 행복하게 사는 데 도움이 될 수는 있지만, 행복하게 살기 위해 그것이 반드시 필요한 것은 아니다.

원하는 대학을 가지 못해도, 원하는 회사에 취직하지 못해도, 사랑을 잃어도 행복할 수 있다. 승진하지 못해도, 일자리를 잃어도, 사업이 망해도, 전세금이 올라도, 아파트값이나 주식값이 떨어져도, 이혼을 당하거나 심지어 아파도 행복하게 살 수 있다. 그렇지 않다면 그 대학에 가지 못했거나 그 회사에 취직하지 못한 사람들이나 사랑을 잃은 사람들은 모두 불행하게 살아야 한다.

행복은 잘 사는 방식이다. 행복은 잘 사는 순간마다 나타났다 꿈결처럼 덧없이 사라지는 라이프스타일이다. 행복은 실체가 아니라 중용을 지키며 지나침과 모자람 사이의 경계를 꿈결처럼 넘나들며 사는 라이프스타일이다. 행복은 얻으려 애쓴다고 얻을 수 있는 게 아니다. 행복은 덧없음과 넘나듦을 실천하고, 중용을 지키며 잘 살면 저절로 찾아오는 행운과 같은 것이다. 잘 사는 게 행복하게 사는 거니까.

아직도 '그 무엇' 때문에 슬퍼하고 괴로워하며 거리를 방황하고 있는가. 그렇다면 왜 사는지 물어보자. 무엇을 위해 살고 있는지. 그 무엇이 마치 삶의 궁극 목적 자체인 양 착각하고 집착하며 살고 있지는 않은지 되물어보자. 얻으면 행복해지고 잃으면 불행해지는 사물과 같은 실체로 착각하고 있지 않은지 물어보자.

그 무엇을 '얻으면' 행복해지고, '잃으면' 불행해진다는 이분법적인 반꿈결의 철학이 우리를 불행하게 만든다. 그러한 절대반지는 세상에 없다. 얻지 못할까 봐, 또는 잃어버릴까 봐 집착하는 마음으로부터 벗어나야 한다. 모든 것은 덧없고 넘나든다. 꿈결처럼 덧없고 넘나드는 삶을 살아야 한다. 지나침과 모자람 사이의 경계를 넘나드는 중용의 줄타기를 해야 한다. 행복은 덧없음과 넘나듦 사이를 끊임없이 오가는 밧줄이니까.

꿈결같이 소리 없이 흩어져
마치 아무 일도 없던 것처럼

.

.

.

.

.

모든 집착이

"바람이 불어오는 곳"과
이상의 철학

이상은 현실이 아니다. 이상은 실현될 수 없다.
실현될 수 있다면 그것은 처음부터 이상이 아니었다.
'하면 된다'는 신화만큼 우리를 불행하게 만드는 것도 없다.

바람이 불어오는 곳

바람이 불어오는 곳 그곳으로 가네
그대의 머릿결 같은 나무 아래로

덜컹이는 기차에 기대어
너에게 편지를 쓴다
꿈에 보았던 길 그 길에 서 있네

설레임과 두려움으로
불안한 행복이지만
우리가 느끼며 바라볼 하늘과 사람들

힘겨운 날들도 있지만
새로운 꿈들을 위해
바람이 불어오는 곳 그곳으로 가네

햇살이 눈부신 곳 그곳으로 가네
바람에 내 몸 맡기고 그곳으로 가네

출렁이는 파도에 흔들려도
수평선을 바라보며
햇살이 웃고 있는 곳 그곳으로 가네

나뭇잎이 손짓하는 곳 그곳으로 가네
휘파람 불며 걷다가 너를 생각해

너의 목소리가 그리워도
뒤돌아볼 수는 없지
바람이 불어오는 곳 그곳으로 가네

작사 · 작곡 · 노래 김광석

제1악장
레볼루셔너리
로드

햇살 가득한 창문으로 봄바람이 살랑
이며 들어오면, 이 노래 〈바람이 불어오는 곳〉을 들을 맛이 절로 난
다. 겨우내 움츠렸던 어깨를 쫙 펴고 싱그러운 봄바람이 불어오는
어딘가로 훌쩍 떠나고 싶다. 덜컹이는 기차를 타고, 바람에 내 몸
맡기며 햇살이 웃고 있는 그곳, 나뭇잎이 손짓하는 그곳으로 가고
싶다.

그곳은 어떤 곳일까? 출렁이는 파도에 흔들려도, 너의 목소리가
그리워도 뒤돌아보지 않고 나아갈 그곳은 어떤 곳일까? 겨울 추위
가 매서울수록 봄 햇살은 따사롭고 달콤하다. 현실이 차갑고 혹독
할수록 꿈같은 이상향을 그리는 마음은 간절해진다. 그래서 김광석
도 이 노래를 부르며, 여행은 답답한 일상에서 벗어나는 비상구 같
은 것이라고 했던가.

이 노래에서 행복의 열쇠말은 '바람'이다. 바람은 공기의 위치가

'변화하는 것'이면서 구름과 같은 다른 것을 '변화시키는 것'이기도 하다. 또한 바람은 간절히 무엇인가 '변화를 바라는 것'이다. 이들 모두 '변화'라는 공통분모를 갖고 있다. 김광석이 노래하는 '바람'의 의미는 뭘까? 그것은 기분 좋은 산들바람을 넘어서는, 변화를 '바라는 바', '소원'이나 '꿈'이다.

꿈조차 꾸지 않으면 이미 꿈은 실현되지 않았다

낯선 곳으로 여행을 떠나는 마음은 행복하고 설레지만 한편으로는 두렵고 불안하다. 그럼에도 길을 떠난다. 두렵고 불안한 마음보다 행복하고 설레는 마음이 크니까. 햇살이 눈부신 해변에서 바라볼 푸르른 하늘과 멋진 사람들과의 만남을 기대하며.

하지만 낯선 곳으로 훌쩍 떠나는 게 쉽지는 않다. 낯설고 새로운 것이 늘 좋을 거라는 보장은 없기 때문이다. 그곳에서 바라는 것을 얻으리라는 보장도 없다. 게다가 바라는 것을 얻기 위한 여정은 덜컹거리기도 하고 출렁거리기도 하며 흔들리기도 한다.

무엇보다 망설이게 하는 것은 지금 이곳에 안주하는 삶에 대한 미련이나 유혹이다. 그냥 이대로 머물러 살까? 지금 이곳이 그다지 매력적이진 않지만, 낯선 곳에서 두려움으로 불안에 떠는 것보단 낫지 않을까? 여정이 힘들수록 떠나온 곳에 대한 그리움은 커지는 법. 떠나온 곳을 자꾸 뒤돌아보게 되고, 잔소리로만 들리던 목소리가 그리워지기까지 한다. 그렇다고 아예 떠나지 않으면 새로운 변화는 일어나지 않는다. 지겹더라도 불만족스러운 삶을 견딜 수밖에 없다.

김광석은 언제인가 붕어 이야기를 했다. 와인 잔을 깨고 나와 허공에 떠 있는 빨간 붕어 그림을 봤단다. 주어진 현실을 깨고 나간 붕어를 보고, 자신은 용기가 없어 그저 머물러 있다고 고백하며 이렇게 말했다. "붕어가 부러워요."[6]

바람의 철학, 그것은 "꿈을 꾸더라도 꿈이 실현되지 않을 수 있지만, 꿈조차 꾸지 않으면 꿈은 이미 실현되지 않았다"라는 깨달음이다. 독일 베를린의 어느 지하철 환승 통로에는 다음과 같은 인상 깊은 글귀가 쓰여 있다.

> Wer kaempft, kann verlieren,
>
> wer nicht kaempft, hat schon verloren.
>
> _ Bertolt Brecht

"싸우면 질 수 있다. 싸우지 않으면 이미 졌다"는 독일 표현주의 극작가 브레히트Bertolt Brecht의 말이다. 만족스럽지 않은 현실에 맞서 싸우다보면 현실의 벽을 넘지 못해 꿈을 실현하지 못할 수도 있다. 하지만 아예 맞서 싸우지 않는다면 이미 졌으므로 꿈은 아예 실현되지 않았다. 꿈꾸지 않으면 '변화'는 없다.

바람이 불어오는 곳

바람의 철학을 잘 보여주는 영화가 있다. 〈타이타닉〉의 두 주인공인 디카프리오와 윈슬렛이 열연해 현실과 이상 사이의 갈등을 잘 그려낸 〈레볼루셔너리 로드〉다.

여자(에이프릴)는 배우를 꿈꾸었고, 남자(프랭크)는 파리에서의 자유로운 삶을 꿈꾸었다. 하지만 그들이 결혼해 보금자리를 꾸민 곳은 뉴욕에서 자동차로 한 시간가량 걸리는 한적한 교외, 레볼루셔너리 로드다. '혁명의 길'이라는 이름과는 전혀 어울리지 않게, 꿈을 포기한 중산층들이 쥐죽은 듯 모여 사는 거리다. 에이프릴과 프랭크 둘 다, 여느 이웃들처럼 이곳을 그저 잠시 머물다 벗어날 시골쯤으로 생각했지만 현실은 쉽사리 그들을 떠나도록 놓아주지 않는다.

겉으로는 평온하고 안락해 보이는 그들 부부의 삶은 지치고 무력감에 빠진 지 오래다. 격렬한 부부 싸움은 당연한 순서다. 에이프릴이 소리친다. "이젠 진저리가 나. 꿈을 포기한 당신을 좀 봐. 어떻게 남자라고 할 수 있겠어."

이 외침은 꿈을 짓밟는 현실의 힘을 보여주는 동시에, 막강한 현실에 맞서 균열을 낸다. 현실이 더는 견딜 수 없을 때 이상을 위한 혁명의 길이 시작된다. 현실의 짓누르는 듯한 무거움, 의미 없는 가벼움이 한계에 다다르면 마침내 현실에 맞설 힘을 준다.

탈출구가 필요한 그들은 마침내 설렘과 두려움을 안고 불안한 행복을 찾아 떠나기로 한다. 낯선 파리로 훌쩍 떠나는 것. '죽음 같은 삶'으로부터의 탈출!

레볼루셔너리 로드의 사람들 역시 새로운 삶을 동경하고 있었다. 에이프릴과 프랭크의 혁명적 탈출 선언을 들은 이웃과 직장 동료들은 이 핑계 저 핑계로 미루고 억눌렀던 빛바랜 자신들의 꿈들을 민낯으로 다시 마주하게 된다. 안락한 현실과 타협한 자신들의 비겁함 앞에 발가벗고 서 있는 느낌이 든다. 그들의 거칠 것 없는 용감

함이 부러웠던 걸까, 그들은 에이프릴과 프랭크를 향해 이렇게 말한다. "미쳤다."

에이프릴은 "'미쳤다'는 게 제대로 된 삶을 사는 거라면, 미쳐도 상관없다"라고 단호하게 말한다. 당신들이야말로 현재의 절망을 제대로 보려는 용기가 없는 사람들일 뿐이라고.

그러나 혁명이 그리 쉽던가? 직장을 그만두려던 프랭크에게 갑자기 승진 제의가 들어오고 파리행에 부풀어 있던 에이프릴에게 달갑지 않은 세 번째 임신이 현실로 나타난다. 현실과 이상, 꽃길과 가시밭길의 갈림길, 나라면 과연 어느 길을 택할까?

"꿈을 좇는 건 비현실적이야." 프랭크는 여느 현실주의자들처럼 끊임없이 꿈을 실현하지 못하게 만드는 걸림돌들만 찾는다. 직장은 어떻게 얻어? 당신 일하는 동안 난 뭘 해? 내게 숨겨진 재능이 없다면? 늘 그렇듯 '꿈이 실현되지 않을 수 있다'는 불안이 현실주의자의 발목을 잡는다. 꿈꾸지 않으면 이미 실현되지 않았는데도 말이다. 화가 난 에이프릴이 맞받아친다.

"자신이 원하지 않는 현실을 운명으로 받아들이는 게 비현실적이지! 그거야말로 죽은 삶이라고!"

꿈과 현실을 식별하는 기준은 생생함이다. 꿈인지 현실인지 알려면 꼬집어보면 된다. 생생한 느낌, 살아 있는 느낌, 그게 바로 현실감이다. '자신이 원하지 않는 현실을 운명으로 받아들여 무감각하게 견디며 사는 삶'이 어찌 살아 있는 느낌이 들겠는가. 죽음 같은 삶에 생생한 현실감을 주는 것이 바로 '꿈'이다. 한때 프랭크도 꿈을 품고 말하지 않았던가.

"파리엔 사람들이 살아 있어요. 난 정말 뭔가를 느끼며 살고 싶어요!"

'바람'의 힘이 도저히 당해낼 수 없을 정도로 현실은 힘이 세다. 일상을 살아가다보면 꿈은 현실의 힘에 눌려 점점 움츠러들고 작아진다. 더 지나면 그 꿈마저 바래고 잊힌다. 그래서 바람이 불어오는 그곳을 늘 바라보고만 있다. 그 누구도 담보되지 않은 불안한 행복을 찾아 쉽게 떠나지 못한다.

혁명의 길, 여자는 그 길을 간다. '이상의 희망'을 위해 '현실의 절망'을 유산시킨다. 제대로 된 바라는 삶을 살기 위해, '미친 짓'인 낙태를 홀로 감행한다. 하지만 과다출혈로 결국 죽고 만다. '이상'을 향한 대가가 죽음으로 돌아온다. 에이프릴은 이상을 포기했어야 할까. 그러면 이미 죽은 것과 다름없는데.

이상이 결국 집요한 현실의 벽에 부딪혀 안개처럼 흩어져 사라져버렸다. '바람'이 손에 잡히지 않듯, 바람이 불어오는 곳에는 결국 다다를 수 없었다. 그저 끊임없이 그곳으로 나아갈 수 있을 뿐.

제2악장

꿈꾸지 않으면 변화는 없다

김광석의 노래에 담긴 '바람의 철학'을 잘 보여주는 이는 플라톤(Platon, BC 427~BC 347)이다. 플라톤의 '이상의 철학'은 그 철학적 근거를 제공한다.

이상이란 '생각할 수 있는 가장 완전한 것'이다. 그래서 사람들은 이상을 바라고 꿈꾸고 추구한다. 이상이 있느냐고 물을 때는 바라는 바, 곧 꿈이나 바람이 있는지를 묻는 것이다. 이상의 철학이 바람의 철학과 연결되는 까닭이다.

이상은 무지개다. 손에 잡힐 듯 보이지만 다가가면 갈수록 멀리 달아나기만 하는 무지개. 이상과 현실의 거리는 나와 무지개의 거리만큼 가깝고도 멀다. 우리는 영원히 다가갈 수 있을 뿐 다다를 수 없다. 이상이 실현될 수 있다면, 다시 말해 현실이 될 수 있다면 그건 '이상'이 아니었던 것이다. 완전한 게 이상인데 현실은 불완전하니까. 그래서 흔히들 "그건 '이상'일 뿐 현실은 그렇지 않아"라고 말하지 않던가.

그럼 무지개는 우리를 불행하게 만들까? 이상을 실현할 수 없다는 것이 불행을 의미할까? 플라톤은 아니라고 말한다. 왜일까?

"꿈을 꾸더라도 꿈이 실현되지 않을 수 있지만, 꿈조차 꾸지 않으면 꿈은 이미 실현되지 않았다"라는 바람의 철학 때문이다. 물론 꿈의 실현은 이분법이 아니라 스펙트럼이라는 단서가 붙는다. 꿈은 실현되는가, 실현되지 않는가가 아니라, 어느 정도로 실현되는가가 중요한 것이다.

이상을 좇는 것이 마냥 헛수고는 아니다. 좇지 않으면 아무것도 얻지 못하지만, 좇으면 무어라도 얻는 게 있으니까. 단, 조건이 있다. 얻은 것보다 얻지 못한 것에 미련을 갖거나 집착하여 불평하거나 불만족스러워하지 말아야 한다.

정작 '이상의 철학'을 주장한 플라톤은 어떻게 살았을까? 불안한 행복을 좇아 바람이 불어오는 그곳으로 떠났을까, 아니면 안락한 행복에 만족하여 그대로 머물렀을까. 플라톤은 아테네의 상류층이었다. 엄청난 부와 권력, 명예가 있었다. 하지만 그에게는 아테네에서는 실현할 수 없는 '이상'이 있었다. '이상 국가' 또는 '철인 국가'의 실현이 그의 바람이었다.

마침 시라쿠사 왕의 초청을 받은 그는 망설임 없이 이상을 좇아 떠났다. 하지만 늘 그렇듯 이상은 불안하고 위험하기 짝이 없다. 왕은 폭군이었고 플라톤의 이상을 받아들이지 않았다. 뿐만 아니라 그의 이상을 자신에 대한 비난으로 받아들여 그를 내쫓았다. 플라톤은 아테네로 돌아오는 도중에 엎친 데 덮친 격으로 노예 사냥꾼에게 잡혀 노예로 팔리지만, 다행히 자신을 알아보는 사람을 만나 아테네로 돌아오게 된다. 그야말로 드라마틱한 이야기다.

그렇다면 플라톤은 이상을 좇아 떠난 것을 후회했을까? 플라톤은 그 후에 시라쿠사 왕의 아들이 왕위에 오르자 그를 철인 왕으로 가르쳐 철인 국가를 실현해보고자 또 떠난다. 결국 실패하고 돌아왔지만 그는 자신의 선택을 후회하지 않았다.

실패를 거듭하면서도 플라톤은 무려 세 번이나 자신의 이상을 좇아 떠났다. 마치 포기를 모르는 시시포스처럼. 아마도 "꿈을 꾼다고 꿈이 실현되지 않을 수도 있지만, 꿈조차 꾸지 않으면 꿈은 이미 실현되지 않았다"라는 바람의 철학 때문이었을 것이다.

▶ 1악절 : 아틀란티스
이상향은 존재하지 않는다고?

김광석의 〈바람이 불어오는 곳〉을 들으면 플라톤이 그리던 이상향인 아틀란티스가 떠오른다. 지금도 수많은 탐사대들이 찾으려 애쓰고 있고, 그에 대한 수천 권의 책들이 나오고 있으며, 여러 번 영화로까지 만들어진 전설의 섬, 아틀란티스를 처음으로 이야기 한 이가 바로 플라톤이다.

플라톤은 《티마이오스》에서 1만여 년 전에 있었던 전설의 섬 아틀란티스의 존재를 다음과 같이 소개한다.

크리티아스 : 옛날에 (…) 섬이 하나 있었지요. (…) 이 섬은 아틀란티스라 불렸지요. 그것은 (…) 거대한 제국이었다고 하지요. (…) 강력한 지진과 홍수가 일어나 하루 낮 하루 밤 사이에 바다 밑으로 모습을 감추었답니다.

_ 플라톤, 《티마이오스》[7]

여기서 아틀란티스는 영토가 거대하고 군사적 힘이 강력한 제국으로 그려진다. 한편, 《크리티아스》에서는 아틀란티스를 여러 문화시설이 갖추어진 상업중심지이며 금과 은으로 꾸며진 황금의 나라로 전한다.

크리티아스 : 이 섬은 (…) 아틀란티스라고 불렸지요. (…) 바다와 이어지는 (…) 삼중의 환상 운하로 둘러쳐져 있었어요. (…) 포세이돈과 애인 클레이토를 모신 신전은 황금 벽으로 감싸져 있었습니다. (…) 육지로 이어지는 운하의 둥근 길에는 공원, 학교, 경마장 등이 (…) 있었으며, 큰 부두는 각지에서 모이는 상인들로 밤낮으로 붐볐지요.

_ 플라톤, 《크리티아스》[8]

그런데 강력한 군사력을 지니고 거대한 문명을 이룬 곳이면 유토피아라고 할 수 있을까? 아틀란티스는 유토피아라기보다는 잃어버린 문명에 지나지 않는다. 하지만 유토피아에 대한 갈망이 그것을 유토피아의 원형이자 상징으로 만들어, 수많은 예술작품과 문학작품에 영감을 불어넣었다.

플라톤이 《국가》에서 그리고 있는 이상 국가의 영감도 거기서 왔을 것이다. 아틀란티스는 플라톤의 이상 국가를 넘어 김광석의 '바람이 불어오는 그곳'으로, '에이프릴의 파리'로, 그리고 우리 각자의 가슴속에 소중히 간직되는 '그 무엇'으로 영원히 살아 있다. 여러분의 유토피아는 무엇인가?

어원으로 보면 유토피아utopia는 '존재하지 않는 곳'이란 뜻이다. '장소'를 뜻하는 'toppos' 앞에 부정을 뜻하는 'ou'가 붙어서 만들어졌다. 하지만 플라톤은 유토피아야말로 존재한다고 생각한다. 오히려 우리가 보고 듣고 사는 이 세상이야말로 존재하지 않는다고 주장한다.

현실 세계가 존재하지 않는다니, 언뜻 잘 이해되지 않는다. 플라톤은 현실 세계란 '존재하는 것처럼 보이는 세계'일 뿐이라고 말한다. '존재하는 것'과 '존재하는 것처럼 보이는 것'의 차이를 밝히는 것이 플라톤의 이데아 철학이다. 그는 그 차이를 유명한 '동굴 이야기'로 설명한다.

소크라테스 : (…) 인간들이 마치 죄수들처럼 지하 동굴에 살고 있다고 상상해보게. 그 동굴 속에서 인간들은 어릴 적부터 다리와 목이 족쇄에 묶인 채 동굴의 안쪽 벽만을 보며 살아왔네. 그들은 그 자리에 머물면서 머리를 돌려 입구쪽을 볼 수가 없었지.

_ 플라톤, 《국가》[9]

플라톤은 이 동굴 이야기가 곧 우리 이야기일 수 있다고 주장한다. 사람들은 평생 동굴 벽에 비치는 (바깥세상의) 그림자만 볼 수 있으므로 그것을 참으로 존재하는 현실 세계라고 생각한다. 동굴 벽에 비친 토끼의 그림자를 '존재하는 것'으로 생각한다는 것이다.

하지만 사슬이 풀려 동굴 밖으로 나와 본다면 비로소 진실을 깨달을 수 있다. 동굴 벽에 비친 토끼의 그림자는 '존재하는 것처럼 보이는 것'일 뿐, '존재하는 것'이 아니다.

'존재하는 것'은 동굴 밖의 토끼다. 즉, 현실 세계에서 보고 듣고 사는 이 세상은 진짜로 존재하는 게 아니라, 현실 세계 너머의 진짜 세계를 본뜬 그림자 같은 가짜 존재라는 의미다. 이것이 대체 무슨 말일까?

▶ 2악절 : 이데아
현실보다 더 현실적인

플라톤은 이 세상이 바로 커다란 동굴이라고 말한다. 존재하는 것처럼 보이는 세상. 그럼 동굴 밖에서 참으로 존재하는 것은 무엇일까?

해다. 해야말로 모든 것의 원인으로 '참으로 존재하는 것'이다. 어떤 의미에서 참으로 존재한다는 걸까? 해가 모든 것들의 원인이라는 말 속에 그 의미가 들어 있다.

'원인'이란 '어떤 것을 그렇게 되도록 만든 것'이다. '어떤 것이 그렇게 존재하는 것처럼 보이도록 만든 것'이 '참으로 존재하는 것'이라고 생각했다. 토끼처럼 보이는 토끼 그림자보다, 그것을 그렇게 보이도록 만든 실제 토끼의 모양이 '더 참으로 존재하는 것'이다.

마찬가지로 실제의 토끼의 모양보다 그것을 그렇게 보이도록 만든 해나 햇빛이 '더 참으로 존재하는 것'이다. 실제 토끼의 모양도 해나 햇빛이 존재하지 않는다면 존재할 수 없다. 빛이 사라지면 토끼 모양도 사라진다.

그림자가 가짜라는 것은 이해할 수 있지만, 현실 속의 실제 사물도 가짜라는 황당한 주장을 어떻게 이해할 수 있을까? 간단하다. 해를 '개념'에 대한 은유로 보면 된다.

토끼 그림자가 가짜라는 이유는 그것을 토끼 그림자로 만들어주는 진짜 토끼가 없으면 존재할 수 없기 때문이다. 마찬가지로 현실 속의 실제 토끼가 가짜라는 이유도 그것을 토끼로 만들어주는 토끼라는 개념이 없으면 존재할 수 없기 때문이다. 예를 들어보자.

태어나서 토끼를 본 적도 들어본 적도 없는 사람은 토끼라는 생각이나 개념이 없으므로 위의 그림이 긴 귀를 가진 오른쪽을 보고 있는 토끼로 보일 리가 없다. 그에게 현실 속에 '토끼'란 존재하지 않으며, 무엇인지 알 수 없는 '어떤 것'이 존재할 뿐이다. 그가 오리라는 생각이나 개념만을 가지고 있다면 이것은 오리로 보일 것이다. 적어도 그에게는 '오리'로 존재하는 것처럼 보인다.

어떤 것을 어떤 존재로 만드는 것은, 그것을 어떤 존재로 정의하는 '생각이나 개념'이다. 플라톤은 이것을 '이데아ιδέα'라고 부른다. '생각이나 개념' 없이는 현실 세계의 어떤 것으로 존재할 수 없다. 생각이 존재를 만든다. 이러한 의미에서 이데아만 '참으로 존재하는 것'이다. 눈에 보이는 현실 세계의 사물들은 참으로 존재하는 것이 아니다.

그 어원이 의미심장하다. 이데아란 '보다' 또는 '알다'라는 뜻의 그리스어 '이다인idein'에서 유래했다. 무엇을 보고 무엇을 안다는 것일까? 이러저러하게 보이는 이 세상을? 아니다. 세상을 제대로 보거나 알려면, 세상을 이러저러하게 보이게 한 생각이나 개념을 보거나 알아야 한다. 그런 생각이나 개념이 바로 이데아다. 그래서 플라톤의 철학을 '이데아론' 또는 '관념론'이라고 부른다.

아쉽게도 '참으로 존재하는 것'인 이데아는 이상 세계에만 존재할 뿐, 현실 세계에는 존재하지 않는다. 그것이 현실 세계에 존재한다면 그건 이미 '현실'이지 더 이상 '이상'이 아니니까.

이런저런 토끼는 현실 속에 있어도, 토끼의 이데아는 현실 속에 없다. 현실 속에서 깜찍하게 작은 드워프 토끼나 거대한 자이언트 토끼나 귀가 처진 롭 토끼나 갈기가 있는 라이온헤드 토끼는 찾을 수 있어도, 토끼란 생각은 찾을 수 없다. 그릴 수조차 없다. 그것은 모양이 없으니까.

몸집을 작게 그려야 할까, 크게 그려야 할까, 귀를 솟게 그려야 할까, 처지게 그려야 할까, 어떻게 그려야 토끼의 이상형이라고 할 수 있을까? 그 가운데 어느 하나가 바로 토끼의 이상형이라고 말할 수는 없다.

토끼의 이상형은 아무런 모양을 가지고 있지 않으면서, 특정한 모양들을 토끼로 만들어준다. 토끼의 이데아는 모든 이런저런 토끼들을 토끼로 존재하게 해주지만 정작 그 자신은 현실 속에 존재할 수 없는 비운의 존재다.

토끼의 이데아가 현실 속에 존재할 수 없듯이, 이상적인 삶인 삶의 이데아도 현실 속에 존재할 수 없다. 이상적인 삶의 공동체인 유토피아도 당연히 현실 속에 존재할 수 없다. 행복하기만 한 삶은 머릿속에 있을 뿐, 현실 속에 존재할 수 없다.

▶ **3악절 : 행복의 비밀**
이상은 실현될 수 없다

도대체 이상이란 것이 무슨 소용이 있을까? 무지개처럼 아무리 다가가도 항상 저만치 물러나 결국 도달할 수 없고 실현할 수 없다면 도대체 무슨 소용이냐는 말이다. 차라리 이상을 포기하는 게 낫지 않을까. 플라톤의 '이상의 철학'에서 찾을 수 있는 행복의 비밀은 무엇일까?

이상은 실현될 수 없다는 걸 깨달아라.

행복하려면 이상은 이상일 뿐, 현실에서 실현될 수 없다는 것을 깨달아야 한다. 그래야 이상이 실현되지 않는다고 괴로워하는 불행으로부터 벗어날 수 있다. 많은 불행이 이상과 현실의 숙명적인 불일치를 깨닫지 못해 오는 것이다.

완벽한 이상형을 찾을 수 있다는 헛된 희망을 품는 순간 절망의 시한폭탄이 작동하기 시작한다. 짝을 찾지 못한 채 만남과 헤어짐을 되풀이하며, 거듭되는 절망의 쳇바퀴가 돌아간다.

불가능한 이상을 추구하라.

행복하려면 역설적이게도 불가능한 이상을 추구해야 한다. 불가능하다는 사실을 알면서도 도전해야 한다. 도달할 수 없다는 절망을 벗어나는 방법은 아이러니하게도 그곳에 다다르기를 희망하는 것이다. 파리를 향한 희망이 에이프릴과 프랭크를 절망으로부터 벗어나게 했듯이.

완벽한 이상형은 끝내 찾을 수 없지만, 이상형은 거듭되는 절망 속에서도 또 다시 나설 희망을 준다. 이상형에 한 걸음 다가갈 수 있다는 희망을 준다. 그래서 100번 실패하고도 101번째 미팅에 나간다. '내 사랑은 없어', '다시는 사랑하지 않을 거야'라는 다짐은 곧 '혹시나?' 하는 희망으로 다시 태어난다. 이상이 지닌 거부할 수 없는 매력이다.

로또 1등이 될 확률은 0.0000001퍼센트다. 0이라 봐도 된다. 당첨될 가능성이 전혀 없는데도 많은 사람들이 희망을 갖고 로또를 산다. 불가능에 대한 꿈은 1등이 되지 않더라도 더 나은 미래에 한 발 더 다가간다는 희망을 덤으로 얻는다.

이상을 등대로 삼아라.

이상은 우리에게 제대로 살아가기 위한 방향을 제시한다. 밤하늘의 북극성이 방향을 알려주듯, 칠흑 같은 밤바다에서 등대 불빛이 길을 안내하듯, 이상은 갈피를 못 잡는 삶의 방향키를 '이상'을 향해 돌려놓는다. 우리 삶이 나아가야 할 올바른 길을 보여주고 삶의 기준을 제시한다.

흔히들 현대사회는 복잡하여 어떻게 행동해야 옳은지 모르겠다고 한다. 중세만 하더라도 옳은 행동을 판단하는 기준이 있었다. 이른바 신의 말씀이다. 하지만 많은 현대인들은 신의 권위를 더 이상 인정하지 않는다. 불확실한 시대를 살 수밖에 없는 현대인들은 늘 불안하다.

플라톤이 살았던 시대의 그리스인들도 보편적 진리에 대한 믿음을 잃고 불안한 삶의 한가운데서 표류하고 있었다. '내가 모든 것의 기준(만물척도론, homo mensura)'이라 주장하던 상대주의자 소피스트들이 득세하던 시대였다. 플라톤은 현실의 출렁이는 파도에 이리저리 흔들려도 방향을 잃지 않고 나아갈 수 있는 등대를 세웠다. 지혜롭고 용기 있고 절제하며 사는 정의로운 바람직한 '이상적인 삶의 공동체'라는 등대를.

그런데 현실에 존재하지 않는 이상을 어떻게 알 수 있을까? 무엇인지 알아야 등대로 삼을 수 있지 않을까? 플라톤은 우리가 태어날 때부터 이미 알고 있다고 한다. 다만 잊어버렸을 뿐이다. 이미 알고 있었던 거라서 곰곰이 생각해보면 누구나 다시 떠올릴 수 있다고 말한다. 그는 다음의 비유로 설명한다.

　태어나기 전 우리의 영혼은 이데아의 세계에서 수많은 이데아들을 알고 있었다. 다만 태어날 때 망각(레테, Lethe)의 강을 건너오며 기억을 지우는 물을 마시고 잠시 잊었을 뿐. 그래서 현실 속에서 이데아를 흉내 낸 것들을 보면 까맣게 잊고 있었던 이데아를 다시 떠올리게 된단다. 사진을 보면 까맣게 잊고 있던 동창생 얼굴이 떠오르는 것과 마찬가지라고나 할까. 이러한 플라톤의 인식론을 '상기론'이라 한다.

　그렇다면 우리가 잊고 있는 행복, 우리의 이상향은 어디에 있을까? 이카로스의 날개를 달고 끝없이 날아오를 바람이 불어오는 그곳은 어디에 있을까.

▶ **4악절 : 플라토닉 러브**
이상형은 존재하지 않는다

　인류 역사에서 가장 많이 애용한 단어는 아마도 '사랑'일 것이다. 인류의 유산은 사랑을 정신적으로나 물리적으로 실현해 낸 것이라 볼 수도 있을 것이다.

　플라토닉 러브에 대해 들어보았을 것이다. 플라톤~익Platon-ic 러브, 곧 플라톤의 사랑이다. '순수한 정신적인 이상적 사랑'을 뜻한다. 육체적 사랑을 무시하는 듯한 오해를 불러일으키기도 하지만 그것이 플라톤의 사랑론에 뿌리를 두고 있음은 분명하다. 그의《향연》은 이상적 사랑을 다룬다. 플라톤이 말하는 이상적 사랑은 뭘까?

어느 TV 토크 쇼에서 신혼부부의 이혼율이 심각하게 높다는 얘기들이 오갔다. 한 패널이 이 사람, 저 사람 많이 살아보고 결혼하면 이혼할 리가 없다고 농담 삼아 말했다. 이런저런 사람을 겪어봐야 사랑할 만한 사람을 보는 눈이 생긴다는 것이다. 사회자와 방청객은 한바탕 웃으며 말도 안 된다고 했다. 정말 그럴까?

이런 사람, 저런 사람을 겪어봐야 진짜 사랑이 무엇인지 제대로 알 수 있다는 것, 바로 플라톤이 하는 이야기다. 이상적 사랑에 이르기 위해서는 먼저 '하나의' 아름다운 육체를 사랑하는 것으로부터 시작해 아름다운 육체들에 깃든 아름다움들은 같다는 것을 깨닫고 '모든' 아름다운 육체들을 사랑할 수 있어야 한다.

이상적 사랑에 이르기 위해서는 천하의 카사노바가 되라는 소리인가? 강연을 하다가 플라톤의 사랑 이야기를 하는 이 대목에 이르면 모두 그 고귀한 철학자가 설마 그런 천박한 이야기를 했을까 하는 표정을 짓는다.

농담이 아니다. 플라톤은 진지하게 그런 제안을 한다. 이 제안의 진정성을 이해하기 위해서는 플라톤의 정치철학을 알아야 한다. 플라톤은 이상적인 공동체, 아름다움에 대한 이해가 넘치는 사회를 이루기 위해서는 모든 재산뿐만 아니라 모든 여성과 자녀를 공유해야 한다고 주장한다.

이상적인 공동체를 만드는 데 가장 큰 걸림돌이 사적 소유물에 대한 이기심이기 때문이다. 여성과 자녀마저 소유물로 여겼다는 게 불편하지만 그때는 누구나 그렇게 여겼다. 내 것, 네 것이 없다면 싸울 일이 없으니 더불어 행복하게 살지 않겠는가.

진짜 사랑을 알려면 모든 아름다운 육체를 사랑해야 한다니, 왜일까? 한 유형의 아름다움만으로는 모든 아름다움을 알 수는 없기 때문이다. 하지만 굳이 사랑하지 않아도 다양한 모든 유형의 아름다움을 살펴보기만 하면 모든 아름다움을 알 수 있지 않을까?

사랑은 아름다움에 대한 앎이다. 플라톤에 따르면 앎은 곧 함이다. 제대로 알면 그대로 행할 수밖에 없다는 것이다. 어떤 대상의 아름다움을 알게 되면 그 대상을 사랑할 수밖에 없다. 아름다움을 알게 되었는데도 사랑하지 않는 것은 있을 수 없다. 말하자면 지행합일이다.

아름다움, 그 자체를 사랑하라

카사노바식 사랑이 진짜 사랑을 알기 위한 비법이라니. 플라토닉 러브 원작자의 말이라는 게 믿기지 않는다. 천한 사랑으로 보이는 카사노바식 사랑을 권하니 당황스러울 수도 있다. 하지만 그런 사랑이 마냥 즐겁고 쉬운 일일까.

〈결혼은 미친 짓이다〉라는 영화에서 두 남녀 주인공은 하나의 아름다운 육체에 집착하지 않으려 한다. 하지만 결혼에 대한 입장은 서로 다르다. 남자는 결혼을 하지 않는다. 하나의 육체만을 사랑해야 하는 결혼은 미친 짓이니까. 하지만 여자는 다른 남자와 결혼을 한다. 하나의 육체에 집착하지 않으면 미친 결혼이 가능하다고 믿기 때문이다.

남자는 하나의 육체에 집착하는 미친 결혼을 하지 않았음에도,

여자는 하나의 육체에 집착하지 않는 미친 결혼을 했음에도 두 사람 모두 특정한 하나의 아름다운 육체에 대한 집착을 넘어서지 못한다. 카사노바식 사랑은 아무나 하는 게 아니다.

물론 모든 아름다운 육체를 사랑한다고 이상적인 사랑을 할 수 있는 건 아니다. 다른 종류의 아름다움도 사랑해야 한다. 모든 종류의 아름다움을 사랑해야 비로소 아름다움이 무엇인지, 사랑이 무엇인지 제대로 알게 된다. 이른바 사랑의 사다리 이론이다. 플라톤은 디오티마의 입을 빌려 이상적 사랑에 이르는 멀고 먼 길을 다음과 같이 말한다.

> 디오티마 : 사랑의 참뜻에 이르는 올바른 길은 다음과 같습니다. 이 세상에 있는 여러 가지 아름다운 것들로부터 시작하여 마치 사다리를 타고 올라가듯이 〔더〕 아름다운 것을 향해 위로 올라갑니다.
> 하나의 아름다운 육체에서 두 개의 아름다운 육체로, 두 개의 아름다운 육체에서 모든 아름다운 육체로, 모든 아름다운 육체에서 모든 아름다운 활동을 거쳐 모든 아름다운 학문〔지식과 지혜〕으로 나아갑니다. 모든 아름다운 학문에서 마침내 아름다움 그 자체를 알게 됩니다. 아름다움의 본 모습을 알게 되는 거지요.
> _ 플라톤, 《향연》[10]

플라톤에 따르면 진정한 아름다움을 볼 수 있는 눈은, 모든 아름다움을 보고 이해할 수 있을 때 비로소 갖게 된다. 아름다운 얼굴을 생각해보자. 코가 높은 아름다운 얼굴에 집착하면 코가 높지 않만 아름다운 얼굴을 이해할 수 없게 된다. 눈이 큰 아름다운 얼굴에 집착하면 눈이 크지 않지만 아름다운 얼굴을 이해할 수 없게 된다.

어느 특정한 유형의 아름다운 얼굴에 집착하는 사람보다 모든 유형의 아름다운 얼굴에 관심과 애정을 쏟는 사람이 '아름다운 얼굴'을 제대로 이해할 수 있다. 어느 특정한 아름다운 얼굴이 아니라 아름다운 얼굴로 만들어주는 그 본질이 무엇인지를 이해하고 사랑하는 것이야말로 아름다운 얼굴에 대한 이상적인 사랑이다.

육체만 아름다운 것이 아니다. 비록 몸은 아름답지 않더라도 그가 부르는 노래나 그가 추는 춤은 아름다울 수 있다. 눈에 보이는 예술 활동뿐만 아니라 문학처럼 눈에 보이지 않는 예술도 아름다울 수 있다. 문학만이 아니다.

"나는 생각한다. 그러므로 나는 존재한다"는 데카르트의 명제나 피타고라스의 정리나 "에너지는 질량과 등가관계에 있다"는 아인슈타인의 특수상대성 원리 '$E=mc^2$'처럼 수많은 아름다움이 있을 수 있다. 이 신비하고도 놀라운 아름다움 때문에 철학이나 수학, 물리학을 사랑하는 사람들이 있지 않은가? 심지어 플라톤은 제도나 법률도 아름답다고 한다.

육체의 아름다움을 넘어서 예술의 아름다움, 학문의 아름다움, 제도나 법률의 아름다움, 그 모든 종류의 아름다움에 두루 관심과 애정을 쏟을 때 비로소 모든 아름다움을 꿰뚫는, 어떤 것을 아름다운 것으로 만들어주는 아름다움의 본질, 아름다움 그 자체, 아름다움의 이데아를 이해하고 사랑할 수 있게 된다. 이것이 아름다움에 대한 이상적 사랑, 곧 플라토닉 러브다.

이상적 사랑이 사랑하는 진정한 '이상적' 아름다움은 모든 아름다움을 꿰뚫는 아름다움이지, 특정한 한 유형의 아름다움이 아니다. 특정한 하나의 이상적 아름다움이란 모순이다. 그러한 아름다움은 존재하지 않는다. 이상형은 없다.

제3악장
바람 vs 이상

플라톤의 이상적인 사랑에 비추어
볼 때, 우리 사회가 이상적인 사랑을 향해 가야 할 길은 아직 멀고
도 험난하다. 우리 사회의 사랑에 대한 편견과 고집은 참으로 많은
이들을 절망에 빠뜨린다.

나에게 상담을 청해 온 한 학생의 메일이다. 그는 사랑 때문에 겪
는 자신의 현실을 고통스러워 했다.

안녕하세요? 교수님. 오랜만에 메일을 드립니다. 최근 여러 가지 일로 우울증
이 급속도로 악화되면서 자살 시도와 자해를 하고, 부모가 절 죽이려 한다는
헛소리를 하다가 병원에 입원했습니다.

약물 치료와 상담 치료를 꾸준히 받아 지금은 감정을 그럭저럭 제어할 수 있
는 상태까지 왔습니다. 퇴원하는 날 어머니와 손을 잡고 햇살이 내리쬐는 길
을 걸었던 순간이 아직도 기억납니다. 그날 날씨가 참 좋았지요.

병원에서 퇴원하면서 이 어두운 삶도 끝나나 싶었지만, 저는 또다시 '동성애' 차별이란 이름의 어두운 통로를 걸어야 하겠지요. 언제쯤 태양 아래를 환하게 걸을 수 있을지 기약이 없습니다.

그는 성 정체성에 대한 고민과 갈등으로 우울증에 빠지고 급기야 피해망상에 시달리면서 자살까지 시도하였다. 무엇이 그로 하여금 절망에 빠지게 했을까? 우리 사회의, '이상적인 사랑'에 대한 오해와 집착 때문이다. 이성에 대한 사랑만이 사랑이라고 주장하는 오만하고 어리석은 생각 말이다. 특정한 이상적인 유형의 사랑이 있다고 믿고 그것에만 집착하는 어리석음이 빚어내는 비극이다. 플라톤은 《향연》에서 신화의 형식을 빌려 이러한 어리석음을 꾸짖는다.

아리스토파네스 : 태초에는 인간의 본 모습이 지금과 달랐습니다. 지금은 남성과 여성으로만 나누어져 있지만 옛날에는 남성이기도 하고 여성이기도 한 또 하나의 제3의 성이 있었지요.

_ 플라톤, 《향연》

신화에 따르면 인간들이 힘도 세고 야심도 대단하여 신에게 도전하는 일이 자주 일어나자 제우스는 이들의 힘을 약화할 묘책으로 사람들을 모두 두 쪽으로 갈라놓게 된다. 순수 남성은 두 쪽으로 나뉘어 남성과 남성으로, 순수 여성은 두 쪽으로 나뉘어 여성과 여성으로, 제3의 성은 각각 남성과 여성으로 나뉘었다. 그리하여 세상에는 남성과 여성만 존재하게 되었다. 갈라진 것이 원래의 짝을 찾는 게 사랑이다. 원래 남성이나 여성이었던 사람들은 동성을 짝으로 찾는 게 당연하다.

여기서 중요한 것은 '온전한 존재가 되고자 하는 것'이 사랑이라는 점이다. 어떤 사랑이든 이상적인 사랑이 되기 위해서는 사랑의 대상이 이성이냐 동성이냐가 중요한 것이 아니라, 그 사랑이 사랑하는 자신과 상대를 치우치거나 모자란 존재가 아닌 '온전한 존재'로 만들려고 하는지가 중요하다.

동성애에 대한 촌철살인의 사례가 있다. 동성애를 치료하는 방법을 논의하기 위해 여러 나라 정신의학자들이 한 자리에 모였다. 모두 동성애 문제를 해결하는 효과적인 방법을 찾고자 의견이 분분했다. 그때 한 철학자가 연단에 서서 동성애 문제를 해결할 간단한 방법이 있다고 했다. 정신의학자도 아닌 철학자이기에 모두 의구심 어린 눈길을 보냈다. 청중들에게 그는 한마디를 던진다.

"동성애는 병이 아니라고 선언하세요!"

병이 아니라고 선언한다면 동성애를 치료해야 할 이유가 없지 않은가. 기막히게 탁월한 해법이다. 치료받아야 할 사람들은 오히려 특정한 한 가지 유형의 사랑만 고집하는 사람들이 아닐까.

온전한 이상적인 사랑은 이성에 대한 사랑이든 동성에 대한 사랑이든 혹은 그 어떤 사랑이든 특정한 유형의 아름다움이 지닌 한 가지 특성에 대한 사랑이 아니다. 특정한 이상적 유형의 아름다움은 존재하지 않는다. 이상적인 사랑은 모든 유형의 아름다움에 깃든 '아름다움 그 자체에 대한 사랑'이다. 이것이 플라토닉 러브다.

하지만 그런 사랑을 하는 게 그리 쉬운가. 모든 유형의 아름다움에 깃든 '아름다움 그 자체'에 대한 이상적인 사랑은 현실 속에 실현될 수 없다. 완벽한 이상형이 현실 속에 존재하지 않듯이, 완벽한 이상향도 완벽한 이상적 삶도 현실에는 존재하지 않는다.

이상은 현실이 아니다. 이상은 실현될 수 없다. 이상이 실현될 수 있다면 그것은 처음부터 이상이 아니었다. 이것을 깨닫는 것이 중요하다. 그래야 이상이 실현될 수 있다는 헛된 믿음으로부터 오는 불행의 늪에 빠지지 않는다. '하면 된다'는 신화만큼 우리를 불행하게 만드는 것도 없다.

햇살이 눈부시게 환하게 웃는, 나뭇잎이 손짓하는, 바람이 불어오는 그곳은 현실에서 도달할 수 없는 곳이다. 그곳을 향해 나아갈 수 있을 뿐이다. 출렁이는 파도에 흔들리며 수평선을 향해 나아가지만 가도 가도 수평선일 뿐이다. 수평선 너머에 닻을 내릴 수가 없다. 유토피아, 이상향은 이를 수 없는 현실 '밖에' 있으니까. 이를 수 없는 그곳에 갈 수 있다는 헛된 믿음이 불행의 싹을 틔운다.

상상력에 권력을! 불가능을 상상하라

하지만 그렇다고 아예 꿈조차 꾸지 않는다면 꿈은 이미 실현되지 않았다고 바람의 철학이 우리에게 일러주지 않았던가. "상상력에 권력을! 불가능을 상상하라"는 프랑스 학생 시위에서 시작되어 전 세계적으로 퍼진 68혁명의 표어다. 탐욕스런 문명을 뒤엎는 혁명이 불가능하다는 건 누구나 처음부터 알고 있었다. 하지만 불가능에 대한 위대한 도전은 인류로 하여금 자유롭고 평등하게 더불어 사는 공동체라는 이상향을 향해 큰 걸음을 내딛게 했다. 지금은 너무나도 당연한 '자유연애'조차 68혁명이 비로소 그 물꼬를 텄다.

'이상은 이상일 뿐'이라는 너의 목소리가 그리워도 뒤돌아보지 말고 의연하게 휘파람 불며 걸어가야 한다. 너에게 돌아가 현실에 안주할 수는 없다. 덜컹이는 기차에 몸을 싣고, 출렁이는 파도에 흔들려도 바람에 내 몸 맡기고 담담하게 가야 한다. 오로지 수평선 너머 햇살이 웃고 있는 이상향으로. 눈앞의 유혹이나 안일에 집착하지 말고 새로운 꿈들을 위해, 설렘과 두려움으로 불안한 행복을 안고 꿈에 보았던 그 길에 당당히 서야 한다.

이상의 철학은 말한다. "현실은 이상이 아니다. 이상도 현실이 아니다. 그러나 이상이 없으면 현실도 더 이상 현실일 수 없다." 현실을 생생하게 살아 있다는 느낌이 드는 의미 있는 현실로 만들어주는 게 이상이니까.

김광석은 말한다. "꿈꿀 수 있는 사람은 세상 모든 것을 가진 사람입니다. (…) 이룰 수 있는 꿈이건, 이루지 못할 꿈이건 꿈을 꿀 수 있다는 자체만으로도 우린 행복합니다. 꿈을 꾸는 사람의 얼굴, 저는 언제나 그 얼굴이 되고 싶습니다."[11]

바람의 철학과 이상의 철학으로 병든 현실을 이상적인 현실로 건강하게 되살린다면, 차별이라는 어두운 통로를 마침내 빠져나와 '태양 아래 환하게 걷고 있는' 그를 볼 수 있을까?

바람이 불어오는 곳

그 곳으로 가네

.

.

.

.

.

모두가 아름다운

TRACK 3

"나무"와
쾌락의 철학

김광석 vs 에피쿠로스

Side 3   5:21

김광석과 철학하기

누가 뭐라 해도 즐거운 건 즐거운 거고,
좋은 건 좋은 것이다.
즐거운 듯, 즐겁지 않은 듯, 즐거운 것 같은
방식으로 즐길 줄만 안다면.

나무

한결같은 빗속에 서서
젖는 나무를 보며
눈부신 햇빛과 개인 하늘을
나는 잊었소

누구 하나 나를 찾지도
기다리지도 않소

한결같은 망각 속에
나는 움직이지 않아도 좋소

나는 소리쳐 부르지 않아도 좋소
시작도 끝도 없는 나의 침묵은
아무도 건드리지 못하오

무서운 것이 내게는 없소
누구에게 감사받을 생각 없이
나는 나에게 황홀을 느낄 뿐이오

나는 하늘을 찌를 때까지
자라려고 하오
무성한 가지와 그늘을 펼려 하오

나는 하늘을 찌를 때까지
자라려고 하오
무성한 가지와 그늘을 펼려 하오

작사 김용성 | 작곡 한동헌 | 노래 김광석

제1악장

아타락시아,
영원한
즐거움

고등학교 때 친구 따라 책상을 짊어
지고 절에 들어간 적이 있다. 한없이 고요한 절간에서 공부 좀 해보
자는 심사였다. 하지만 다음 날, 나를 기다린 건 정신이 맑아지는 고
요함이 아니라 찌는 듯한 불볕더위였다.

바람 한 점 없는 찜통더위에 땀이 줄줄 흘렀다. 선풍기도 부채도
없었다. 매미 소리는 또 어쩌나 요란하던지. 정신마저 혼미해져 절
주변을 어슬렁거리다보니, 법당 안에 가부좌한 스님이 눈에 들어왔
다. 허리를 곧게 펴고 눈을 감은 채 미동도 없이 앉아 있었다. 무더
위와는 아무런 상관이 없어 보였다. 이 요란함 속에 그 고요함이라
니. 별천지에 있는 듯 스님의 표정이 너무도 평안했다.

방으로 돌아와 스님을 떠올리며 책상다리를 하고 앉았다. 손바닥
을 위로 무릎 위에 가만히 올려놓곤 지그시 눈을 감았다. 그리고 마
지막 가장 중요한 포인트, 아무런 미동도 하지 않았다.

여전히 땀이 줄줄 흘렀다. 아무나 하는 게 아닌가? 그래도 버텼다. 온갖 잡생각이 난무했다. 한참 지나니 뜨거운 열기가 서서히 빠져나가는 듯했다. 요란하던 매미 소리도 멀어지고 주위가 조용해졌다. 머릿속이 맑게 비워지는 듯 편안해졌다. 아하, 이게 초간편 피서법이구나. 그해 여름에 뜻하지 않게 깨달은 스님의 피서법은 요즘도 내게 꽤 쓸 만하다.

이글거리는 더위 속에 얼음처럼 멈춰버린 스님은 불볕더위 속 묵묵히 앉아 있는 나무 같았다. 모든 게 비워진 진공의 공간을 유유히 자적하는 무심함 그 자체였다.

나무의 철학

〈나무〉라는 노래가 실린 김광석의 3집 앨범 재킷에는 나무 한 그루가 그려져 있다. 꽃다발처럼 포장한 나무 한 그루 옆에는 '그대 척박한 가슴에 나무 한 그루 피어'라는 글귀가 쓰여 있다. 어쩌면 세상의 온갖 유혹에 흔들리지 않고 묵묵히 삶의 슬픔과 기쁨을 노래하려는 자신의 가슴에 선물하려고 했는지도 모른다.

김광석의 〈나무〉는 나무의 철학을 잘 드러내고 있다. 비 맞는 나무를 바라보던 김광석은 어느새 자신이 나무가 되어 나무의 철학, 부동심(不動心, ataraxia)의 철학을 노래한다. 움직이지 않는 마음이 행복하다는 철학, 부동의 행복, 정적인 행복, 정적인 즐거움을 주장하는 철학을 노래한다.

즐거움이나 쾌락은 흔히 행위와 더불어 온다. 먹는 즐거움, 성을 나누는 즐거움, 자는 즐거움 등. 그래서 즐거움이나 쾌락은 늘 동적인 즐거움이나 쾌락으로 여겨진다. 하지만 김광석의 〈나무〉는 행위를 하지 않는, 정적인 즐거움과 쾌락을 노래한다.

쨍쨍하던 여름날, 갑자기 먹구름이 몰려오고 후드득후드득 굵은 빗방울이 떨어지기 시작한다. 장마다. 절 마당에 덩그러니 서 있는 아름드리 굵은 나무는 한결같이 내리고 또 내리는 비를 묵묵히 맞으며 서 있다. 마치 눈부신 햇살과 갠 하늘을 잊은 것처럼.

비 맞는 나무가 처량해 보이는 것은 비 맞는 사람을 보는 심정으로 보기 때문이다. 우리가 맑게 갠 하늘을 좋아하듯 나무도 그럴 거라고 미루어 짐작하기 때문이다.

그런데 정작 나무는 어떨까. 나무는 비를 즐긴다. 세상이 높은 가치를 매기는 눈부신 햇살과 맑게 갠 하늘을 갈망하지 않는다. 삶의 먹구름이 내려주는 소낙비를 달게 받는다. 비 덕분에 하늘을 찌를 때까지 자라고, 무성한 가지와 그늘을 펼 수 있다.

또한 나무는 말이 없다. 자신을 인정해달라고 세상을 향해 소리치지 않는다. 세상이 나를 가치 있는 존재로 기억해주길 갈망하지도 않는다. 시작도 끝도 없는 영원한 침묵을 스스로 즐길 뿐이다. 무서운 것이 전혀 없고 누구에게 감사받을 생각도 전혀 없다.

나무는 한결같은 비를 즐기며, 한결같은 망각과 한결같은 부동을, 그리고 한결같은 침묵을 사랑한다. 나무는 세상에 대한 모든 욕망과 시샘을 넘어서 홀로 선 자신에게 황홀을 느낄 뿐이다.

그렇다고 나무가 눈부신 햇살과 갠 하늘을 애써 거부할까? 세상의 부름과 기다림과 기억을 애써 마다할까? 아니다. '애써' 추구하거나 '애써' 집착하지 않을 뿐이다. 힘들게 애 끓이며 동적인 즐거움이나 쾌락을 좇지 않는다는 말이다. 나무는 정적인 즐거움이나 쾌락을 즐긴다.

움직이지 않는다고 아무것도 하지 않는다는 게 아니다. 나무는 게으름뱅이가 아니다. 나무는 즐거이 삶을 산다. 끊임없이 생명을 가꾸고 만든다. 그 생명력이 하늘을 찌르고 그 무성함이 시원한 그늘을 펼친다. 정중동靜中動이다. 고요함 속에 움직임이 있는 것이다.

애써 추구하는 인위적인 욕망의 들끓음이나 거센 출렁임은 없지만 자연스러운 생명의 들썩임과 즐거운 흥얼거림이 있다. 나무의 철학, 부동심의 철학은 고행이나 금욕의 철학이 아니라, 춤과 노래의 철학, 다시 말해 즐거움의 철학이다. 물론 동적인 즐거움이 아니라 정적인 즐거움의 철학이다.

천국으로 들어가는 문

영화 〈도어즈〉는 동적인 즐거움과 정적인 즐거움 사이를 위태롭게 걸어가는 대중음악가 짐 모리슨을 그린다. 그는 어릴 적 여행을 하다가 교통사고를 당해 죽어가는 인디언 노인을 본다. 그 노인의 눈은 죽어가면서도 더할 나위 없이 평온하고 신비스러웠다.

자동차들은 휴지 조각처럼 찌부러지고 사람들은 울부짖고 있었지만 노인의 눈은 태풍의 눈처럼 고요하고 평온했다. 짐은 그때, 노인의 눈 속에서 고요하지만 즐거운 천국으로 들어가는 문을 보았다.

짐은 영원히 즐거운 천국으로 들어가는 문을 찾아다닌다. 음악, 문학, 영화, 연극, 섹스, 마약 속에서 그 문을 찾아 헤맨다. 마치 쾌락을 좇는 배고픈 하이에나처럼. 하지만 쾌락을 낳는 동적인 행위로는 그 문은 끝내 열리지 않았다. 그는 자신의 앨범 〈더 도어즈〉의 첫 곡 〈뚫고 나가〉에서 노래한다.

여기서 쾌락을 좇고 / 저기서 보물을 파냈지
하지만 아직도 떠올릴 수 있겠니?
우리가 울었던 그때를
뚫고 나가 저편으로 / 뚫고 나가 저편으로

저편은 어딜까? 역설적이게도 쾌락과 돈으로 좇았던 동적인 즐거움의 종말이 정적인 즐거움에 이르는 문을 열어젖혔다. 1971년 7월 3일 마약과다복용으로 그의 심장이 멈췄다. 꽃다운 스물일곱 살이었다.

짐은 인디언 노인의 눈에서 흔들림 없는 나무의 즐거움을 보았다. 하지만 그것을 간절히 원했을 뿐, 그 부동심의 철학을 온전히 깨닫지 못했다. 결국 먼 길을 돌고 돌아 마침내 죽음으로써 고요한 평안의 즐거움을 되찾았다.

동적인 즐거움은 본질상 영원하지 못하다. 움직이니까 영원히 머물러 있지를 못한다. 그 단명의 숙명 때문에 늘 좇는 대상을 바꿔가며 이리저리 옮겨 다닌다. 연속적 영속을 꾀한다고나 할까. 짐 모리슨이 쾌락을 좇아 문학에서 영화로 연극으로, 다시 음악과 섹스로,

마침내 마약으로 옮겨 갔듯이 말이다. 쾌락의 역설이다.

정적인 즐거움은 본질상 영원하다. 움직이지 않으니까. 좇는 대상이 없는 게 아니라, 그것이 달아나도 애써 좇아가지 않는다. 애착을 갖지 않는다. 즐거우면 즐기되, 그 즐거움이 사라진다고 애써 좇거나 애 끓이지 않는다. 집착이 없다. 해탈한 스님이 맛있게 사과 한 알을 먹곤 더 없다고 불평하는가. 먹는 일을 즐기되, 못 먹는다고 괴로워하지 않는다.

짐 모리슨의 요절은 김광석의 요절과 오버랩 된다. 김광석이 짐 모리슨처럼 광기 어린 동적 즐거움을 추구한 건 아니지만, 짐 모리슨 못지않게 짧은 생을 그야말로 열정적으로 살다갔다. 그 열정 속에서도 그의 눈은 늘 흔들림 없이 고요하고 평안해 보였다. 마치 한결같은 빗속에 서서 황홀을 느끼며 묵묵히 젖는 즐거운 나무처럼. 아, 그의 해맑은 웃음이 그립다.

제2악장

즐기는 듯,
즐기지 않는 듯,
즐기는 것
같은

김광석의 노래에 담긴 '나무의 철학'
을 잘 보여주는 이는 에피쿠로스(Epikouros, BC 342~271)다. 에피쿠
로스의 '쾌락의 철학'은 그 철학적 근거를 제공한다. 에피쿠로스의
철학은 부동심의 철학, 다시 말해 정적인 쾌락을 말하는 철학이다.
나무의 철학이 바로 움직이지 않아도 좋은, 움직이지 않아서 좋은
마음의 철학이 아니던가.

에피쿠로스 철학의 열쇠말은 부동심, 아타락시아ataraxia다. 아타
락시아의 어원은 아-타라코스a-tarachos다. 아a는 '~이 아니다'라
는 부정의 뜻이고, 타라코스tarachos는 흔들린다는 뜻이다. 따라서
아타락시아는 흔들리지 않는 마음을 뜻한다.

에피쿠로스는 쾌락의 철학자인데, 흔들리지 않는 마음과 쾌락이
무슨 상관일까? 흔히 쾌락이란 요란하고 동적인 행위를 함으로써 누
리는 것이라고 생각하므로 부동의 속성과는 무관하다고 생각한다.

하지만 행위를 적극적으로 함으로써 쾌락을 누리는 게 동적인 쾌락이라면, 행위를 하지 않음으로써 쾌락을 누리는 게 정적인 쾌락이다. 그런 점에서 동적인 쾌락을 적극적 쾌락으로, 정적인 쾌락을 소극적 쾌락으로 부른다.

정적인 쾌락이란 마음에 흔들림이 없고(아타락시아) 몸에 고통이 없는 것(아포니아aponia)이다.

_ 에피쿠로스, 〈선택과 피함에 관하여〉**12**

그렇다고 정적인 쾌락이 아무런 행위를 하지 않는 것일까? 아무런 행위를 하지 않고서는 살 수가 없다. 행위를 하되 집착하거나 애써 하지 않을 뿐이다. 해탈한 스님을 떠올려보라. 스님 또한 맛있게 음식을 먹고 기꺼이 맑은 공기와 아름다운 새소리를 즐기며 꿀맛 같은 낮잠을 즐긴다.

차이는 쾌락을 누리지 못할 때 나타난다. 우리는 맛있는 음식을 먹지 못하거나 꿀맛 같은 낮잠을 즐기지 못하면 몹시 괴롭다. 해탈한 스님은 아쉬울 뿐 괴로워하지 않는다. 처음부터 집착하지 않았으니까. 누릴 수 있으면 좋지만, 누릴 수 없어도 그만이라는 마음으로 즐겼으니까.

정적인 쾌락의 가치를 깨닫는 일은 동적인 쾌락을 즐기지 않으려는 노력으로 이루어지기보다 어쩌면 역설적으로 동적인 쾌락을 즐기려는 노력으로 더 잘 이루어질 수도 있다.

어렸을 적에 삶은 달걀이 그렇게도 먹고 싶었다. 고소한 노른자를 꽃소금에 살짝 찍어 입속에 쏙 넣으면 사르르 녹던 그 맛을 잊을 수 없었다. 어린 마음에 삶은 달걀을 배 터지도록 먹어봤으면 좋겠다고 생각했다. 두서너 알을 냉큼 먹고도 아쉬운 듯 입맛을 다시는 우리 남매를 보고 어머니는 달걀을 여러 판 사와서 삶아주셨다.

"실컷 먹어봐라!" 우리는 먹고 또 먹고 말 그대로 배 터지도록 먹었다. 결국 입에서 역겨운 노린내가 나고 토할 것만 같았다. 달걀을 든 손은 스르르 풀려 무릎 위에 맥없이 떨어졌다. 동적인 쾌락의 희비가 교차하는 순간이었다. 어머니께서는 웃으시며 말씀하셨다. "더 먹지 그러냐!"

그 일로 삶은 달걀에 대한 도저히 말릴 수 없던 집착이 말끔히 사라졌다. 동적 쾌락의 괴로움을 통해 정적 쾌락의 가치를 몸소 체험했다. 그 이후에도 어머니의 독특한 교육방식은 계속되었다. 산처럼 많은 감자를 삶아주셨고, 가게에서 스쿱으로 조금씩 퍼서 파는 아이스크림을 통째로 사주셨다. 단 조건이 있었다. 질리도록 먹어야 한다는 것.

대학에 와서 담배의 오묘한 맛을 아는 몸이 되었을 때는 어머니의 교육방식을 스스로 응용하기까지 했다. 계속 갈망하게 되는 집착을 끊기 위해서, 담배를 보루째 사놓고 한 자리에서 줄줄이 피우고 또 피웠다. 라이터를 단 한 번도 다시 켜지 않고 줄줄이 이어서 피우는 줄담배, 그 끝은 지옥이었다. 신물이 나서 당장 토할 것 같았고 세상이 팽이처럼 핑핑 돌았다. 수업료치고는 눈물을 쏙 빼놓을 정도로 비쌌다.

동적인 쾌락이든 정적인 쾌락이든 에피쿠로스가 살던 당시의 고대 그리스는 쾌락보다는 절제와 금욕이 강조되던 시대였다. 소크라테스, 플라톤, 아리스토텔레스 등으로 이어지는 소크라테스 사단이 이성 중심의 철학으로 사상계를 주름잡던 시대였으니까.

감각적이고 쾌락적인 것을 추구하는 것은 나쁜 것이고, 고귀한 정신적인 가치를 추구하는 것은 좋은 것이라는 생각이 지배했다. 사정이 이러하니 성직자도 아닌 보통 사람들은 자신들이 욕망을 억누르지 못하고 늘 감정에 휩싸여 사는 것에 대해 죄책감을 벗어날 수 없었다.

이때 에피쿠로스가 나타났다. 그는 쾌락은 좋은 것이라 선언했다. 남몰래 쾌락을 좇으면서도 늘 죄책감에 사로잡혀 있고 그러면서도 쾌락을 포기할 수 없었던 이들에게 그는 그야말로 구세주였다.

에피쿠로스는 이성에 따라 선하게 살아야 행복하게 살 수 있다는 소크라테스 사단의 주장을 뒤집었다. 오히려 즐겁고 행복하게 사는 게 선하게 사는 거라고 주장했다. 쾌락에 대한 코페르니쿠스적 전환인 셈이다. 대중은 뜨겁게 환영했고, 에피쿠로스의 인기는 하늘을 찔렀다.

하지만 쾌락이 좋은 것이라는 선언만으로 정당함이 얻어지는 것은 아니다. 그 타당한 근거를 제시해야 한다. 에피쿠로스가 철학사 속에 당당하게 자리 잡은 이유는 새로운 주장을 넘어 그것에 대한 정당한 근거를 제시했기 때문이다. 쾌락의 철학자 에피쿠로스는 쾌락의 존재론, 쾌락의 인식론을 제시하고 그것을 바탕으로 쾌락이 좋은 것이라는 쾌락의 윤리학에 근거를 마련했다.

▶ 1악절 : 쾌락의 존재론
쾌락이야말로 참된 존재다

에피쿠로스는 원자 존재론으로 쾌락이 좋다는 것을 정당화했다. 에피쿠로스는 그보다 반세기 정도 앞서 살았던 데모크리토스 Democritus의 원자론을 이어받았다. 그는 우주와 만물이 무수한 원자(아토마, atoma)들로 이루어졌다고 생각했다.

> 우주는 물체와 빈 공간으로 이루어져 있다. (…) 물체는 구성 요소이거나 구성 요소들이 결합된 것이다. (…) 구성 요소들이 결합된 것이 분해될 때 모든 것이 파괴되어 없어지지 않고 어떤 영원한 것이 남아 있으려면 마땅히 구성 요소가 더 이상 나누어지지 않아야 한다. (…) 그러므로 〔우주의〕 근원은 더 이상 나누어지지 않는 물질〔원자〕이다.
>
> _ 에피쿠로스, 〈헤로도토스에게 보내는 편지〉[13]

원자는 더 이상 나눌 수 없는 가장 작은 궁극적인 딱딱한 알갱이다. 다양한 모양과 무게의 차이만 있을 뿐 질적인 차이는 없는 물질이다. 이 원자들은 빈 공간 속에서 수직 낙하운동을 한다. 그런데 어떤 원자는 '우연히' 궤도에서 벗어나 비스듬하게 떨어진다. 이 우연한 벗어남으로 원자들끼리 부딪혀 일어난 충돌은 연쇄반응을 일으켜 원자들의 다양한 결합 방식을 만들어낸다.

원자들은 영원히 운동한다. 원자들은 아래로 곧장 떨어지는데 어떤 원자들은 비스듬히 떨어져 다른 원자들과 충돌하여 튕겨나간다. (…) 튕겨나가는 것들은 다른 원자들과 엉키거나 다른 원자들에 갇혀서 한곳에 정지해서 진동한다. (…) 이러한 운동은 [또 다른] 근원을 가지지 않는다. 원자와 빈 공간이 그 운동의 원인이니까.

_ 에피쿠로스, 〈헤로도토스에게 보내는 편지〉

산과 바다, 강 등이 이렇게 만들어졌다. 원자들이 모이거나 흩어져 만들어졌다. 원자들은 그 양이 늘어나지도 줄어들지도 않으며 결합하는 방식에 따라 물질의 모양만 바뀔 뿐이다. 질량 보존의 법칙이 적용되는 셈이다. 무에서는 아무것도 생기지 않으며, 아무것도 무로 사라지지 않는다.

인간의 정신이나 영혼, 심지어 신조차 미세하고 섬세한 원자들이 모인 것에 지나지 않는다. 이들도 죽으면 육체처럼 원자들로 나누어져 해체된다. 물질이 세상 존재의 중심이고 정신은 물질에서 파생된 것으로 본다. 이러한 원자존재론은 감각 물질에 대한 욕망을 가치 없고 나쁜 것으로 보고 정신을 가치 있고 좋은 것으로 보던 당시의 가치관을 뒤집는다.

에피쿠로스는 필연적인 법칙이나 운명을 거부했다. 우주의 모든 존재처럼 인간의 삶도 필연적인 법칙이나 운명에 따르는 게 아니라, 우연히 생겨나고 바뀌고 사라질 뿐이다. 원자의 원인 모를 우연한 벗어남 때문에 모든 것이 생겨났듯, 인간의 다양한 삶은 이미 정해진 필연적인 운명의 산물이 아니라 원자들이 우연히 결합한 결과의 산물이다.

모든 것이 필연에 의해 생겨났다고 주장하는 사람은 자신의 주장을 부정하는 사람들을 반박할 수 없다. 그는 자기 이론을 부정하는 것도 필연적으로 생겨난다고 인정해야 하니까.

_ 에피쿠로스, 〈에피쿠로스의 권고〉[14]

그는 운명이 정해져 있다는 생각이야말로 우리를 불행하게 만드는 잘못된 판단이라고 본다. 인간의 삶은 우연에 의해, 달리 말해 원인을 알 수 없는 자유로운 의지에 따라 변할 수 있다. 아마도 에피쿠로스는 우리가 보는 토정비결을 가장 몹쓸 짓으로 여기지 않을까 싶다. 삶의 주인으로 자유롭게 사는 것을 돈 주고 애써 마다하는 일이니까.

그는 우연에 의해 끊임없이 변하는 우주와 삶이야말로 우리가 행복한 삶을 기획할 때 무엇보다 먼저 받아들여야 할 존재론적 전제라고 한다. 끊임없이 변할 수밖에 없는 우주와 삶을 어떤 것도 변해서는 안 된다는 존재론적 정언 명령으로 옥죄고, 시시때때로 변하는 감각 욕구를 불변의 이성으로 억누르려는 존재론이야말로 우리를 불행하게 만들기 때문이다.

▶ 2악절 : 쾌락의 인식론
쾌락이야말로 참된 인식이다

끊임없이 변하는 감각적 즐거움이나 쾌락이 좋다는 것을 정당화할 수 있는 인식론적 근거는 무엇일까? 에피쿠로스는 감각 인식론으로 쾌락이 좋다는 것을 정당화한다. 모든 인식은 감각 지각이다. 인식은 그 이상도 이하도 아니다.

원자들로 이루어진 객체로부터 조그만 이미지들(에이돌라, Eidola)이 떨어져 나와 우리의 감각기관에 흘러 들어가 상을 만든다. 이것이 감각 지각이자 인식이다. 예를 들어 내가 돌을 볼 때, 돌로부터 미세한 물질이 날아와서 내 안에 감각적인 상을 만든다. 사물에 대한 생각과 느낌, 앎 등은 이렇게 성립된다. 이것이 감각주의 또는 경험주의 인식론이다.

> 외부 대상과 색깔과 모양이 같은 이미지(에이돌라)들이 외부 대상으로부터 흘러나와 (…) 우리의 눈이나 마음에 들어올 때 외부 대상이 우리에게 자신의 색깔과 모양을 새긴다.
>
> _ 에피쿠로스, 〈헤로도토스에게 보내는 편지〉

현대과학으로 해석하면, 외부 객체로부터 반사된 빛이나 소리파동 등 외부 자극들이 감각기관으로 들어와 인식이 생기는 것이다. 에피쿠로스는 이러한 과학적 사실을 몰랐지만, 철저한 감각주의 인식론자로서 그러한 생각을 더 밀고 나가 정신적인 인식이나 즐거움조차 섬세하고 미세한 감각의 일종이라고 생각했다. 그에 따르면 감각적인 인식이나 즐거움, 혹은 감각적이지 않은 인식이나 즐거움이 따로 있을 수 없다. 따라서 어느 것이 더 가치 있다고 말할 수 없다.

감각경험을 통해 얻는 감각적 인식보다 이성적 사유를 통해 얻는 정신적 인식이 참된 인식이라고 생각하는 중요한 이유 중 하나는 감각적 인식이 참되지 않은, 곧 착각인 경우가 있다는 것이다. 신기루나 다양한 착시 현상이 그 경우다. 하지만 에피쿠로스는 감각경험은 항상 참되다고 주장한다. 다만 그 참된 감각경험에 대한 우리의 잘못된 판단 때문에 오류가 생긴다는 것이다.

> 오류와 거짓은 (…) 의견의 개입에 의해 생긴다. (…) 의견이 [감각에 의해] 확증되지 않거나 반증되었을 경우 거짓이다. 의견이 확증되거나 반증되지 않았다면 참이다. (…) 감각이야말로 [참이라는] 분명한 증거다.
>
> _ 에피쿠로스, 〈헤로도토스에게 보내는 편지〉

신기루를 보고 사막 한가운데 '실제의 푸른 산'이 있다고 판단하는 게 잘못이지, '푸른 산처럼 보이는 것'을 보는 감각경험은 참이다. 착시도 마찬가지다. 아래의 그림을 보라. 아래의 선이 더 길게 보일 것이다. 그러나 두 선의 길이는 똑같다. 아래 선이 '실제로 더 긴 선'이라고 판단하는 게 잘못이지, '더 긴 것처럼 보이는 것'을 보는 감각경험은 참이다.

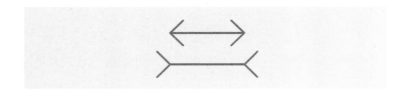

이것은 중요한 깨달음을 준다. 감각경험을 통해 쾌감을 느끼는 데도 행복하다고 생각하지 않거나, 불쾌감을 느끼는 데도 불행하다

고 생각하지 않는 것은 우리의 잘못된 판단 때문이라는 깨달음이다. 그러한 잘못된 판단을 하게 만드는 것이 바로 우리의 이성이다. 쾌감을 죄악시하는 이성적 판단은 쾌감을 느끼면 느낄수록 더욱 더 불행하다고 생각하게 만들며, 불쾌감을 느끼면 느낄수록 더욱 더 행복하다고 생각하게 만든다.

중세나 봉건시대에나 그랬지 요즘에는 시대착오적인 생각이라고 치부할 수 있을까? 자위행위를 할 때 행복하다는 생각이 드는가, 아니면 몹쓸 짓을 한 것 같은 생각으로 불편한가? 또는 게임을 해서 몹시 좋고 즐거운데도 공부할 시간에 한다는 죄책감 때문에 나쁘고 불행한가? 나쁘고 불행하다고 느끼는 것은 이성의 잘못된 판단 때문이다. 좋은 것은 좋은 것이고 즐거운 것은 즐거운 것이다.

▶ 3악절 : 쾌락의 윤리학
즐겁고 행복한 삶이 좋은 삶이다

쾌락의 존재론적 근거와 인식론적 근거는 쾌락의 윤리학적 근거의 필요조건이지 충분조건은 아니다. 쾌락의 윤리학적 근거는 좋음과 행복의 관계에 대한 생각을 코페르니쿠스적으로 전환할 때 비로소 온전히 되찾을 수 있다.

소크라테스 사단은 좋은 것을 행복의 조건으로 삼았다면, 에피쿠로스는 행복을 좋은 것의 조건으로 삼았다. 얼핏 보면 결국 어느 쪽이든 좋은 것과 행복한 것을 같은 것으로 본 것 아니냐는 생각이 들

수도 있지만 이 둘은 근본적인 차이가 있다.

소크라테스 사단에 따르면 행복한 삶이기 위해서는 무엇보다 먼저 좋은 삶이어야 하지만, 에피쿠로스에 따르면 그저 즐겁고 행복한 삶이면 좋은 삶이 된다. 어떤 것이 좋은 삶인지 나쁜 삶인지 이성으로 먼저 따질 필요가 없다.

> 나는 맛의 즐거움, 사랑의 즐거움, 듣는 즐거움, 아름다운 모습을 보아서 생기는 즐거운 감정들을 모두 제외한다면 좋은 것을 무엇이라고 생각해야 할지 모르겠다.
>
> _ 에피쿠로스, 〈삶의 목적에 관하여〉[15]

이러한 생각의 차이는 행복에 대한 생각의 차이로부터 비롯되었다. 소크라테스 사단은 이데아나 형상(에이도스, eidos)과 같은 정신적인 개념이 행복에 중요한 역할을 한다고 생각했다. 좋은 것이 무엇인지에 대해 제대로 인식하고, 그 인식대로 살 때 비로소 행복하게 된다고 보았다. 최고의 행복은 가장 좋은 것에 대한 깨달음으로부터 오는 즐거움이라고 생각했다. 그들에게는 그런 깨달음을 추구하는 자신들이 가장 행복한 자였다.

하지만 에피쿠로스는 물질적인 이미지(에이돌라)로부터 비롯되는 쾌감과 같은 감각적 인식이나 즐거움이 행복에 중요한 역할을 한다고 생각했다. 그는 좋은 것이 무엇인지 인식하지 못해도 쾌감을 느낄 수 있다면 행복하다고 보았다. 쾌감을 느끼면서도 행복하지 않다고 생각하는 건 자기기만인 셈이다. 자위를 할 때든 게임을 할 때든 즐거우면 행복한 것이다. 즐겁고 행복하면 좋은 것이다.

▶ **4악절 : 쾌락의 행복론**
즐겨라, 그러면 행복하도다!

즐겨라, 그러면 행복하도다. 쾌락 행복론의 모토다. 쾌락이야말로
행복한 삶의 시작이자 끝이다. 뒤집어 말하면 고통 불행론이다. 고
통이야말로 불행한 삶의 시작이자 끝이다.

> 우리 몸은 배고픔이나 목마름, 추위로부터 구원해달라고 외친다. 이것들을 피
> 할 수 있거나 피할 희망을 가질 수 있다면 제우스와도 견줄 만큼 행복하니까.
> (…) 우리의 본성은 쾌락에 의해 구원받으며, 고통에 의해 파괴된다.
>
> _ 에피쿠로스, 〈에피쿠로스의 권고〉

하지만 쾌락과 고통은 정반대인데도 서로 밀접하게 연관되어 있
다. 쾌락을 추구하면, 충족되지 않는 한 고통스럽기 때문이다. 쾌락
을 즐기는 것도 한순간일 뿐, 영원하지 않다. 더구나 쾌락이 크면 클
수록 쾌락이 지나간 뒤는 더 허전하고 괴롭다. 화려한 연극이 끝난
뒤의 허전함이랄까. 금단 현상이랄까. 쾌락이야말로 중독이니까. 쾌
락을 추구하면 할수록 고통스럽다. 추구하는 과정에는 충족되지 않
아 괴롭고, 성취한 뒤에는 오래가지 않아 괴롭다. 쾌락의 역설이다.

감사할 줄 모르는, 마음의 탐욕은 (…) 맛있는 음식을 영원히 욕구하도록 만든다.

_ 에피쿠로스, 〈에피쿠로스의 권고〉

에피쿠로스는 이 쾌락의 딜레마를, 그것이 모든 쾌락의 딜레마가 아니라 동적 쾌락이라는 특정한 종류의 쾌락이 낳는 딜레마임을 밝힘으로써 해결했다. 동적 쾌락과 달리 정적 쾌락은 그러한 딜레마에 빠지지 않는다.

정적 쾌락은 애써 추구하는 게 아니라서 충족되지 않아도 괴롭지 않다. 정적 쾌락은 은은하게 오래 지속된다. 사라져도 허전하거나 괴롭지 않다. 화려하고 요란한 연극이 끝난 뒤의 허전함이 없다. 그저 즐거울 따름이다. 즐거움이 괴로움을 불러오는 쾌락의 역설에 빠지지 않는다. 그렇다면 어떻게 해야 정적 쾌락의 행복을 누릴 수 있을까? 쾌락의 철학자 에피쿠로스가 말하는 행복의 노하우는 무엇일까?

착하게 살아야 행복하게 살 수 있다는 생각을 버려라.

이른바 착한 딸, 아들 콤플렉스로 정신과 상담치료를 받는 이들이 많다. 착한 딸, 아들 콤플렉스는 우리를 늘 불안하게 만든다. 착하게 살면 착하게 살지 않는 이들이 더 행복해 보이고, 착하게 살지 않으면 죄책감이 들거나 혹은 그 탓에 불행해질까 봐 역시 불안하다.

에피쿠로스는 도덕과 행복의 관계를 뒤집는 코페르니쿠스적 전환을 권한다. 선하기 때문에 우리 마음에 들고 즐거운 것이 아니라,

우리 마음에 들고 즐겁기 때문에 선한 것이다. 악하기 때문에 불쾌한 것이 아니라, 불쾌하기 때문에 악한 것이다.

고귀한 행복과 천박한 행복이 있다는 생각을 버려라.

이러한 구분은 이른바 천박한 행복의 유혹을 뿌리치기 어려운 우리를 불안하게 만든다. 자위가 즐겁고 게임을 신나게 하면서도 늘 불안한 까닭이다. 쾌락에는 윤리적으로 아무런 질적 차이가 없다. 착한 쾌락이나 악한 쾌락이 있는 게 아니라 쾌락은 쾌락일 뿐이다. 모든 쾌락은 선이다.

어떠한 쾌락도 그 자체로는 나쁘지 않다. 많은 경우 쾌락을 가져다주는 수단이 (…) 고통을 가져다준다. (…) 몸과 마음의 고통이야말로 악이다.

_ 에피쿠로스, 〈중요한 가르침〉[16]

가치가 있는지 없는지를 판가름하는 것은 감각의 문제다. 모든 선의 근원은 우리의 배고픔을 감각하는 위장이다. 위장은 행복과 관련된 모든 것의 척도다. 즐겁게 먹고 마시는 것이 행복이다.

죽음에 대한 두려움에서 벗어나라.

죽음에 대한 두려움은 쾌락을 억누르고 착하게 살아야 한다는 '착한' 콤플렉스를 낳는다. 죽음을 기억하라는 경구인 메멘토 모리Memento mori나 관 속에 들어가보는 죽음 체험이 그걸 노린다. 하지만 죽음을 두려워할 필요가 없다.

죽음은 우리에게 아무것도 아니라고 믿어라. 모든 좋고 나쁨은 감각에 달렸는데 죽으면 감각을 잃게 되니까.

_ 에피쿠로스, 〈메노이케우스에게 보내는 편지〉[17]

우리가 살아 있는 한 죽음은 없다. 우리가 죽으면 우리가 이미 없다. 따라서 우리는 결코 죽음을 만날 수 없다. 경험할 수 없는 죽음을 두려워할 필요가 있을까.

그런데 죽음을 두려워하지 않고 마냥 즐겁게 살다가 죽음의 순간에 신의 심판이 우리를 기다리고 있다면 어쩌란 말인가? 걱정할 필요 없다. 신은 존재하지 않는다. 존재하는 것은 오직 원자들과 빈 공간뿐이다. 죽으면 영혼은 해체되어 사라지는데, 신이 존재한다 해도 이미 해체된 영혼을 어떻게 심판하겠는가?

게다가 신이 존재한다 해도 다른 우주에서 오직 자신만을 위해 지극한 행복을 누리고 있을 테니 신이 번거롭게 우리의 삶에 끼어들 이유가 없다.

신은 죽지 않으며 (늘 행복하도록) 축복을 받았으므로 그 스스로 어떤 고통도 알지 못하며 다른 것에게 고통을 주지도 않는다.

_ 에피쿠로스, 〈중요한 가르침〉

과거에 대한 미련과 미래에 대한 걱정에서 벗어나라.

미련과 걱정은 우리를 불안하게 만든다. 에피쿠로스에 따르면 우리가 경험할 수 있는 것은 현재의 경험뿐이다. 과거는 이미 지나가

버려 더 이상 경험할 수 없고, 미래는 아직 오지 않아 경험할 수 없다. 경험할 수 없는 것 때문에 괴로워할 필요가 없다. 현재의 즐거움에 충실해야 한다.

에피쿠로스는 외친다. "카르페 디엠Carpe diem", "현재를 즐겨라." 영화 〈죽은 시인의 사회〉에서 키팅 선생도 외친다. "카르페 디엠! 소년들이여, 삶을 비상하게 만들어라." 미래에 대한 불안 때문에 현재의 삶을 저당 잡힌 이들에게 결과가 아닌 과정에 충실한 삶을 살라고 외친다.

많은 것과 큰 것에 대한 욕망을 버려라.

적은 것과 작은 것을 즐길 줄 알아야 한다. 욕망과 쾌락은 한계를 모른다. 쾌락은 얻고 나면 더 이상 기쁨을 주지 못한다. 그래서 더 큰 쾌락을 욕망하며 불만 속에 산다. 시시포스의 운명 같은 이 역설 때문에 마음의 평안을 얻을 수 없다. 그래서 에피쿠로스의 행복의 모토는 '욕망하라'가 아니라 '즐겨라'다. 욕망의 역설에 빠지지 않고 즐기려면 자연적이며 어쩔 수 없는 것만 욕망해야 한다.

> 욕망 가운데는 자연적이며 동시에 피할 수 없는 욕망이 있고, 자연적이지만 피할 수 있는 욕망도 있으며, 자연적이지 않고 피할 수 있는 욕망도 있다. 뒤의 것들은 헛된 생각에 의해 생겨난다.
>
> _ 에피쿠로스, 〈에피쿠로스의 권고〉

즐김의 비밀은 바로 작은 자기만족에 있다. 스스로 만족할 줄 아는 것이 커다란 선이다. 부를 가장 행복하게 즐길 수 있는 사람은 가지고 있는 부에 만족하여 부를 가장 적게 필요로 하는 사람이다.

교통사고로 화상을 입어 꽃다운 외모를 잃어버린 이지선 씨는 사고 이전으로 돌아가고 싶은지에 대한 질문에 돌아가지 않겠다고 했다. "수없이 자살 생각을 했어요. 그런데 처음엔 코끝에 앉은 파리도 쫓지 못할 만큼 움직이지 못했던 제가 눈꺼풀을 자유롭게 깜빡이게 되고, 다음날엔 입가를 움직여 웃을 수 있게 되었어요. 이렇게 하루 하루 그 작고 사소한 것의 가치를 깨닫고 행복해지기 시작했어요."

과시욕과 명예욕을 버려라.

에피쿠로스는 사람이 많은 곳을 피해 숨어 살라고 한다. 사람이 많이 모이면 자연히 경쟁심이 유발되고 명예나 인기를 추구하고 과시하고자 하는 욕망이 생기기 쉽기 때문이다. 항상 뛰는 놈 위에 나는 놈이 있기 마련이다. 게다가 명예나 인기는 주고 싶은 사람들의 의지에 달려있지 않던가. 그러한 변덕스러운 것에 울고 웃는 삶이 행복할 리가 없다.

아무리 많은 부를 가져도, 아무리 많은 명예나 존경을 받아도, 끝없는 욕망으로부터 생기는 다른 어떤 것들에 의해서도 마음의 흔들림이 끝나지 않으며 진정한 기쁨이 생기지 않는다.
_ 에피쿠로스, 〈에피쿠로스의 권고〉

실제로 에피쿠로스는 뜻을 같이하는 사람들과 함께 소규모 공동체를 이루고 살았다. 자연 속에서 은둔하며 필요한 만큼만 지니고 세상과 거리를 둔 채 자유를 추구하며 행복하게 살았다. 에피쿠로스가 천만 명이 넘는 메트로폴리스 서울에 오면 과연 행복한 도시라고 할까? 그의 첫 번째 행복 처방전은 아마도 귀농이 아닐까 싶다.

사랑보다 우정을 추구하라.

에피쿠로스에 의하면, "행복한 삶에 기여하는 모든 것들 중에서 우정만큼 위대하고 기쁨을 가져다주는 것은 아무것도 없다"라고 한다. 우리는 즐거움을 위해 친구를 사귀지만, 또한 그 친구를 위해서 괴로움도 마다하지 않는다. 한편 사랑은 배타적이고 공유할 수 없다. 항상 독점하려고 한다. 남에게 빼앗길까봐 늘 초조하다.

어쩌면 사랑은 행복할 때보다 행복하지 못할 때가 더 많을지도 모른다. 사랑은 열정의 산물이지만 우정은 지혜의 산물이다. 현명한 사람은 사랑보다 우정을 즐기고, 어리석은 사람은 우정보다 사랑을 즐기는 데 열심이다.

행복을 애써 욕망하지 말라.

행복에 대한 집착을 버리라는 의미다. 앞에서 말한 모든 행복의 노하우를 뒤집는 것처럼 보이는 역설적인 행복의 노하우다. 진정으로 행복하게 살려면 아예 행복이나 즐거움을 욕망하지 말아야 한다.

행복이나 즐거움을 욕망하는 삶을 비디오로 찍어 재생해보면 아마도 즐거운 삶보다 즐겁지 않은 삶을 욕망한 것이 아닌가 하는 생각이 들지도 모른다. 욕망과 쾌락의 역설 때문이다.

제3악장

나무 vs 쾌락

기말시험 문제로 학생들에게 자신에게 편지를 쓰고 자신에게 답장하게 한 적이 있다. 각자 고민을 쓰고 철학으로 해결하는 자문자답의 형식이다. 많은 학생들이 학업과 진로에 관한 고민을 털어놓았다. 그 가운데 학업과 진로에 걸림돌이 되는 게임이나 취미 활동에 관한 고민도 많다.

공부는 해야 하는데 저도 모르게 컴퓨터나 휴대폰에 자꾸 손이 가요. 어쩌죠?
제 의지로 어쩌지 못하는 제 자신이 밉고 부끄러워요.

_ 학생의 고민 편지

나는 그런 학생들에게 김광석의 〈나무〉를 들어보고 에피쿠로스의 《쾌락》을 읽어보라고 권했다. 그러면 반문하는 학생들이 꼭 있다. "이것들이 제 고민이랑 무슨 상관이 있죠? 나무와 쾌락이 서로 무슨 관계가 있는 거죠? 오히려 정반대가 아닌가요?”

　김광석의 ‘나무 같이 살라’와 에피쿠로스의 ‘즐기며 살라’는 가르침은 ‘정적 즐거움’에서 교집합을 찾을 수 있다. 그들은 우리에게 ‘조용히 즐기며 살라’는 가르침을 준다. 그 대가는 당연히 행복이다. 행복하게 살려면 조용히 즐기며 살라는 말이다.

무위의 즐거움

　대체 조용히 즐긴다는 게 뭔가? 이런 상태를 가장 잘 보여주는 게 바로 노자나 장자가 말하는 ‘무위無爲’의 즐거움이다. 조용히 행하는 즐거움, 행하는 듯 행하지 않는 듯 행하는 것 같은 방식으로 행하는 즐거움이다. 이른바 썸 타는 즐거움이다.

　애매모호한가? 애매모호할 땐 ‘그것이 아닌 것’과의 차이를 보면 그 뜻이 더욱 분명해진다. 무위는 무엇이 아닐까? 인위人爲가 아니다. 무위라고 아무런 행위를 하지 않는 게 아니다. 인위적인 행위를 하지 않는 것이 무위다. 행위를 하되 억지로 애써서 하지 않는다. 그저 자연스럽게 물 흐르듯 하는 행위가 무위다. 컴퓨터 게임이든 핸드폰이든 채팅이든 자연스럽게 물 흐르듯 즐기는 것이다. 애써서 즐기진 않는다.

　무슨 뚱딴지 같은 소린가. 게임이 좋아서 즐기는 이가 자연스럽게 물 흐르듯 즐기는 거지, 애써서 억지로 즐기기야 하겠는가. 물론 하기 싫은 게임을 억지로 애써서 하지는 않을 거다. 지나치게 좋아서 하는 게 문제다. 지나치게 좋아하다보니 집착하게 되고 더 이상 손에서 놓을 수 없는 정도에까지 이르게 된다.

그렇다면 자연스럽게 물 흐르듯 하는지, 집착해 애써서 하는지 어떻게 알 수 있을까? 그것을 더 이상 할 수 없게 되었을 때 금단 현상이 나타나면, 다시 말해 괴로우면 집착하여 애써서 한 거다. 아쉽지만 괴롭지는 않다면 자연스럽게 물 흐르듯 한 거다. 즐기되 집착하여 애써서 즐기지 않으면 된다. 즐기는 듯, 즐기지 않는 듯, 즐기는 것 같은 방식으로 말이다.

김광석이 노래하는 나무는 눈부신 햇살과 맑게 갠 하늘을 즐기지만 집착하여 애써서 즐기려고 하지 않았으므로 한결같은 빗속에 서서 젖고 있어도 아쉽지만 괴롭지 않다. 사람들이 자신을 찾아주고 기억해주고 고마워하고 더불어 이야기를 나누는 것을 즐기지만, 집착하여 애써서 즐기려고 하지 않았다. 그래서 누구 하나 나를 찾지 않아도, 한결같은 망각 속에 있어도, 감사하지 않아도, 시작도 끝도 없이 침묵하고 있어도, 아쉽지만 괴로움에 흔들리지 않는다.

집착하여 애쓰지 않고 나무처럼 흔들림 없이 조용히 즐기는 이는 무엇보다 위선에 괴로워하지 않는다. 집착하여 애써서 즐기는 이는 즐거운데도 즐겁다고 감히 생각할 수 없다. 아쉽지만 필요할 때 괴로움 없이 그만둘 수 있다면, 즐기는 순간만큼은 온전히 즐길 수 있다.

필요한데도 도저히 그만둘 수 없다면, 그만두지 못하고 즐기는 게 부끄러워 괴로울 수밖에 없다. 즐거운데도 즐겁다고 생각해서는 안 되는, 아버지를 아버지라고 부르지 못하는 이른바 홍길동의 딜레마에 빠지게 된다.

쾌락은 나쁜 것이라는 반反쾌락 윤리학은 어쩌면 즐거움을 즐거움이라 하지 못하는 쾌락의 홍길동 콤플렉스에 그 뿌리를 두고 있다. 쾌락의 홍길동 콤플렉스에 빠지는 까닭은 집착하여 애써서 즐기려고만 할 뿐 나무처럼 흔들림 없이 물 흐르듯 즐기지 못해서다.

흐르는 물에 조용히 집착을 띄워 보내라. 누가 뭐라 해도 즐거운 건 즐거운 거고 좋은 건 좋은 거다. 즐거운 듯, 즐겁지 않은 듯, 즐거운 것 같은 방식으로 즐길 줄만 안다면.

한결같은 망각 속에
나는 움직이지 않아도 좋소
나는 나에게 황홀을 느낄 뿐이오
·
·
·
·
·
나무처럼

"잊어야 한다는 마음으로"와
이성의 철학

김광석 vs 데카르트

Side 4   4 : 14

김광석과 철학하기

이성의 완벽함을 믿어보자.
그 오만함이 오히려 우리를 자포자기의 늪에서 건져
세상과 삶을 보다 아름답고 행복하게 바꿀 수 있다.

잊어야 한다는 마음으로

잊어야 한다는 마음으로
내 텅 빈 방문을 닫은 채로
아직도 남아 있는 너의 향기
내 텅 빈 방 안에 가득한데

이렇게 홀로 누워 천장을 보니
눈앞에 글썽이는 너의 모습
잊으려 돌아누운 내 눈가에
말없이 흐르는 이슬방울들

지나간 시간은 추억 속에
묻히면 그만인 것을
나는 왜 이렇게 긴긴밤을
또 잊지 못해 새울까

창틈에 기다리던 새벽이 오면
어제보다 커진 내 방 안에
하얗게 밝아온 유리창에
썼다 지운다, 널 사랑해

밤하늘에 빛나는 수많은 별들
저마다 아름답지만
내 맘속에 빛나는 별 하나
오직 너만 있을 뿐이야

창틈에 기다리던 새벽이 오면
어제보다 커진 내 방 안에
하얗게 밝아온 유리창에
썼다 지운다, 널 사랑해

하얗게 밝아온 유리창에
썼다 지운다, 널 사랑해

작사 · 작곡 · 노래 김광석

잊는다는 것과 잊어야 한다는 것의 차이

잊어야 한다는 마음으로 밤을 지새우며 새벽녘 하얗게 밝아온 유리창에 사랑하는 이의 이름을 썼다 지웠다 반복해본 경험이 있는가? 당신은 그런 사랑을, 그리움을, 열정을 잊어야 한다는 마음으로 꾹꾹 누르거나 없애려고 해본 적이 있는가?

7년을 사귀던 여자 친구와 헤어진 친구 녀석이 있었다. 오랜 기간도 기간이지만 죽자 살자 붙어 다녔다. 고시를 준비한다는 녀석이, 사랑은 고시 준비에 치명적이라는 사실을 뻔히 알면서도. 두 마리 토끼를 잡는다면야 더할 나위 없이 좋았겠지만, 결국 아쉽게도 한 마리도 잡지 못했다. 사랑하는 내내 그들 주위를 맴돌던 이별, 애써 외면하고 싶었던 그 이별이 마침내 오고야 말았다. 만남을 반대하던 여자의 집안에서 여자를 유학 보내버렸다. 사랑했지만 떠나보낼 수밖에 없었다. 그 후폭풍으로 밀려온 걷잡을 수 없는 감정 해일,

고스란히 피해를 본 건 애꿎은 우리였다.

잊는다는 것과 잊어야 한다는 것은 너무나 큰 차이다. 세월의 힘마저 거스르는 슬픔도 있지만, 세월이 가면 대부분 슬픔을 '잊는다.' 망각은 남겨진 자에게 남겨진 유일한 권리이자 선물이다. 하지만 망각이 권리를 넘어 '잊어야 한다'는 원치 않는 의무나 명령으로 주어질 때 그것에 저항하는 감정의 해일은 경험해보지 않으면 감히 상상할 수조차 없다. 그 거대한 해일에 이성을 잃고 지독한 가슴앓이를 하는 녀석을 바라보며 우리는 그 녀석이 이성異性은 잃었지만 이성理性만은 되찾기를 간절히 바랐다.

〈잊어야 한다는 마음으로〉라는 노래는 김광석 자신의 슬픈 사랑 이야기다. 사랑하는 사람을 떠나보내고, 혼자 쓸쓸하게 남게 되어 지은 노래라고 한다. "이제야 떠나간 사랑에 대한 아쉬움보다 미안함이 더 많지요. 그렇잖아요. 사람이란 게 늘 뒤늦게 후회하는 거. 그때 왜 그녀를 붙잡지 못했을까…. 헤어짐의 아픔은 몇 번을 되풀이해도 익숙해지지 않아요. 새로운 사람을 만나도 그때의 상실감은 쉽게 잊히지 않더라고요."[18]

김광석은 잊어야 한다는 마음으로 썼던 이름을 지우고, 생각을 지우고, 그리움을 지우고 그렇게 사랑을 지우려 한다. 이성이 내린 명령이다. 하지만 감정은 방 안에 남아 있는 사랑하는 이의 향기를 잊지 못한다. 이성은 잊으라 하고, 감정은 잊히지 않는다고 한다. 이성이 명령해서 잊으려 돌아누웠지만, 감정은 눈가에 말없이 이슬방울로 맺힌다. 지나간 시간은 추억 속에 묻히면 그만인 것을 이성은 너무 잘 안다. 하지만 감정은 긴긴밤을 잊지 못해 꼬박 지새운다. 그

래서 하얗게 밝아온 유리창에 감정으로 썼다가 이성으로 지우기를 반복할 뿐이다.

이성은 마음의 창을 여닫는 문지기

김광석의 〈잊어야 한다는 마음으로〉에 담긴 행복의 열쇠말은 창窓이다. 행복하게 살려면 마음의 창 여닫기를 잘 해야 한다. 이것이 김광석의 '창의 철학'이다.

창이란 무엇인가? 창은 무엇보다 문門이다. 사람이 드나드는 문이 아니라 바람이 드나드는 문이다. 영어의 창문window에 바람 wind이 들어있는 게 우연일까? 창은 무엇보다 바람이 들어오거나 나갈 수 있도록 하는 환기 구멍(혈, 穴)이다. 하지만 겨울이면 드나드는 바람이 몹시 차다. 그대로 두면 추워서 견딜 수 없다. 그래서 창문은 바람이 들어오거나 나갈 수 '없도록' 막는 차단 막膜의 역할을 하기도 한다. 물론 겨울이 없는 따뜻한 지역에서는 문 없는 창이 있기도 하지만.

창은 이처럼 드나듦의 창구다. 마음의 창을 드나드는 건 무얼까? 감정이라는 바람이다. 따뜻하고 부드러운 감정도 드나들지만, 차디차고 거센 감정이나 뜨겁게 휘몰아치는 감정도 드나든다. 드나드는 감정을 그대로 두면 마음이 이리저리 휩쓸려 감당할 수 없게 된다. 더구나 감정이라는 바람은 투명하지 못하다. 그것은 세상을 있는 그대로 보지 못하게 만든다. 보고 싶은 것만 보게 하고, 보고 싶지 않은 것은 보지 못하게 만든다. 장밋빛 바람은 세상을 장밋빛으로, 먹구름처럼 어두운 바람은 세상을 잿빛으로 만든다. 그래서 마음의 창을 여닫을 필요가 있다. 이 마음의 창, 그것을 여닫는 문지기가 바로 이성理性이다.

김광석은 이성으로 마음의 창을 닫았다. 차갑고 거센 바람 때문이 아니라, 너무나 부드럽고 그리워 차마 견딜 수 없는 바람이 들어오는 걸 막으려고 닫았다. 잊어야 한다는 마음으로. 하지만 그가 닫은 마음의 창은 그다지 모질지 못하다. 아직도 남아 있는, 텅 빈 방 안에 가득한 너의 향기를 어쩌지 못하고, 눈앞에 글썽이는 너의 모습을 어쩌지 못한다. 끊임없이 떠오르는 지나간 시간을 잊지 못해 긴긴밤을 새우고, 하얗게 밝아온 유리창에 너의 이름을 썼다 지운다.

이성이 마음의 창을 꿋꿋하게 지키고 섰는데도, 끊임없이 밀려드는 감정의 바람은 늘 우리 마음을 흔들어놓는다. 사랑 외에는 아무것도 의미 없다고 믿게 할 정도로 감정은 강렬하다. 해서는 안 되는 사랑이라고 이성은 말리지만, 감정은 아랑곳하지 않고 금지된 사랑을 향해 거침없이 질주한다.

감정이란 놈이 얼마나 강력한지, 얼마나 파괴적인 힘을 가졌는지 보여주는 영화가 있다. 언뜻 패륜 영화로 치부되어 한때 국내 상영이 금지되었던 영화 〈데미지〉다. 영화 속의 주인공 스티븐은 사회적으로도 개인적으로도 모든 걸 다 갖춘 이른바 성공한 남자다. 그는 자신을 감정을 완전히 통제할 수 있는, 혼돈과 정열이 파고들 한 치의 틈도 없는 질서정연하고 완벽한 사람이라고 생각했다.

하지만 우연히 안나라는 여인을 만나 첫눈에 사랑을 느끼면서 그의 이성은 바람 앞 촛불처럼 무기력해졌다. 그녀 앞에서 동공이 흔들리고 말을 더듬었다. 심지어 그녀가 아들 마틴의 여자 친구라고 밝혔지만, 이성은 밀려드는 거대한 감정의 해일을 막을 수 없었다. 그녀에게 첫 전화가 왔을 때 망설이지 않고 그녀를 찾아갔고, 아들과 있는 그녀를 몰래 불러내 사랑을 불태우고, 가족이 함께 머무는 집에서 아들과 부인 몰래 그녀의 침실로 찾아갔다.

이성의 창으로 밀려드는 감정을 제대로 통제하지 못한 탓에 얻은 데미지는 참혹했다. 우연히 두 사람의 뜨거운 장면을 목격한 아들은 놀라움에 뒷걸음치다 계단 난간 너머로 떨어져 즉사한다. 스티븐은 벌거벗은 몸으로 뛰어 내려가 피 묻은 죽은 아들을 얼싸안고 통곡한다. 하지만 때는 이미 늦었다. 이성이 감정을 막지 못한 대가는 너무 참혹했다.

이성과 감정 사이의 힘겨운 줄다리기는 사랑 이야기에만 해당하는 건 아니다. 시험을 앞두고 게임을 하면 안 된다는 판단을 하면서도, 잠깐만 하겠다며 그만 감정의 손을 들어주고 만다. 부모의 이성은 아이를 혼내지 말라고 하지만, 감정은 이미 회초리를 찾고 있다. 부부 싸움에서 내가 잘못했다는 판단이 섰음에도 감정이 앞서 쉬이 목소리를 낮추지 못한다. 마음의 창은 이가 맞지 않는 문처럼 이성과 감정 사이에서 늘 삐걱거린다. 그럼에도 행복을 위해서 김광석은, 아니 우리는 다시 한 번 잊어야 한다는 마음으로 너의 향기, 너의 모습, 너의 이름을 잊으려고 마음의 창을 꼭 닫는다.

제2악장
코기토 에르고 숨

김광석의 노래에 담긴 '창의 철학'을
잘 보여주는 이는 데카르트(Descartes, 1596~1650)다. 데카르트의 '이
성의 철학'은 그 철학적 근거를 제공한다.

감정과 이성 가운데 왜 이성을 따라야 할까? 이성에 따르는 게
너무나 당연하다고? 독일 철학자 아도르노Theodor Wiesengrund
Adorno는 오디세이에 나오는 세이렌 신화를 빗대어 이 질문이 그렇
게 간단하지 않다는 것을 보여준다.

신화는 간단하다. 오디세우스는 트로이 전쟁에 승리하고 고향으
로 돌아가고자 한다. 문제는 도중에 세이렌이란 요정들이 사는 치
명적인 섬을 지나가야 한다는 것. 선원들이 세이렌들의 아름다운
노랫소리에 홀려 소용돌이에 빠져 죽는다는 섬이다. 오디세우스는
꾀를 쓴다. 선원들은 모두 밀랍으로 귀를 막게 하고, 자신은 돛대에
묶게 했다. 선원들은 치명적인 노래를 듣지 못했고 자신은 노래를

듣지만 움직일 수 없으니 세이렌의 유혹에 빠져들지 않고 무사히 그곳을 지나갈 수 있었다.

세이렌 노래의 유혹은 바로 감정의 유혹이다. 그 감정의 유혹이 들어와 마음을 홀리지 못하도록 밀랍으로 귀를 막고 돛대에 몸을 묶어 마음의 창을 닫은 것은 이성이다. 얼핏 보면 이성의 창으로 치명적인 감정의 유혹을 막아 이겨낸 성공 신화로만 보인다. 그런데 아도르노는 이 신화를 뒤집는다. 승리자는 오디세우스가 아니라 세이렌들일 수 있다는 것이다.

인간들은 오로지 귀향이라는 목적만을 위한 자기 꾀에 넘어가 스스로 자신의 귀를 막고 몸을 돛대에 묶어 자신의 감정을 가둔다. 감정을 억누른 채 살아가는 존재를 어떻게 승리자라고 할 수 있을까. 먹고 싶어도 놀고 싶어도 사랑하고 싶어도 성공이라는 유일한 목적을 위해 그런 감정의 유혹을 꼭꼭 가둔 채 살아가는 존재를 과연 행복하다고 할 수 있을까.

잠시만 귀를 막고 몸을 묶었을 뿐, 목적을 이루고 나서는 다시 귀를 열고 몸을 풀었다고 항변할 수도 있을 것이다. 하지만 끝없는 또 다른 목적을 위해 다시 귀를 막고 몸을 묶는다면? 우리 현대인들이야말로 끊임없이 미래의 성공을 위해 현재의 감정을 가두고 있지는 않은가. 미래에 현재를 저당 잡혀 살다보면, 미래의 행복을 위해 현재의 행복은 영원히 찾아올 수 없는 기막힌 역설의 삶을 살게 된다.

그렇다고 현재의 숱한 달콤한 감정의 유혹에 빠지면, 미래의 목적이 멀어질 뿐만 아니라 〈데미지〉처럼 치명적인 비극의 소용돌이가 나를 집어삼킬 수도 있다. 이성에 따라 살아야 하는가, 감정에 따라 살아야 하는가?

왜 이성에 따라 살아야 할까

데카르트는 인간은 이성에 따라야 한다고 주장한다. 이성이 우리에게 행복을 보장해준다고 믿었기 때문이다. 그런데 미래는 아무도 확실히 알 수 없다. 옛날에는 신의 말씀이 미래를 확실하게 보장해주었지만, 근대 이후에는 그 신의 존재조차 의심을 받는다. 오죽하면 신이 죽었다고 하지 않는가. 이제 그 신의 자리를 꿰찬 이성은 과연 믿을만할까?

데카르트에게 이성이 다른 것들에 비하여 믿을 만하다는 생각을 하게 만든 것은 무엇보다 과학이었다. 과학이 발달하기 전에 사람들이 믿은 것은 신과 감각이었다. 더 정확히 말하자면 신의 말씀과 감각 인식이었다. 성경에 쓰여 있거나 자신이 눈으로 본 것은 확실히 믿을 만하다고 믿었다. 하지만 신의 말씀이 지배하던 중세가 무너지고 과학이 발달하면서 그것도 더 이상 믿을 만한 게 못되었다.

코페르니쿠스나 갈릴레이의 지동설이야말로 대표적인 예다. 신의 말씀에 따르면 신은 태양과 별들을 포함하여 세상의 모든 것을 인간을 위해 만들었다. 그래서 태양과 별들이 인간이 사는 지구를 중심으로 도는 게 확실하다고 믿었다. 눈으로 봐도 태양이 아침에 동쪽에서 떠올라 저녁에 서쪽으로 지니까 태양이 지구를 중심으로 도는 게 확실하다고 믿었다.

코페르니쿠스나 갈릴레이는 이성적 추론을 통해 신의 말씀이나 눈으로 보는 것과 달리 태양이 지구를 중심으로 도는 게 아니라 지구가 태양을 중심으로 돈다는 것을 밝혀냈다. 이성으로 따져보면 합당하지만 아무도 감히 믿으려 들지 않았다. 도저히 믿기지 않았으니까. 그래서 종교재판까지 한 게 아닌가.

데카르트는 이성이야말로 믿을 만하며, 그래서 이성적 추론에 바탕을 둔 과학이 믿을 만하다는 것을 보여주고 싶어 했다. 이성이 확실히 믿을 만하다는 근거는 무엇일까? 데카르트는 확실히 믿을 만한 것을 찾기 위한 방법으로 믿을 만하다고 여겨지는 모든 것들을 의심했다. 이른바 방법적 회의, 곧 방법으로서의 의심이다. 그 결과, 도저히 의심할 수 없는, 확실히 믿을 만한 것을 찾아냈다. 바로 '이성'이다.

어떤 무엇도 의심할 수 있지만, 그 무엇인가를 '의심하고 있다'는 사실 자체나 '의심하고 있는 사유 활동' 자체는 의심할 수가 없다는 것을 깨달았다. 내가 (무엇인가를) 의심하고 있다는 것, 곧 내가 (무엇인가를) 생각하고 있다는 것은 의심할 수가 없다. 이 생각하는 능력이 바로 이성이다. 그러므로 이성이야말로 확실히 믿을 만한 것이다. 따라서 확실히 믿을 만한 이성에 따라 살면 행복하게 살 수 있다고 믿었다.

그런데 왜 감정에 따라 살면 안 될까? 데카르트에 따르면 감정은 마음의 흔들림이다. 어떤 이유에서든 마음이 고요한 평정 상태를 잃고 흔들리면 우리는 감정을 느낀다. 감정은 마음이 특정한 행위를 원하게 한다. 예를 들어 두려운 감정은 마음이 도망을 원하게 하고, 대담한 감정은 마음이 싸움을 원하게 한다.

감정을 무조건 해로운 것으로 여겨 억누르는 것도 문제지만 감정을 무조건 이로운 것으로 여겨 따르는 것도 문제다. 이성이 감정을 제대로 판단하고 올바르게 제어할 때만 감정이 삶을 행복하게 사는 데 도움을 줄 수 있다. 감정은 마음으로 하여금 삶의 문제를 해결하려는 동기를 갖게 하거나 문제를 해결하는 실천력에 힘을 실어줄 수 있지만, 문제를 해결하는 올바른 답을 찾는 이성적 판단을 흐리게 할 수도 있다. 간단하게 사고 실험을 해보자.

아이들이 숲에서 길을 잃었다고 하자. 북쪽으로 가야할 상황에서 어느 쪽이 북쪽인지 아무도 확신할 수 없다. 저마다 의견이 분분할 때, 한 아이가 나뭇가지들이 많이 뻗어 있는 곳의 반대쪽을 가리키며 북쪽이라고 말한다. 가지는 햇빛이 많은 남쪽으로 뻗을 테니 그 반대쪽을 가리킨 것이다. 그런데 다른 아이는 그 아이가 자기 사탕을 뺏었던 나쁜 녀석이니 그의 말을 듣지 말라고 한다. 누구 말이 더 믿을 만할까?

당연히 앞의 아이 말이 더 믿을 만하다. 논리적이기 때문이다. 뒤의 아이 말은 주장하는 내용과 논리적으로 아무런 관계없이, 감정에 호소하는 잘못을 저지르고 있다. 감정은 삶의 문제를 해결하는 답의 옳고 그름을 따지는 논리적인 근거가 될 수 없으며, 오히려 그를 방해한다.

감정이 주장의 옳고 그름을 가리는 것을 방해하는 사례는 많다. 동정심에 호소하기도 하고, 두려움에 호소하기도 한다. 경멸감이나 존경심에 호소하기도 한다. 이를 각각 동정심에 호소하는 오류, 힘에 호소하는 오류, 인신을 공격하는 오류, 권위에 호소하는 오류라고 한다. 이들이 모두 감정에 호소하는 오류다.

삶의 문제를 해결하는 올바른 답을 찾는 과정은 이성적 추론 과정으로 볼 수 있다. 추론이란 알려진 근거들로부터 알려지지 않은 답을 이성을 통해 논리적으로 이끌어내는 것이다. 데카르트는 우리가 이성적 추론을 제대로 하지 못해 잘못된 답을 찾고, 그로 인해 잘못된 행동을 하기 때문에 불행하게 된다고 생각한다. 감정은 우리로 하여금 이성적 추론을 제대로 하지 못하게 방해할 수 있다.

여기서 데카르트의 '이성의 철학'은 김광석의 '창의 철학'과 만난다. 행복한 삶을 살기 위해서는 이성에 따라야 하며, 이성적 판단을 할 때 감정이 들어와 마음을 뒤흔들어놓는 일이 없어야 한다. 감정이 판단을 흐리게 하지 않도록, 냉철한 이성을 가지고 마음의 창을 제대로 여닫아야 한다.

▶ 1악절 : 이성의 인식론

이성이야말로 믿을 만한 인식능력이다

데카르트는 우리 삶과 사회가 행복하지 못한 이유는 행복하기 위해 따라야 할 확실한 진리를, 곧 참된 인식을 찾지 못했기 때문이라고 생각했다. 그러한 진리를 찾는 일은 수많은 철학자들이 해온 일이었지만, 데카르트가 특별한 이유는 그 진리 자체를 찾기보다, 그러한 진리를 찾을 수 있는 방법이나 인식능력을 찾으려 했기 때문이다. 이러한 관점의 전환 때문에 그를 근대철학의 시조로 삼는다.

데카르트가 찾은 믿을 만한 확실한 인식능력은 생각하는 능력인 이성이었다. 왜 이성이 믿을 만한 확실한 인식능력인지를 '성찰meditation'하는, 곧 골똘히 살피는 과정이 바로 그 유명한 '방법적 의심'이다. 그는 이 과정에서 '이것이다'라고 특별히 지정하는 적극적인 방법을 쓰기보단 '이것은 아니다'라고 제외하는 소극적인 방법을 썼다. 이 소극적 방법이 바로 '방법적 의심'이다. 어떤 믿음을 무너뜨리기 위해 '의심'하는 게 아니라 믿음을 더욱 확고히 하기 위해 의심을 '방법'으로 사용하기 때문에 '방법적 의심'이라고 부른다.

데카르트는 누구보다 철저했다. 믿을 만한 확실한 진리로 알고 있던 모든 것을 의심했다. "신이 존재한다"는 것뿐만 아니라 "세상이 존재한다"는 것과 "내가 존재한다"는 것까지 의심했다.

나는 이미 오래전에 깨달았다. 어릴 때부터 내가 얼마나 많은 거짓을 진리로 잘못 알았으며 그것 위에 세워진 것들이 얼마나 의심스러운 것인지를 깨달았다. 확실한 〔진리를〕 찾기 위해서는 지금까지 받아들였던 모든 믿음을 송두리째 뒤엎고 처음부터 새로운 토대를 쌓아야 한다는 것을 깨달았다.[19]
_ 데카르트, 《성찰》

그는 먼저 감각경험을 의심한다. 감각경험은 가끔 우리를 속이는 경우가 있다는 사실을 발견한다. "내가 여기 있다", 또는 "내가 책상 앞에 옷을 입고 앉아 있다"와 같은 감각경험은 전혀 의심할 수 없는 듯 보이지만, 침대 위에 옷을 벗고 누워 있으면서 책상 앞에 옷을 입고 앉아 있는 꿈을 꾼 적이 얼마나 많은가. 데카르트는 이 둘 사이를 확실하게 구별할 수 있는 기준이 없음을 알고 놀란다. 장자의 나비 꿈 이야기와 같은 깨달음이다.

> 예를 들어 내가 옷을 입고 종이 같은 것을 손에 들고 난로 옆에 앉아 있다고 하자. 어떻게 내가 이 손과 이 몸이 내 것이 아니라고 할 수 있겠는가? (…) 하지만 내가 사실은 옷을 벗은 채로 침대 위에 누워 있으면서도 [지금처럼] 옷을 입고 난로 옆에 앉아 있다고 꿈꾼 일이 얼마나 많은가? (…) 기억을 더듬어 보면 내가 잠잘 때에도 [명백히 깨어 있는 것처럼 느끼는] 그러한 환상에 의해 자주 속은 적이 있다는 것을 기억해낼 수 있다. 이런 것들을 곰곰이 생각하다보면, 정말 놀랍게도 깨어 있을 때의 경험과 꿈꿀 때의 경험을 구별할 수 있는 확실한 기준이 없다는 것을 알게 된다. 정말 놀랍다. 지금 내가 꿈을 꾸고 있다고 믿을 정도다.
>
> _ 데카르트, 《성찰》

2 + 3 = 5, 정말일까?

감각경험에 의존하지 않는 수학이나 기하학 같은 것은 확실한 진리가 아닐까? 가령 '2 + 3 = 5'나 '사각형은 4개의 변을 가지고 있다'와 같은 주장은 꿈을 꾸면서 생각한다고 해도 도저히 의심할 수 없는 확실한 진리가 아닐까?

여기서 데카르트는 전능한 악마를 생각한다. 그 악마는 너무나도 유능해서 우리로 하여금 없는 사물을 있는 것처럼 보고 듣고 느끼게 만들 수 있을 뿐만 아니라, '2 + 3 = 4'인데 2에다 3을 더할 때마다 5라고 잘못 판단하도록 만들 수 있으며, 사각형은 3개의 변을 가지고 있는데 4개의 변을 가지고 있다고 잘못 판단하도록 만들 수 있다고 가정해보자.

우리는 다른 사람들이 자신들로서는 확실하게 알고 있다고 믿는 것이 잘못된 판단인 경우를 경험하듯, 우리 모두가 우리 자신들로서는 확실하게 알고 있다고 믿는 것이 잘못된 판단일 수도 있다. 기막힌 일이다.

> 대수학이나 기하학은 (…) 확실하고 의심할 수 없는 무엇인가를 가지고 있다고 생각할 것이다. (…) 하지만 (…) 나는 다른 사람들이 그들 딴에는 정말 확신하고 있는 것들이 가끔 잘못 안 것일 수 있다는 생각을 할 수 있다. 그렇다면 내가 둘에다가 셋을 더할 때마다 또는 사각형의 변이 몇 개인지 셀 때마다 (…) 내가 틀렸을 수도 있을 것이다. (…)
>
> 따라서 나는 (…) 전능할 만큼 교활하게 속임수를 쓰는 심술궂은 악마가 있다고 가정(할 수 있다). 하늘, 공기, 지구, 색, 형태, 소리와 우리가 보는 모든 외부 사물들(과 대수학이나 기하학)은 그 악마가 나의 믿음을 속이기 위해 (만들어서) 이용하는 환상과 속임수에 지나지 않는다고 생각(할 수 있다). 실제로 나 자신은 손도 눈도 살도 피도 아무런 감각도 없는데, (악마의 속임수 때문에) 마치 내가 이 모든 것을 가지고 있다고 잘못 믿고 있으며 (2+3=4인데 2+3=5라고 잘못 믿고) 있다고 생각할 수 있다.
>
> _ 데카르트, 《성찰》

꾸며낸 꿈이나 조작한 속임수를 알아챌 수 없다는 게 믿기지 않는가? 그리고 지금 어떤 시대인데 악마라는 말도 안 되는 것을 끌어들이다니 황당한가? 영화 〈매트릭스〉를 본 적이 있는가. 이 스토리의 저작권은 데카르트에게 있다. 매트릭스는 데카르트의 이야기에서 꿈을 가상현실로, 악마를 슈퍼컴퓨터로 살짝 바꾼 것에 지나지 않는다. 우리가 경험하는 모든 게 꿈이나 악마의 소행이라면 황당하게 들리지만, 그게 슈퍼컴퓨터가 만들어내고 조작하는 가상현실이라고 설명하면 그럴듯하지 않은가.

데카르트의 악마 이야기는 미국 철학자 퍼트남Robert David Putnam에 의해 현대판으로 업그레이드되어 악마 대신 슈퍼컴퓨터에 의해 조작되는 '시험관 속의 뇌' 이야기로 바뀌고, 그것은 다시 프랑스 철학자 보드리야르Jean Baudrillard의 '시뮬라시옹' 이야기로 바뀌고, 그것이 워쇼스키 남매(영화제작할 때는 형제였다)에 의해 '매트릭스' 이야기로 바뀌었다.

매트릭스 첫 장면에서 주인공 네오가 해킹한 자료를 숨겨놓은 책을 책장에서 꺼내는 데 클로즈업된 책의 이름은 보드리야르의 《시뮬라크라와 시뮬라시옹》이었다. 감독은 이 장면으로 매트릭스 이야기의 철학적 바탕을 제공한 보드리야르에게 자신의 영화를 헌정했다. 하지만 그 책 옆에 데카르트의 《성찰》도 꽂혀 있었으면 금상첨화였을 것이다. 원조에 대한 예의랄까.

감각경험도 믿을 수 없고, 수학이나 기하학도 믿을 수 없다면 믿을 만한 확실한 진리나 인식능력은 도저히 찾을 수 없는 것일까? 데카르트는 아주 단순한, 하지만 아무도 생각지 못한 대단한 사실을 깨닫는다. 도저히 의심할 수 없는 한 가지 확실한 사실은 바로 "내가 의심하고 있다"는 사실이다. 아니 "내가 생각하고 있다"는 사실이다. 의심하는 행위란 다름 아닌 생각하는 행위니까. 따라서 데카르트는 철저한 '방법적 의심'을 통해 생각이야말로, 또는 생각하는 능력인 이성이야말로 도저히 의심할 수 없는, 믿을 만한 확실한 참된 인식능력이라는 것을 밝혀냈다.

▶ 2악절 : 이성의 존재론
나는 생각한다 고로 나는 존재한다

이성이야말로 믿을 만한 인식능력이라는 것을 밝혔지만, 데카르트는 그것이 왜 이성에 따라 살아야 하는지에 대한 설명으로는 충분하지 못하다고 생각했다. 이성은 인식능력일 뿐이므로, 더 나아가 그 능력을 갖추고 있는 자가 의심할 여지없이 확실히 존재한다는 것을 밝혀야 한다고 생각했다. 이성의 주인, 곧 '주체'의 존재를 밝혀야 주체의 능력에 대한 정당화가 완성된다고 믿었다. 이러한 믿음은 데카르트 이후 근대철학이 '주체'의 철학이나 그 주체의 역할을 한 '의식'의 철학으로 펼쳐지는 실마리가 되었다.

데카르트는 인식론으로 방법적 의심을 통해 세상을 그 원천이자 토대인 생각이나 이성으로 해체했다. 이 토대 위에서 존재론으로 생각이나 이성을 통해 주체의 존재와 대상의 존재를 구성하고자 했다.

그는 그 믿을 만한 생각이나 이성을 바탕으로, 그동안 존재하는지 존재하지 않는지 의심스러웠던, 생각하는 주체인 '나'나 생각의 대상(객체)인 '세상'과 같은 존재들이 확실히 존재한다는 것을 밝혀냈다. '나'나 '세상'이 존재하는지 존재하지 않는지 의심스럽다니 무슨 뚱딴지같은 소린가 싶겠지만, 골똘히 살펴보면 '나'나 '세상'이 존재한다는 걸 증명하기란 쉽지 않다. 매트릭스를 떠올려보자. '나' 나 내가 보고 있는 '세상'은 매트릭스 속 코드에 지나지 않는다. 내가 매트릭스 속에 코드로 존재하는데, 내가 어떻게 그 속에 있다는 걸 밝혀낼 수 있을까. 밖을 보거나 밖에 나갈 수 있어야 비로소 안을 볼 수 있기 때문이다.

물론 그런 매트릭스는 영화 속 꾸며낸 이야기일 뿐이라고 말할 수도 있다. 우리는 우리의 고유한 인식 틀을 통해 세상을 인식한다. 초음파라는 인식 틀로 인식하는 박쥐의 세상은 눈이라는 인식 틀로 인식하는 사람의 세상과 분명 달리 보일 거다. 우리는 박쥐가 되어 박쥐의 인식 틀로 세상을 보지 않는 한, 박쥐가 인식하는 세상을 볼 수 없다. 우리는 우리의 인식 틀을 통해 세상을 볼 수밖에 없다.

그 인식 틀을 벗을 수 없는 숙명을 타고났으며 거기에 갇혀 밖을 볼 수도 나갈 수도 없다. 아니 밖이 있다는 것조차 알 수 없다. 이른바 매트릭스 속에 갇혀 사는 처지다. 우리는 우리가 보는 세상이 우리 인식 밖에서도 존재하는지, 존재한다면 우리가 보는 그대로 존재하는지 전혀 알 수가 없다. 마찬가지로 우리는 우리가 '나'로 생각하는 '나'가 우리의 생각 밖에서도 존재하는지, 존재한다면 우리가 생각하는 그대로 존재하는지 전혀 알 수가 없다. 우리는 숙명적으로 우리의 인식이나 생각이라는 감옥 속에 갇혀 있으니까.

나의 '존재'는 행복의 지렛대

그런데 '나'나 '세상'이 존재하는 게 내가 행복하게 사는 것과 무슨 상관이 있을까? 내가 그토록 애지중지하는 다이아몬드 반지가 내 상상 속에만 존재하는 환영에 지나지 않는다면, 그것 때문에 행복하거나 불행한 건 어리석은 일일 거다. 더 나아가 내 삶의 중심이자 목적이자 이유인 내가 존재하지 않는다면, 행복이든 불행이든 세상의 모든 것들이 아무런 의미가 없을 것이다. 행복해하거나 불행해할 주체가 없는데 어떻게 행복하거나 불행할 수 있을까. 부처의 가장 중요한 가르침이 바로 이것이었다. 무아론無我論, 내가 없다는 깨달음이야말로 모든 불행이나 고통으로부터 벗어나는 가장 효과적이며 근본적인 길이라는 가르침이었다. 욕망의 주체이자 목적이자 이유인 내가 없다면, 욕망을 가지거나 집착을 할 리가 없으니 욕망을 채우지 못해 불행해하거나 괴로워할 일도 없다는 거다. 물론 데카르트는 부처와 달리 무아론이 아닌 유아론有我論으로 행복을 추구한다.

데카르트는 어떻게 '나'나 '세상'이 존재한다는 것을 증명할까? 그는 생각이나 이성이야말로 믿을 만한 확실한 인식능력이라는 것을 이용한다. "내가 생각하고 있다"는 것이 믿을 만한 확실한 사실이라면, 이로부터 필연적으로 "생각하고 있는 내가 존재한다"는 것 또한 믿을 만한 확실한 사실이라는 결론을 끌어낼 수 있다. 생각하는 주체가 없다면 생각이 있을 수 없으니까. 여기서 그 유명한 명제가 탄생했다. "나는 생각한다. 그러므로 나는 존재한다Cogito ergo sum."

아르키메데스는 지구를 옮기기 위해 고정되고 안정된 지렛목 하나만을 원했다. 내가 확실하고 의심할 수 없는 것을 단 하나라도 찾을 수 있는 행복을 얻게 된다면 그만큼 대단한 기대를 해도 좋을 것이다. (…)

나는 이 세상에는 하늘도 땅도 정신도 아무 것도 없다고 확신하였다. 하지만 내가 없다는 것도 확신했을까? 그건 전혀 아니다. 내가 무엇인가를 확신할 때, 또는 내가 무엇인가를 생각할 때 나는 분명히 있었다.

대단한 능력을 갖춘 매우 교활한 사기꾼(악마)이 (…) 나를 속인다고 해도 내가 있다는 것은 의심할 수 없다. 그가 마음껏 나를 (잘못 생각하도록) 속인다고 해도 내가 (비록 잘못된 것일지라도) 무엇인가를 생각하고 있는 한, 그는 결코 내가 어디에도 존재하지 않는 것으로 만들 수 없다. 그러므로 (…) '나는 존재한다'(강조 - 인용자)는 명제는 내가 (무엇인가를) 말하거나 생각할 때마다 언제나 필연적으로 참이라는 결론을 내려야 한다.

_ 데카르트, 《성찰》

그런데 이 '나'라는 게 뭔가. 몸인가? 아니다. 생각하는 존재, 생각하는 능력을 갖춘 존재, 이성적 존재다. 그러니까 내가 존재한다는 것은 이성으로 존재한다는 거다. 믿을 만한 확실한 참된 존재는 바로 이성으로 존재하는 나다. 나의 본질은 곧 이성이다. 하지만 나에게는 틈만 나면 나를 삼키려 드는 감정도 있다. 감정은 비본질적인 요소일 뿐만 아니라 나의 본질인 이성을 종종 위협한다. 따라서 나는 이성으로, 올바른 판단을 방해하는 감정을 다스려야 한다.

물론 요즈음 몸이나 감정의 중요성을 재발견한 다마지오Antonio Damasio와 같은 학자들은 감정이야말로 나를 구성하는 본질적인 요소로 보기도 한다. 그들은 감정을 담당하는 뇌 부위가 손상되어 이성적 판단마저 하지 못하는 사례를 근거로 들어, 우리의 이성적 판단마저 감정에 의해 결정적 영향을 받는다고 주장한다. 그래서 그들은 데카르트의 명제를 비꼬아 다음과 같이 말하기도 한다. "나는 느낀다. 그러므로 나는 존재한다."

누가 옳은지를 여기서 가릴 생각은 없다. 가린다고 쉽게 가려질 리도 없겠지만. 여기서는 데카르트 행복론의 핵심이 바로 '코기토 에르고 숨'에 있다는 점을 깨닫는 게 중요하다. 한마디로 생각이나 이성을 통해서만 행복하게 살 수 있다는 것이다. 다시 말해 삶의 온갖 문제를 해결하여 행복하게 살 수 있는 길은, 생각하는 이성적 존재인 나의 믿을 만한 확실한 생각이나 이성을 통해서만 찾을 수 있다는 말이다. 이 이성에 대한 무한한 신뢰야말로 모더니즘이라는 확실하고 완벽한 건축물을 세울 수 있는 철학적 토대가 되었다.

▶ 3악절 : 이성의 행복론
이성이야말로 참된 행복을 보장한다

데카르트는 이성적 판단에 합당한 합리적인 것들을 믿고 따르면 행복하게 살 수 있다고 말한다. 왜냐면 가장 확실하고 믿을 만한 것이 바로 생각하는 능력, 즉 이성이기 때문이다. 나의 존재도 신도 세상도 바로 이성에 의해 믿을 만한 것으로 인정되는 것이다.

하지만 어떻게 사는 것이 이성적으로 사는 것일까? 데카르트는 구체적인 이성적인 삶의 방식에 관해서는 무척 조심스럽다. 왜냐면, 이성이 그에게 명백하고 분명하고 확실한 것이 증명될 때까지 어떤 섣부른 단호한 판단도 내리지 말 것을 요구하기 때문이다. 하지만 새 집을 짓는 동안에도 당분간 살아야 할 집이 필요하듯, 확실한 삶의 방식을 찾을 때까지 당분간 따라야 할 삶의 지침이 필요하다. 그래서 그는 다음과 같은 네 개의 삶의 지침을 우리에게 소개한다.

온건한 생각에 따르라. 확실하지 않을 때는 온건한 생각에 따르는 게 이성적이다. 위험부담이 적기 때문이다.

> 나는 [이성적으로] 판단하는 능력이 뛰어난 사람들이 받아들이는 여러 생각 가운데 가장 온건한 생각만을 따랐다. 그 이유 가운데 하나는 그것이 실천하기에 가장 쉽고 가장 좋은 생각처럼 보였기 때문이다. 지나침은 나쁜 것일 가능성이 크니까. 다른 이유는 내가 (…) 따르지 않은 어떤 극단적인 생각이 옳은 생각일 경우를 대비하기 위해서였다. 이런 경우 내가 온건한 생각을 따르면 다른 극단적인 생각을 따랐을 때보다 옳은 길을 가기 위해 덜 돌아가도 되기 때문이다.
>
> _ 데카르트, 《방법서설》[20]

단호하고 한결같이 따르라. 확실하지 않더라도 일단 따르기로 결정한 생각은 단호하고 한결같이 따르는 게 이성적이다. 실천하는데 효과적이기 때문이다.

예를 들어 여행자는 숲에서 길을 잃었을 때 이쪽저쪽 우왕좌왕 돌아다니거나 한 곳에만 머물러 있지 않고 되도록 가장 곧게 한쪽 길로만 걸어가야 한다. (…) 비록 자신이 가고자 하는 곳에 정확히 가지는 못해도 적어도 숲의 어느 한쪽 끝에는 이를 수 있기 때문이다. 숲 한가운데에 머물러 있는 것보다는 더 낫지 않은가.

삶에서도 마찬가지다. 가장 참된 생각을 가려내지 못하는 경우 가장 그럴듯한 생각을 따라야 하며 (…) 일단 따르기로 결정한 다음에는 [일단] 더 이상 의심하지 말고 참되고 확실한 것으로 여겨야 한다. 적어도 우리가 [지금으로서는] 가장 참되고 확실한 것으로 여겨서 그 생각을 따르기로 결정했기 때문이다.

_ 데카르트, 《방법서설》

불가능한 것을 욕구하지 말라. 아무리 노력해도 이룰 수 없다면 불가능한 것을 욕구하지 않는 게 이성적이다. 쓸데없는 좌절감을 겪지 않기 때문이다. 최선을 다하고 얻은 결과는 우리가 얻을 수 있는 최상의 결과인 것이다. 비록 흡족하지 못한 부분이 있다면 결코 이룰 수 없는 것이었다고 판단함이 옳다. 최선을 다했다면 결과에 상관없이 만족하라.

내 생각 말고 다른 모든 것은 내 힘을 벗어나 있다고 믿고, 내가 최선을 다했는데도 내 바깥세상에서 얻지 못한 것이 있다면 [처음부터] 내가 절대로 얻을 수 없는 것이었다고 여겨라. (…) 의지는 그 본성상 지성이 가능하다고 정신에게 가르쳐주는 것만을 욕구한다. (…)

예를 들어 내가 중국이나 멕시코 왕국을 얻지 못했다고 슬프거나 안타까운 마음이 들지는 않을 것이다. 마찬가지로 (…) 나는 다이아몬드처럼 썩지 않는 물질로 된 몸을 갖기를 바라지 않으며, 새처럼 날개를 갖기를 바라지는 않는다. (…) 운명의 왕국으로부터 자신을 구원하여 가난과 질병에도 (…) 행복을 이야기할 수 있었던 철학자들의 비밀도 여기에 있었다고 생각한다.

_ 데카르트, 《방법서설》

이성을 계발하고 이성에 따라 살라. 행복하게 살려면 이성을 계발하고 이성에 따라 확실한 진리를 인식하려고 노력해야 한다. 판단을 잘하면 행동을 잘할 수 있기 때문이다. 행복하게 살려면 재산이나 물질에 대한 욕망과 열정이 나를 지배하지 못하도록 해야 한다. 행복하기 위해 필요한 것은 진리를 추구하고 인식하려는 열정이다.

내가 생각하기로 평생 이성을 계발하는 데 힘을 쏟고 최선을 다해 진리를 인식하려고 한 것은 참으로 잘한 일이다. (…) 나는 매일 (…) 남들이 흔히 보지 못한 진리들을 찾아냈고 이로써 (…) 정신을 가득 채우는 만족감을 느꼈다. (…) 내가 좇는 (이성을 계발하고 진리를 찾는) 이 길이 내가 얻을 수 있는 모든 인식과 모든 참된 좋은 것을 얻게 해준다고 나는 확신했다.

그렇지 않았더라면 내 욕망에 한계를 지을 수도 없었을 테고 만족감을 느낄 수도 없었을 것이다. 의지는 지성이 의지에게 그것이 좋은 것인지 나쁜 것인지 가르쳐주는 것에 따라 그것을 좇거나 피한다. 따라서 행동을 잘 하기 위해서는 판단만 잘하면 된다. 판단을 참으로 잘하는 사람은 (…) 그가 얻을 수 있는 모든 덕과 좋은 것을 얻을 수 있다.

_ 데카르트, 《방법서설》

제3악장

창 vs 이성

낯선 땅에서의 유학생활은 외롭기 마련이다. 그러다보면 가까움이 지나쳐 선을 넘는 경우도 더러 있다. 독일어로 자이텐슈프룽seitensprung, 곧 '옆으로 건너뛰기'라고 하는데 금지된 선을 넘어 옆으로 건너뛴 후배가 있었다. 당사자들이 모두 나와 가까운 후배들이었다.

유형으로만 본다면 여느 금지된 사랑과 다름없었다. 문제는 그 당사자들이 형, 동생 하며 서로 매우 가까이 지내는 사이였다는 데 있었다. 아내가 있는 후배가 친동생처럼 지내는 이의 아내와 사랑을 나눈 거였다. 당한 이로 보면 이보다 더 큰 배신은 없었다. 그의 이성의 창은 해일처럼 밀려오는 배신감을 막기에는 너무도 무력했다. 금지된 선을 넘은 이의 이성의 창이 어쩔 수 없이 밀려드는 사랑을 막기에 무력했듯이. 엄청난 후폭풍이 진행형일 때 금지된 선을 넘은 후배가 내게 물었다.

"형, 어떻게 해야 해요?"

어떻게 대답해야 할까. 일어날 일은 이미 일어났다. 이미 일어난 일을 가지고 후회하는 일은 어리석다. 그때 왜 밀려드는 사랑을 이성으로 막지 못했던가, 후회해봤자 소용없다. 그때 너의 이성은 그 사랑을 막기에는 역부족이었다. 네 이성의 창이 튼튼했던들 그런 일이 일어났겠는가. 하지만 이제 정신을 차려야 한다. 밀려드는 사랑을 막기에는 무력했던 너의 이성이지만 밀려온 사랑이 벌여놓은 일을 따져보고 해법을 찾는 일은 너의 이성이 해야 할 일이다.

이성의 창을 가동해야 할 때다. 창은 여닫을 수도 있지만, 내다보거나 들여다볼 수 '있도록' 혹은 내다보거나 들여다볼 수 '없도록' 가림막을 칠 수도 있다. 여닫는 경우든, 내다보거나 들여다보는 경우든, 창은 드나듦의 창구다. 바람이 드나들고 시선視線이 드나든다.

먼저 너의 이성의 창에 가림막을 달아 아무 생각 없이 불륜이란 세상의 틀로 쉽게 재단하려는 시선을 차단하라. 그리고 벌어진 일을 이성의 창을 통해 찬찬히 내다봐라. 이성의 가림막은 참으로 신기하다. 가리면 보이지 않던 다른 것들이 보인다.

사랑 때문에 결혼했듯이, 사랑 때문에 선을 넘었다. 문제는 사랑이다. 결혼을 왜 하는가. 사랑하기 때문에 결혼을 하는 거지, 결혼을 하기 위해 사랑하는 게 아니다. 결혼은 사랑의 결과이지 목적이 아니다. 마찬가지로 선을 넘으려고 사랑한 게 아니라, 사랑을 하게 되어 선을 넘은 것이다. 논리적인 앞뒤 관계는 그러하다. 불륜은 사랑의 결과이지 목적이 아니다. 지금 문제는 사랑이라는 내용과 그 내용을 담는 그릇(형식)이 서로 어긋나 있다는 데 있다. 문제를 해결하는, 아니 바로잡는 길은 어긋난 내용과 형식을 일치시키는 것이다.

하지만 문제는 그렇게 간단하지 않았다. 사랑이 하나가 아니었다. 일대일 대응이 아니었다. 아이들도 사랑했고 아내도 사랑했다. 일대일 대응을 강요하는 일부일처제가 아니라면 해결은 간단하다. 모두 사랑하면 된다. 아내가 그런 일을 겪고서도 자신을 사랑한다면 일부다처제나 다부다처제로 아이들도 사랑하며 살면 된다. 하지만 우리 사회에서 그런 제도는 허용되지 않는다. 한쪽의 사랑만 선택해야 했다.

가혹한 사랑의 저울질이 필요했다. 더 사랑하는 쪽을 선택해야 했다. 아이들을 무척이나 사랑했기에, 사랑의 저울은 아이들이 있는 쪽의 사랑으로 기울었다. 그래서 그 후배는 지금 행복하냐고? 나도 모른다. 자신만 알겠지. 다만 이것 하나만은 말할 수 있다. 적어도 그때는 그 스스로 이성의 저울을 잘 가동했을 거라고.

늘 그렇듯 사고는 감정이 치고, 뒤처리는 이성이 해야 한다. 뒤처리하고서도 욕먹는 것이 감정이 개입된 일 처리다. 그런 일은 어차피 완벽한 뒤처리는 어렵다. 하물며 훈수 두는 일이야 말해 무엇 하겠는가. 괜한 훈수를 두었다는 후회가 막심하다.

그런데 삶의 모든 문제를 이성으로 해결할 수 있을까? 모든 문제를 이성으로 해결하는 삶이 행복할까? 나의 본질은 다만 이성일까. 그렇다면 감정은? 이성에 의해 감정이 갇혀도 나는 여전히 행복할까? 잊어야 한다는 마음으로 마음의 창을 꼭꼭 걸어 잠그고, 홀로 누워 천장을 보며 눈앞에 글썽이는 너의 모습을 애써 지우며, 잊으려 돌아누워도 말없이 흐르는 눈물방울들을 어쩌지 못하고, 지나간 시간을 추억 속에 묻으려 해도 긴긴밤을 또 잊지 못해 새우며, 새벽이 오면 하얗게 밝아온 유리창에 너의 이름을 썼다 지우고…, 이래도 과연 행복할까?

이성, 불가능에 도전하는 시시포스

데카르트가 말하는 행복의 노하우는 오늘날에도 여전히 타당할까? 그 핵심인 철학적 모더니즘은 시시포스적 비극의 운명을 타고났다. 모더니즘의 후예들은 이성으로 확실하고 완벽한 것을 추구했지만, 그런 것은 어디에도 없다는 사실을 깨닫지 못했다. 확실하고 완벽을 추구한 모더니즘의 거침없는 진군은 아주 작은 나비 한 마리에 의해 흔들리고 있다.

그 작은 나비 한 마리의 날개짓 때문에 이성의 가장 자랑스러운 창조물인 슈퍼컴퓨터가 확실하고 완벽한 기상 예측을 포기하고 어찌할 바를 몰라 발을 동동거리고 있다. 한 달 뒤, 아니 하루 뒤도 완벽하게 예측하지 못하는 무력감에 완벽의 이상은 무너지고 있다.

확실함이나 완벽함은 이상일 뿐이다. 시시포스가 영원히 돌을 정상에 올리지 못하는 것이 숙명이듯, 확실함이나 완벽함은 영원히 달성될 수가 없다. 인간은 불완전한 존재니까. 그래서 아예 확실함이나 완벽함을, 아니 아예 이성을 포기하자는 주장들이 있다. 포스트모더니즘의 주장들이 그것이다.

하지만 이성을 포기하는 것은 인간이기를 포기하는 일이다. 문제는 이성에 대한 신뢰가 아니라, 맹목적인 신뢰가 문제다. 이성에 대한 합리적인 신뢰, 반성을 통한 비판적 신뢰만이 시시포스의 돌을 다시 정상을 향해 더욱 높이 올릴 수 있다. 비록 끊임없는 도전이 전제될지라도.

완전한 것이 무엇인지 모르고서는 어떤 것이 불완전한 것인지도 알 수 없다. 이성으로 확실하고 완벽한 진리를 찾을 수 없을지도 모른다. 또한 이성으로 확실하고 완벽한 세상이나 삶을 창조하지 못할지도 모른다.

정상에 돌을 올리는 것이 불가능하다는 것을 알지만 정상이 어디에 있는지 알기 때문에 끊임없이 도전하는 시시포스처럼, 불가능하다는 것을 알지만 보다 나은 인식과 세상과 삶을 향해 끊임없이 도전할 때 우리의 삶이 보다 아름답고 행복해지지 않을까?

아직도 잊어야 한다는 마음으로 마음의 방문을 꼭꼭 닫아걸고 있는가. 잊히지 않는 사랑을, 그리움을, 열정을 어쩔 수 없다 하여 자신의 삶을 무반성적으로 버려두고 허무주의자로 살아가고 있는가. 차라리 이성의 완벽함을 믿어보자. 그 오만함이 오히려 우리를 자포자기의 늪에서 건져, 세상과 삶을 보다 아름답고 행복하게 바꿀 수 있다. 불가능이라는 숙명을 아름다운 도전으로 삼는 시시포스가 그리운 때다.

내 맘속에 빛나는 이성의 별
오직 너만 있을 뿐이야

잊어야 한다는 마음으로

썼다 지운다, 널 사랑해

.

.

.

.

.

시시포스

TRACK **5**

"사랑했지만"과
의심의 철학

김광석 vs 흄

Side 5   4:27

김광석과 철학하기

우리가 별개의 두 사건을 인과관계로 생각하는 것은
서로 아무런 관계가 없는 말과 뿔이라는 감각경험들로
유니콘을 만들어 상상하는 것과 같다.
상상은 자유다.
다만 상상을 실재라고 믿을 때 불행이 싹튼다.

사랑했지만

어제는 하루 종일 비가 내렸어
자욱하게 내려앉은 먼지 사이로

귓가에 은은하게 울려 퍼지는
그대 음성 빗속으로 사라져버려

때론 눈물도 흐르겠지, 그리움으로
때론 가슴도 저리겠지, 외로움으로

사랑했지만, 그대를 사랑했지만
그저 이렇게 멀리서 바라볼 뿐,
다가설 수 없어

지친 그대 곁에 머물고 싶지만,
떠날 수밖에
그대를 사랑했지만

작사 · 작곡 한동준 | 노래 김광석

제1악장

의심에 대한 확신이 낳은 비극

곁에 머물고 싶지만 떠날 수밖에 없는 사랑을 해본 적이 있는가? 그리움으로 눈물 흘리고 외로움으로 가슴 저리면서도 멀리서 바라볼 뿐 다가설 수 없는 사랑을 해본 적이 있는가?

노래 속 그는 어떤 이유에서든 떠날 수밖에 없다고 판단한다. 이런 사랑이 그리 드물지는 않은 것 같다. 사랑하지만 이유도 모른 채 헤어지는 경우가 많지 않은가? 상대방의 일방적인 이별 통보. 아무리 생각해도 난 잘못한 일이 없는 것 같은데…. 뭔가 이유가 있겠지만, 이별을 당한 이로서는 알 수가 없다.

김광석은 자신을 스타 가수로 만들어준 〈사랑했지만〉이란 노래를 정작 자신은 내켜하지 않았다고 한다. 멀리서 보고만 있고 다가가서 이야기도 못 하고, 혼자 아파하는 노래 속 화자의 모습이 싫었기 때문이다. 그런데 어떤 할머니가 길거리에서 흘러나오는 이 노래를 비를 맞으며 듣고 열여섯 소녀의 감정을 되찾았다는 이야기를 듣고 다시 열심히 부르기 시작했다고 한다. 그 할머니는 비를 맞으며 들을 정도로 슬픈, 어떤 애틋한 사연을 간직하고 있었을까?

이 노래를 들으면 나에게도 떠오르는 사연이 있다. 대학 시절, 첫 만남에 반한 여인이 있었다. 첫눈에 '이 사람이다'라는 느낌이 왔다. 콩깍지가 씌어서 거의 날마다 만났다. 그녀도 싫지 않은지 줄곧 이어지는 데이트에 잘도 나와주었다. 시간이 흐르면서 드러내 말하진 않았어도 서로 사랑한다고 믿어 의심치 않았다. 그러던 어느 날, 카페에서 커피를 가져온 직원의 실수로 테이블에 있던 그녀의 수첩이 발아래로 떨어졌다.

마침 그녀는 화장실을 가고 없던 때였다. 무심코 수첩을 주워드는데 사진 한 장이 툭 떨어졌다. 주워보니 군복 입은 또래 남자의 사진이었다. 한눈에 보기에도 호남형의 얼굴이 사진 속에서 웃고 있었다. 순간 질투심과 의심의 불길이 확 타올랐다. 애인이 군대 간 사이 나를 심심풀이로 만나는 건 아닐까. 얼굴은 벌겋게 달아오르고 심장은 쿵쾅거리고 숨쉬기조차 힘들어 빳빳하게 굳어진 온몸은 부들부들 떨렸다.

내 가슴에 꽂힌 의심의 화살은 그 짧은 순간에 깊이도 박혔다. 그녀의 아름다움과 매력이 늘 나를 불안하게 만든 탓도 있으리라. 우선 그녀가 돌아오기 전에 냉정해져야 했다. 질투심을 들키는 거야말로 못난 바보처럼 느껴져 참을 수 없을 것 같았다. 그녀가 돌아오자 시치미를 뚝 떼고 편두통이 심하다며 일어섰다. 그리고는 걱정하는 그녀를 뒤로 한 채 서둘러 그 자리를 떠났다.

돌아오는 내내 머릿속은 온통 질투와 의심의 도가니였다. 크게 마음먹고 의심의 눈길을 걷어내어도, '남자' 사진이라는 사실만으로 화가 치밀었다. 이상하게도 배신감은 들지 않았다. 질투심이 배신감을 압도해서인지도 모른다. 무의식중에 그 미모와 매력 때문에 그녀가 나를 언제라도 떠나버릴 수 있다며 불안해하고 전전긍긍하고 있어서였는지도 모른다. 그러니까 '혹시나'를 '역시나'로 재빨리 바꿔 확신한 셈이다.

연락을 끊었다. 연락이 와도 받지 않았다. 그녀가 미워서라기보다 불안이 싫었다. 만남과 헤어짐 사이의 아슬아슬한 외줄 타기의 불안이 견딜 수 없었다. 사랑했지만 헤어져야 한다고 생각했다. 지금 생각해보면 자존심 강하고 소심했던 청춘의 자기방어 기제였다.

하지만 연락이 끊기자 나의 단호함은 허공을 치는 주먹질처럼 공허해졌다. 그 공허한 빈 공간을 비집고 주책없는 그리움이 용솟음쳤다. 천신만고의 노력 끝에 그녀를 다시 만날 수 있었다. 이별의 이유를 여전히 모르는 그녀에게 어렵게 그날의 사진을 이야기했다. 만감이 교차하는 웃음과 함께, 그녀는 이렇게 말했다. "동아리 친구였어요. 내 친구에게 소개해주려고 가지고 있던 사진이었어요."

결국 '사랑하지만 헤어질지도 모른다'는 나의 불안이 만나는 내내 평계를 찾다가 실마리를 발견하자 '떠날 수밖에 없다'는 확신을 덧씌웠던 것이다. 사랑했지만 떠날 수밖에 없다는 확신은 사실은 떠날 수밖에 없는 '이유'에 대한 확신이었다. '사랑하는 여자의 수첩 속 남자 사진'은 '사진 속 남자를 사랑한다'는 의심으로, 그 의심은 결국 '다른 남자를 사랑하니 떠날 수밖에 없다'는 확신을 낳았다.

이 확신은 결국 결과를 일으킨 원인에 대한 확신에서 비롯된 것이다. 그 의심할 여지없이 확신에 찼던 의심이, 결국 확실하지 않았다는 것으로 의심할 여지없이 드러났다. 우리의 비극은 의심이 아니라 의심에 대한 '확신'으로부터 비롯된 거였다. 물론 그런 확신을 키운 건 근거 없는 불안이었지만.

질투에 눈먼 자에게는 성서만큼 강한 증거가 되나니

의심은 누구나 할 수 있다. 더군다나 그럴만한 근거나 실마리가 있다면 더 말할 것도 없다. 문제는 그 의심을 의심하는 일 없이 절대적으로 확신하는 거다. 의처증이나 의부증이 있는 사람들의 문제는 의심이 많다는 게 아니다. 의심을 무조건 확신하는 게 문제다. 의심에 대한 확신이 낳은 비극 가운데 대표적인 게 셰익스피어의 《오셀로》다.

> 저 촛불을 끄고, 이 〔생명의〕 촛불을 꺼야지. 타오르는 촛불아, 너는 껐다가도 뉘우치면 다시 켤 수도 있지. 하지만 (…) 그대의 촛불은 한번 꺼버리면, 다시는 밝힐 수 (…) 없으리라.
>
> _ 셰익스피어, 《오셀로》[21]

위의 글은 사랑하는 아내 데스데모나를 죽이기 직전에 읊는 오셀로의 독백이다. "죽느냐 사느냐 그것이 문제로다!"라는 햄릿의 독백처럼 그 또한 생명을 놓고 하는 고민이다. 하지만 그는 우유부단한 햄릿과 달리 비극적인 결단을 내린다. 사랑하는 이의 생명의 촛불을 *끄*기로.

오셀로의 비극은 의심으로부터 비롯된 것이 아니다. 앎에 대한 확신으로부터 비롯되었다. 남을 의심한다고 무조건 비극에 이르는 것은 아니다. 남에 대한 자신의 의심(=앎)을 확신할 때 비로소 비극에 이른다. 오셀로의 경우 사랑 때문에 생긴 질투가 자신의 의심(=앎)에 대한 확신을 불러왔다.

> 공기처럼 가벼운 하찮은 것도 질투에 눈먼 자에게는 성서만큼 강한 증거가 될 수 있다.
>
> _ 셰익스피어, 《오셀로》

교활한 부하 이아고는 이러한 생각으로 그의 음흉한 음모를 기도했다. 또한 이아고의 대사에는 오셀로의 모습이 의미심장하게 투영된다. "오, 질투심을 조심해요. 그것은 희생물을 비웃으며 잡아먹는 푸른 눈의 괴물이랍니다."

어떤 이는 이 음모를 질투가 빚어내는 가상의 현실 속에서 현실과 환상을 혼동하여 실재하는 현실을 죽이게 하는 게임 전략으로 보기도 한다. 이러한 전략이 성공할 수 있는 비결은 뭘까? 진짜보다도 더 진짜 같은 가상의 현실 속에서 상상이 흔적을 감추기 때문이다. 그 결과, 상상해낸 원인을 실재하는 현실의 원인으로 확신한다.

오셀로는 부인의 손수건이 부하의 방 침대 위에 있다는 사실로부터 그런 사실을 결과로 낳은 원인이 부인과 부하의 불륜이라고 확신한다. 오셀로가 원인이라고 확신한 것은 '직접' 감각경험을 통해 얻은 믿을 만한 확실한 앎이 아니었다. 과거에 '직접' 경험한 것을 기억해낸 앎도 아니었다.

그것은 그가 그 사회에서 거듭하여 보고 들은 '간접' 경험으로부터 미루어 짐작한 '상상'에 지나지 않았다. 결과를 아무리 살펴보아도, 부인의 손수건이 부하의 방 침대 위에 있다는 사실을 아무리 살펴보아도 그 원인을 찾을 수 없다.

여자의 물건이 남자의 침실에 있다는 사실과 여자와 남자의 관계에 대한 이야기가 서로 엮이는 소설, 영화, 드라마 등 거듭된 '간접' 경험들 때문에, 여자의 물건이 남자의 침실에 있다는 사실을 경험하면 우리는 곧바로 여자와 남자의 부적절한 관계에 대한 '상상'을 하게 된다.

하지만 상상을 거듭하면 어느 순간 애써 '상상'하지 않아도 '사실'(?)이 저절로 떠오른다. 이아고의 대사에 나타난 것처럼 '위험한 상상은 마치 독약과 같아서 몸에 퍼지기 시작하면 걷잡을 수 없어 유황불처럼 타는' 위험한 것이다. '직접 본 것, 경험한 것만을 믿어야' 함에도 흔적을 남기지 않는 상상에 사로잡히면 '사랑했지만 떠나보낼 수밖에 없다'는, 확신에서 비롯된 돌이킬 수 없는 비극이 시작된다.

김광석의 노래에 담긴 '확신의 철학'
을 잘 보여주는 이는 흄(Hume, 1711~1776)이다. 흄의 '의심의 철학'
은 그 철학적 근거를 제공한다. 의심에 대한 확신이 비극을 낳는다
는 것이 확신의 철학이다. 의심의 철학은 왜 의심에 대해 확신하면
안 되는지 그 철학적 근거를 밝혀준다.

데카르트 또한 의심의 달인이 아니던가. 하지만 의심의 성격이
다르다. 데카르트는 의심할 여지가 없는 확실한 진리가 있다고 확
신했고, 그 확신을 증명하기 위한 수단이나 방법으로 의심을 사용
했다. 그러나 흄은 의심할 여지가 없는 확실한 진리가 있다는 것을
확신하지 못했다. 그에게 의심은 진리를 증명하는 수단이나 방법이
아니었다. 데카르트가 확신에 대한 의심을 의심하고자 했다면, 흄은
확신을 의심하고자 했다. 그는 철저한 회의주의자, 곧 의심의 철학
자였다.

의심은 확신의 산물

근대철학은 크게 이성의 철학인 합리론과 경험의 철학인 경험론으로 나눌 수 있다. 합리론을 대표하는 이가 데카르트라면, 경험론의 대표자는 로크John Locke다. 로크의 경험론을 집대성한 철학자가 흄이다. 합리론이든 경험론이든 모두 '신의 말씀이 곧 진리'라는 확신에 대한 '의심'으로부터 출발했다. 그러한 의심을 수행할 믿을 만한 확실한 수단으로 합리론은 이성을, 경험론은 경험을 '확신'했다.

따라서 근대철학은 의심의 철학이라고도, 확신의 철학이라고도 말할 수 있다. 참된 인식, 곧 진리라고 확신하던 것들에 대해 철저히 의심하는 것을 철학의 할 일로 삼았다는 점에서 근대철학은 의심의 철학이라고 할 수 있다. 다른 한편으로 근대철학은 그러한 철저한 의심을 수행할 믿을 만한 확실한 수단에 대해 확신했다. 그래서 확신의 철학이라고도 할 수 있다.

의심과 확신은 동전의 양면이다. 의심의 수단이나 기준에 대한 확신 없이는 의심을 할 수 없다. 예를 들어 망원경이나 현미경이 믿을 만하다는 확신이 없이는 달에 보이는 토끼의 모양이 진짜 토끼의 모양이 아니라 큰 분화구일 수 있다는 의심을 할 수 없으며, 깨끗해 보이는 손바닥에 세균이 득실댈 수도 있다는 의심을 할 수 없다.

어떤 책을 들고 있다면, 가령 신적인 것이나 스콜라철학의 형이상학에 관한 책을 들고 있다면, 이렇게 물어보라. "추상적인 추리를 통해 양이나 수를 알아내고 있는가?" 아니다. "실험적인 추리를 통해 사실이나 존재를 알아내고

있는가?" 아니다. 그렇다면 불 속에 던져버려라. 헛소리와 망상만 담고 있으
니까.

_ 흄, 《인간 본성론》[22]

어떤 지식이 믿을 만한 확실한 지식인지를 알아내는 이 논증을
'흄의 포크Hume's fork'라고 한다. 수학과 경험이라는 두 갈래만 있
는 날카로운 포크를 든 예리한 지식 사냥꾼 흄도 처음에는 데카르
트 못지않게 확실한 지식을 찾고 싶어 했다. 그러나 확실한 진리라
고 확신하는 것들을 철저히 의심하는 과정에서 "확실한 것은 없다
는 것이 확실하다"는 깨달음을 얻는다.

흄이 그토록 사랑했지만 가슴 저리며 떠날 수밖에 없었던 사랑은
모든 것에 대한 '확실성'이었다. 그는 사랑했지만 떠날 수밖에 없다
는 확신을 떠날 수밖에 없었다. 그의 확고했던 확신은 의심으로 바
뀌었다. 그 전환의 핵심에는 원인과 결과의 관계에 대한 의심이 자
리 잡고 있다.

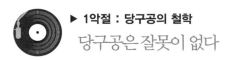

▶ 1악절 : 당구공의 철학
당구공은 잘못이 없다

흄이 살았던 시대는 갈릴레이, 뉴턴, 케플러와 같은 뛰어난 천재
과학자들 덕택에 과학의 빅뱅 시대가 열리며 과학에 대한 맹신주의
가 시작된 시기다. 과학을 통해 만들어진 것만이 믿을 수 있고 확실

한 진리라고 생각했다. 여기서 과학은 '경험'을 통해 지식을 얻어내는 경험과학을 뜻한다. 경험론자들은 경험과학이야말로 우리에게 가장 확실하고 믿을 만한 지식을 찾아준다고 믿었다.

하지만 흄은 여기서 한 발짝 앞으로 더 나아간다. '경험'만이 믿을 만한 확실한 지식이라는 것을 철저히 밀고 나간다. 그래서 스스로 경험과학자라 여기는 과학자들이 찾아낸 과학적 지식조차 어느 정도로 믿을 만한 것인지, '경험'이란 기준으로 더 꼼꼼히 따져 묻기 시작했다.

경험과학의 핵심은 다름 아닌 '원인과 결과에 대한 경험'이다. 다시 말해, 경험과학의 과학적 지식은 인과관계에 대한 지식이다. 예를 들어 불이 나는 경우, 예전에는 불붙고 싶은 속성이 있어서 혹은 신의 계시로 불이 붙었다고 설명했다. 반면, 경험과학은 산소와 가연물질, 그리고 발화행위 등의 요소가 적절히 결합하여 불이라는 결과를 만들어 낸다고 설명한다. 흄은 뒤의 설명, 즉 원인과 결과라는 경험과학적 지식, 곧 과학법칙조차 얼마나 믿을 만한 것인지를 따져 물었다.

당구공의 알리바이 1: 그저 부딪혔을 뿐, 움직이게 하진 않았다

흄은 과학법칙이 그다지 믿을 만한 게 아니라는 것을 보여주기 위해 그 유명한 당구공 이야기를 한다. 흰 공과 빨간 공이 어느 정도 간격을 두고 있다. 흰 공이 빨간 공을 맞히면 흰 공은 그 자리에 멈추고 빨간 공이 앞으로 나아간다. 이때 우리는 두 가지 사건을 경험하게 된다. 흰 공이 빨간 공에 부딪힌 사건 하나와 빨간 공이 앞

으로 나아간 사건, 이 두 가지 사건을 '경험'하게 된다. 자, 여기서 우리는 빨간 공이 움직이게 된 원인을 무엇이라고 생각하는가? 원인은 다름 아니라, 흰 공이 와서 부딪혔기 때문이라고 생각한다. 흰 공이 빨간 공에 부딪힌 건 '원인'이 되고, 빨간 공이 앞으로 나아간 건 '결과'라고 생각한다.

빨간 공에 일어난 사건을 느린 영상으로 거꾸로 되돌려보자. 빨간 공이 앞으로 움직였다. 빨간 공이 움직이기 직전에 흰 공이 달려와 빨간 공에 부딪혔다. 이때 우리는 두 가지 사건만을 경험했다. 흰 공이 빨간 공에 부딪힌 사건 하나와 빨간 공이 앞으로 나아간 사건 하나를 '경험'했다.

그럼에도 우리는 흰 공이 빨간 공을 움직이게 한 것도 경험했다고 믿는다. 다시 말해 빨간 공을 움직이게 한 원인이 흰 공이라는 것도 경험했다고 믿는다. 흰 공이 부딪혔으니까 빨간 공이 움직였다고, 다시 말해 흰 공이 부딪힌 것이 원인이고 빨간 공이 움직인 것이 그 결과라고 믿는다. 왜냐고 물으면 서슴없이 그것을 두 눈으로 직접 보았으니까, 라고 대답할 것이다.

하지만 흄이 보기에 이것은 착각이다. 두 가지 사건 말고 두 사건을 원인과 결과로 연결하는 사건 하나를 더 경험했다고 믿는 것은 명백한 착각이다. 두 사건 사이의 '인과관계'는 직접 경험할 수 없으니까. 경험과학자들은 앞의 사건이 원인이 되어 뒤의 사건을 결과했다는 이러한 메타적 사건에 대한 '경험'을 일반화한 것이 과학법칙이라고 믿는다.

흄이 보기에 이러한 믿음은 잘못이다. 우리는 두 가지 사건 즉, 흰 공이 부딪힌 사건과 빨간 공이 앞으로 움직인 사건만 경험할 수 있을 뿐이지, 앞의 사건이 뒤의 사건을 일으키는 것은 결코 경험할 수 없다. 다시 말해, 앞의 사건이 뒤의 사건의 원인이라거나 뒤의 사건이 앞의 사건의 결과라는 것은 결코 경험할 수 없다.

당구공의 알리바이 2: 부딪힌 이후는 경험한 적이 없다면 예측할 수 없다

태어날 때부터 친숙한 일들의 경우에 (…) 우리는 그 결과들을 경험 없이도, 단순히 우리들의 이성을 활용하여 알아낼 수 있을 것이라고 상상하기 쉽다. 우리가 갑자기 이 세상에 태어났다고 하더라도 당구공이 다른 당구공에 충격을 주면 그 공이 움직이게 될 것이라는 것을 곧바로 추론할 수 있을 것이라고 상상한다. 실제로 그 공이 움직이는 것을 경험할 때까지 기다릴 필요 없이 그것에 관해 확신할 수 있다고 상상한다. (…)

〔인과관계에 대한〕 모든 자연법칙은 (…) 〔인과관계에 대한〕 경험을 통해서만 알 수 있다. (…) 예를 들어 우리가 주어진 어떤 대상으로부터 어떤 결과가 생길지를, 〔그 대상과 관련된〕 과거의 관찰 경험을 전혀 모른 채 밝혀내야 한다고 가정해보자. (…) 그 대상을 아무리 철저하게 살펴보아도, 추측하건대 원인으로 작용하는 듯이 보이는 그 대상 안에서 아무런 결과를 찾아낼 수 없을 것이다. 결과는 원인과 전혀 다르기 (…) 때문이다. 두 번째 당구공의 움직임은 첫 번째 당구공의 움직임과 아무런 관계가 없다. 그 가운데 하나에서 다른 것에 대한 아무런 암시도 찾을 수 없다.

_ 흄, 〈회의주의에 대하여〉[23]

연기라는 것을 전혀 경험한 적이 없는 사람이 불만 보고 연기라는 결과를 예측할 수 있을까. 수증기라는 것을 결코 경험해본 적이 없는 사람은 끓는 물만 보고 수증기를 전혀 예측할 수 없다. 비를 경험한 적이 전혀 없는 사람이 먹구름만 보고 비라는 결과를 예측할 수 없듯이, 해일이라는 것을 결코 경험한 적이 없는 사람은 지진만 보고 해일이라는 결과를 전혀 예측할 수 없을 것이다.

결과를 예측할 수 없다는 것은 결과를 예측할 수 있게 해주는 원인을 경험할 수 없다는 것을 뜻한다. 다시 말해 우리는 불이나 끓는 물이나 먹구름이나 지진을 경험할 수 있을 뿐이지, 그것들 말고 연기나 수증기나 비나 해일을 일으키는 원인이라 부를 수 있는 그 무엇도 결코 경험할 수 없다.

예를 들어 당구공 하나가 다른 당구공을 향하여 곧게 움직이는 것을 내가 본다고 해보자. 게다가 첫 번째 당구공이 두 번째 당구공에 부딪힌 결과가 두 번째 당구공이 움직인 것이라고 우연히 내가 생각했다고 해보자. 하지만 그 원인으로부터 그와 다른 수백 가지 결과가 생길 수도 있다는 것을 나는 생각할 수 있다.

첫 번째 당구공이 곧게 되돌아올 수도 있고 다른 여러 방향으로 튕겨 나올 수도 있다. 아무런 무리 없이 이 모든 가정들을 생각할 수 있다. 그 가운데 하나가 다른 것보다 더 그럴 듯한 것도 아니다. 굳이 그것을 선택해야 할 아무런 이유도 없다. 우리가 경험의 도움을 받지 않는다면 온갖 추리를 해보아도 그것을 선택한 것에 대한 어떤 근거도 찾을 수 없을 것이다.

_ 흄, 〈회의주의에 대하여〉

당구공의 알리바이 3: 상상과 습관이 주범이다

왜 우리는 잇달아 일어나는 두 사건만을 경험하고서도 두 사건 사이의 인과관계도 경험했다고 믿는 것일까? 흄은 '상상' 때문이라고 한다. 잇달아 일어나는 두 사건을 '반복'해서 경험하면, 자신도 모르게 그 두 사건이 원인과 결과의 관계를 맺고 있다고, 다시 말해 앞 사건이 뒤 사건을 결과로 불러온다고 제 맘대로 상상하게 된다.

> 모든 자연 작용을 볼 때 우리가 그 결과를 한 번도 경험한 적이 없다면, 어떤 작용이 어떤 결과를 낳을 것이라고 처음으로 상상하는 것은 아무런 근거 없이 제 마음대로 상상하는 것이다. 그 원인의 작용으로부터 그것 말고 다른 어떤 결과도 나올 수 없게 원인과 결과를 짝짓는 것도 마찬가지로 제 마음대로 상상하여 그렇게 하는 것이다.
>
> _ 흄, 〈회의주의에 대하여〉

왜 우리는 인과관계는 상상한 것이라는 것을 깨닫지 못할까? 흄은 그 이유를 '습관' 때문이라고 한다. 습관은 상상의 흔적을 감춘다. 상상도 처음에는 상상임을 분명히 알지만 거듭 상상하여 습관으로 몸에 배면 상상한 것임을 잊는다.

당구공의 경우도 마찬가지다. 만약 과거의 경험을 기억하지 못한다면, 첫 번째 당구공의 부딪힘이라는 원인으로부터 수많은 다양한 결과를 상상할 수 있을 것이다. 첫 번째 당구공이 오히려 튕겨 나가거나 혹은 빗겨 나가거나 타고 넘어가거나 하는 등의 다양한 가능성을 상상할 수 있다.

그 다양한 상상들 가운데 우연히도 두 번째 당구공이 움직이는 결과에 대한 상상이 우리의 '경험'과 맞아떨어졌던 것이다. 사실 그 '경험'이란 인과관계에 대한 경험이 아니라 두 사건이 잇달아 일어나는 현상에 대한 '경험'에 지나지 않는다. 하지만 그러한 '경험'이 여러 번 거듭되자 우리는 그 관계가 우리의 우연한 상상에 지나지 않는다는 것을 '잊고' 습관적으로 그 관계를 필연적인 인과관계로 확신하게 되었다.

> 그것은 [다시 말해 당구공이 다른 당구공에 충격을 주면 그 공이 움직일 것이라고 아무런 경험의 도움 없이 곧바로 추론하는 것은] 습관의 영향 때문일 뿐이다. 그 영향이 매우 심한 경우 [습관이나] 관습은 타고난 우리의 무지를 덮어주고 심지어 자신은 숨어버려 그런 영향이 없는 것처럼 보인다. 그러나 그렇게 보이는 이유는 매우 흔히 일어나는 일이라는 단 한 가지 이유 때문이다.
>
> _ 흄, 〈회의주의에 대하여〉

원인과 결과의 관계에 관한 믿음은 습관적으로 믿게 된 주관적인 믿음에 지나지 않는다. 독립적인 사건들이 잇달아 반복되어 일어난다는 사실이 인과관계를 증명하는 것은 아니다. 원인과 결과라는 필연적인 관계는 마음속에서 습관에 의해 만들어진 것이지 객관적인 외부 대상 속에 있는 것이 아니다. 인과법칙이란 객관적인 '자연의 법칙'이 아니라 우연한 상상과 거듭된 습관을 통해 몸에 밴 '우리의 믿음'에 지나지 않는다.

흄의 이야기가 시대에 뒤떨어진 엉뚱한 헛소리일까. 과학의 역사를 돌이켜보면 헛소리라고 딱 잘라 말하기 어렵다. 원인이라고 생각했던 것이 시간이 지난 뒤 원인이 아닌 것으로 밝혀진 경우가 적지 않다. 그럼 늘 반드시 원인이어야 하는, 원인이 아닐 수 없는 그런 "필연적인 원인은 없다"라고 하면 되지 않을까? 문제가 그렇게 간단하지 않다. 원인이 아닐 수도 있는 그런 원인은 처음부터 원인이 아니었던 거니까.

원인을 본 적이 있나? 거듭 앞서 나타나는 현상이 뒤따르는 현상을 결과한 원인이라고 추측할 뿐이다. 그것이 원인이란 증거는 어디에도 없다. 원인이란 그것이 존재한다고 습관적으로 믿고 있는 유령에 지나지 않는다. 하나의 유령이 우리 주위를 떠돌고 있다. 원인이라는 유령이.

▶ 2악절 : 경험의 철학
직접 본 것만 믿어라

원인이 유령이라는 주장, 다시 말해 인과법칙을 부정하는 주장을 뒷받침하는 철학적 근거는 무엇일까? 경험론, 다시 말해 경험의 철학이다. 경험의 철학이란 오직 경험만이 믿을 만한 확실한 것이라 여기는 철학이다. 로크, 버클리George Berkeley를 거쳐 경험의 철학을 완성한 게 바로 흄이다.

경험주의 철학자 모두 '경험만이 믿을 만한 확실한' 것이라는 믿음을 공통으로 가지고 있었다. 하지만 경험과 관련된 외부 대상의 존재에 대해서는 서로 다른 생각을 가지고 있었다. 로크는 외부 대상 때문에 경험이 생기므로 외부 대상은 존재한다고 믿었다.

그러나 버클리는 로크보다 경험만이 믿을 만한 것이라는 경험 철학의 원칙에 충실했다. 그는 외부 대상을 우리는 결코 경험할 수 없으므로, 외부 대상이 존재한다고 믿어서는 안 된다고 생각했다. 그래서 그 유명한 '존재하는 것은 지각되는 것Esse est percipi'이라는 주장을 했다. 외부 대상은 지각(경험)되지 않으므로 존재하는 것이 아니라는 주장이다. 하지만 가톨릭 주교였던 버클리는 모순되게도 신의 존재를 인정한다.

반면, 흄은 '존재하는 것은 지각되는 것'이라는 원칙을 끝까지 밀고 나가 신의 존재조차 인정하지 않았다. 신은 지각(경험)되지 않으므로 존재를 의심할 수밖에 없다. 마음의 눈으로, 다시 말해 상상으로는 볼 수 있겠지만, 진짜 눈으로는 신을 볼 수 없으니까.

흄은 신뿐만 아니라 인과법칙을 생명으로 삼는 자연과학마저 믿을 만한 것이 못 된다고 보았다. 이러한 회의주의, 곧 의심의 철학은 조금도 타협하지 않는 그의 철저한 경험 철학의 산물이다. 다시 말해 그의 의심 철학과 경험 철학은 동전의 양면이다.

생각의 탄생

"직접 본 것만 믿어라." 경험 철학의 슬로건이다. 그런데 직접 본 것이 무엇일까? 예를 들어 사과를 본다고 하자. 사과를 볼 수 있을까? '사과'라는 개념을 모르는 사람이 보는 것도 사과일까? 그가 보는 것은 빨갛고 둥근 과일이 아닐까? 그가 '과일'이라는 개념도 모른다면 그가 보는 것은 빨갛고 둥근 것일 뿐이다.

어쩌면 그는 빨갛고 둥근 것이 아니라 빨간색과 둥근 모양을 본 것일 수도 있다. 빨간색과 둥근 모양은 서로 분리될 수 있으니까. 빨간 유리를 통해 둥근 사과를 보는 경우 한편으로는 (유리의) 빨간색을 보고, 다른 한편으로는 (사과의) 둥근 모양을 본다. 다만 그 두 가지를 동시에 보다보니 겹쳐서 빨갛고 둥근 것을 본다는 착각을 할 뿐이다.

좀 더 꼼꼼히 따져보자. 빨간색을 본 것인가, '빨간색'이라고 부르는 어떤 것을 본 것인가? '빨간색'이라 부르는 색도 천차만별이다. 밝기(명도)나 탁함(채도)의 정도가 다양하다. 이 서로 다른 색들을 우리는 통틀어서 그냥 '빨간색'이라고 부른다. 그만큼 우리의 개념은 매우 성기다. 성긴 채반 사이로 미세한 모래들이 빠져 나가듯, 수많은 미세한 차이들이 잡히지 않고 그냥 빠져 나간다.

흄은 이러한 사고 실험을 통해 우리가 경험할 때, 직접적으로 확실히 경험할 수 있는 것은 아직 어떠한 개념으로도 이름 붙이지 않은 가장 단순한 원초적인 감각이라는 결론을 끌어낸다. 그는 그것을 '(감각)인상impression'이라고 불렀다. 이를테면 '빨간색'이라고 부르는 어떤 것이나 '둥근 모양'이라고 부르는 어떤 것이 바로 인상이다. 그는 이것이야말로 의심할 바 없이 믿을 만한 확실한 것이라고 생각했다.

이러한 인상은 경험하는 순간에는 생생하지만, 시간이 지날수록 그 생생함은 흐려진다. 어제 본 사과의 '빨간색'이라고 부르는 어떤 것을 기억하여 떠올려보라. 어제 직접 경험하던 때의 생생함은 사

라졌을 것이다. 생생한 인상으로부터 이차적으로 만들어진 것이기 때문이다. 흄은 인상으로부터 이차적으로 만들어진 것을 생각 또는 관념ideas이라고 불렀다.

인상이든 생각이든 모두(감각) 경험으로부터 생겨나는 지각 perception이지만 그 생생함의 정도에 차이가 있다. 보다 더 생생한 지각이 말하자면 강한 그림(이미지)인 '인상'이고, 보다 덜 생생한 지각이 말하자면 약한 그림(이미지)인 '생각'이다.

인상과 생각은 각각 단순하거나 복잡한 유형이 있다. 단순한 인상이란 더 이상 단순하게 나눌 수 없는 지각의 원자라고 할 수 있다. 그 단순한 인상들이 결합되면 지각의 분자라고 할 수 있는 복합된 인상이 생긴다. 단순한 인상으로부터 단순한 생각이 생기고, 복합된 인상들로부터 복합된 생각이 생긴다.

마음에 일어나는 모든 지각은 인상과 생각이라는 서로 다른 두 가지로 나눌 수 있다. 인상과 생각은 마음과 만나 생각 활동이나 의식 활동의 대상이 되며 서로 다른 힘과 생생함을 갖고 있다. 그 둘은 그 힘과 생생함의 정도에 따라 구분된다.

힘과 생생함의 정도가 가장 높은 지각이 인상이다. 모든 감각지각, 정열과 감정이 여기에 속한다. 한편 마음속에 들어온 인상이 생각 활동이나 추리 활동을 할 때 다시 생기는 희미한 그림이 생각이다. 예를 들어 내가 지금 이런 이야기를 하고 있을 때 시각이나 촉각에 의해 직접 생긴 지각이나 때때로 직접 생길 수 있는 쾌감이나 불쾌감을 뺀 모든 지각이 생각이다.

_ 흄, 〈관념의 기원〉[24]

그렇다면 어떤 것이 더 믿을 만할까? 단순한 인상이 복합된 인상보다 더 믿을 만하고, 단순한 생각이 복합된 생각보다 더 믿을 만하다. 물론 단순한 인상이 단순한 생각보다, 복합된 인상이 복합된 생각보다 더 믿을 만하다.

그렇다면 믿을 수 없는 오류들은 어떻게 생길까? 흄은 지식의 오류나 잘못이 요소들의 결합이나 파생 과정에서 발생한다고 본다. 이를테면 앎에 있어서 가장 작은 요소인 (단순) 인상을 건축물의 가장 확실하고 작은 단위인 단단한 벽돌에 비유해보자. 벽돌과 벽돌이 모여 결합하는 과정이 많아지고 구조가 복잡해질수록 무너지거나 부서질 가능성이 커지듯, 인상들이 모여 결합된 복합 인상이나 이로부터 파생된 복합된 생각은 그만큼 불확실해지고 믿지 못하게 된다. 상상이나 환상과 같은 복합된 생각을 믿을 수 없는 까닭이 바로 여기에 있다.

상상이나 환상은 예전의 서로 다른 감각경험으로부터 만들어진 기억들이 서로 결합되어 만들어진다. 신전 앞의 스핑크스는 사람의 머리와 사자의 몸이라는 각각의 경험들이 결합되어 만들어낸 상상의 동물이며, 유니콘 또한 말과 뿔이라는 감각경험들이 결합되어 만들어진 상상 속 동물이다. 믿을 만한 감각경험들도 잘못 결합되면 스핑크스와 유니콘처럼 결코 실재하지 않는 황당한 상상과 환상들을 만들어낸다.

흄은 '원인과 결과에 대한 확신'이 바로 스핑크스와 유니콘과 같은 것이라고 말한다. 우리가 별개의 두 사건을 인과관계로 결합시켜 생각하는 것은 서로 아무런 관계가 없는 말과 뿔이라는 감각경험들을 제 맘대로 결합하여 존재하지 않는 유니콘을 만들고는 마치 실재하는 것처럼 생각하는 것과 같다.

상상이나 환상을 펼치는 건 자유다. 매우 즐거운 일이다. 다만 상상이나 환상을 실제로 경험한 것이라 믿을 때 불행이 싹튼다. 우리 삶에는 상상의 흔적이 지워진 스핑크스와 유니콘들이 수많은 불행의 쇼를 펼치고 있다. 그래서 흄은 말한다. 직접 본 것만 믿어라. 쓸데없이 상상하지 말고.

제3악장

~일 수밖에 vs
~아닐 수도

모든 것을 의심하는 '아닐 수도 있다'
는 의심의 철학이 행복하게 사는 데 어떤 가르침을 줄 수 있을까?

바로 이것이다. 그 어떤 것도 확신하거나 속단하지 말라. 많은 불
행이 오셀로의 비극처럼 무지보다는 앎에 대한 확신에서 온다는 사
실을 깨닫고 '~일 수밖에 없다'는 자신의 확신을 의심하라.

살면서 우리는 너무나 쉽게 '~일 수밖에 없다'고 확신한다. 아이
가 집에 돌아올 시간인데도 오지 않으면 PC방에 있다고 확신하고,
남편이 밤늦도록 집에 안 오면 술집에 있다고 확신한다. 출장 간 애
인이 전화를 안 받으면 바람피운다고 확신하고, 돈 빌린 친구가 전
화를 안 받으면 도망갔다고 확신한다.

왜 아이나 남편이 늦게 오거나 연인이나 친구가 전화를 받지 않
는 원인이 모두 혼날 일을 하고 있기 때문이라고 확신할까? 아마도
그러한 확신은 그들이 겪은 평소의 많은 좋지 않은 경험들로부터

비롯되었을 가능성이 크다. 그러므로 사실 그러한 확신이 맞을 확률도 높다.

하지만 100퍼센트 맞다고 딱 잘라 말할 수는 없다. 수많은 다른 가능성이 얼마든지 있을 수 있다. 아이가 집에 돌아오다 홀로 지내는 친구를 만나 놀이터에서 같이 놀아줄 수도 있고, 남편이 집에 오다 사업 실패한 친구를 만나 위로해주고 있을 수도 있다. 출장 간 애인이 정말 중요한 미팅으로 전화를 못 받을 수도 있고, 연인이 눈앞에 닥친 시험 때문에 눈코 뜰 새 없이 바쁘게 지낼 수도 있고, 친구가 해외여행을 갔을 수도 있다. 그런데 우리는 한결같은 믿음으로 자신이 믿는 대로 그럴 수밖에 없다고 확신한다.

'~일 수밖에 없다'는 확신은 '아니 땐 굴뚝에 연기 나랴'라는 오래된 믿음과 오해에 뿌리를 두고 있다. 아궁이의 불과 굴뚝의 연기를 잇달아 거듭 반복하여 경험하면 훈련된 파블로프의 개처럼 굴뚝의 연기만 보아도 마치 아궁이의 불도 본 것처럼 오해하여 믿게 된다. '아니 땐 굴뚝에 연기 나랴'는 식의 조금도 흔들리지 않는 확신으로부터 빚어진 《오셀로》와 같은 비극은 먼 나라 이야기만은 아니다. 김동인의 소설 《배따라기》를 기억하는가.

방 가운데는 떡 상이 있고, 그의 아우는 수건이 벗어져서 목 뒤로 늘어지고 저고리 고름이 모두 풀어져 가지고 한편 모퉁이에 서 있고, 아내도 머리채가 모두 뒤로 늘어지고 치마가 배꼽 아래 늘어지도록 되어 있으며, 그의 아내와 아우는 그를 보고 어찌할 줄을 모르는 듯이 움쩍도 안 하고 서 있었다.

_ 김동인, 《배따라기》[25]

주인공은 아내와 동생이 옷을 풀어헤친 채 땀을 흘리며 숨을 가쁘게 내쉬고 있는 장면을 목격한다. 그는 두 사람 사이의 섹스가 원인이라고 확신한다. 아니 땐 굴뚝에 연기가 나지 않는다고 확신한 것이다. 그러한 인과관계에 대한 한 치의 의심도 허용하지 않는 확신은 결국 아내의 죽음과 동생과의 생이별을 낳았다. 쥐를 잡느라고 그랬을 수도 있다는 상상은 추호도 하지 못했다.

그렇다면 처연하고 슬픈 배따라기를 부르지 않을 방법은 무엇일까? 인과관계에 대한 우리의 '확신'을 의심해야 한다. 그래서 습관으로 몸에 밴 강력한 사회적 '상상'이 지운 상상의 흔적을 되찾아야 한다.

습관으로 몸에 밴 강력한 사회적 '상상' 때문에, 사랑했지만 그저 멀리서 바라볼 뿐 다가설 수 없고, 곁에 머물고 싶지만 떠날 수밖에 없어서 슬픈, 너무나 어처구니없는 사랑의 비극을 되풀이해서는 안 된다. 그리움으로 눈물이 빗물처럼 흐르고 외로움으로 가슴이 저린 사랑을 노래해서는 안 된다.

사랑했지만
지친 그대 곁에 머물고 싶지만
떠날 수밖에

·

·

·

·

그 놈의 '상상' 때문에

"이등병의 편지"와
비판의 철학

김광석 vs 칸트

Side b   4 : 46

김광석과 철학하기

배고픈 소크라테스의 행복은 공허하지만
배부른 돼지의 행복은 맹목적이다.
세상비판 없는 자기비판은 맹목적이지만
자기비판 없는 세상비판은 공허하다.

이등병의 편지

집 떠나와 열차 타고 훈련소로 가는 날
부모님께 큰절하고 대문 밖을 나설 때

가슴속엔 무엇인가 아쉬움이 남지만
풀 한 포기 친구 얼굴 모든 것이 새롭다

이제 다시 시작이다. 젊은 날의 생이여

친구들아 군대 가면 편지 꼭 해다오
그대들과 즐거웠던 날들을 잊지 않게

열차 시간 다가올 때 두 손 잡던 뜨거움
기적 소리 멀어지면 작아지는 모습들

이제 다시 시작이다. 젊은 날의 꿈이여

짧게 잘린 내 머리가 처음에는 우습다가
거울 속에 비친 내 모습이 굳어진다
마음까지

뒷동산에 올라서면 우리 마을 보일런지
나팔 소리 고요하게 밤하늘에 퍼지면
이등병의 편지 한 장 고이 접어 보내오

이제 다시 시작이다. 젊은 날의 꿈이여

작사 · 작곡 김현성 | 노래 김광석

제1악장

익숙한 '나'
로부터의
이별

       이별은 슬프다. 훈련소로 떠나가는 날
은 더욱 슬프다. 짧은 머리카락 사이로 내비치는 파르스름한 머리
속살은 품 안의 자식을 떠나보내는 부모의 가슴을 더욱 아리고 슬
프게 만든다.

  이별은 고통스럽다. 군대로 떠나는 이별이 다른 이별보다 유별난
이유는 군대가 철조망으로 둘러싸인 닫힌 집단이기 때문이다. 누군
가 보고 싶다고 아무 때나 나올 수도, 찾아갈 수도 없다. 더구나 이
이별은 위험하기까지 하다. 숱한 사고 때문에 부모들은 자식을 군
대로 떠나보내면 한시라도 마음을 놓을 수가 없다. 김광석의 형도
군대에서 죽었다고 한다. 큰형이 결혼을 2주 앞두고 사고로 죽었다.
김광석이 부르는 〈이등병의 편지〉가 특별히 애달픈 이유가 여기에
있는 듯하다.

  이별은 낯설고 새롭다. 군대에 들어가면 조교가 가장 처음 하는

일은 군기 잡는 일이다. "여러분이 살던 사회는 잊어라. 대학이든 직장이든 공장이든. 여기는 전혀 다른 집단이다. 누구였는지도 잊어라. 대학생이었든 연예인이었든 재벌 아들이었든. 여기서는 모두 똑같은 이등병일 뿐이다." 조교는 이별에 쐐기를 박는다. "여기는 여기에만 통하는 법이 있다. 로마에 가면 로마법을 따라야 하듯 여기에 들어온 이상 이곳 법을 따르라."

군대는 사회와 철저히 격리된 집단, 사회와 전혀 다른 룰이 지배하는 집단이다. 때문에 사회를 떠나 군대에 간다는 것은 삶의 코페르니쿠스적 전환이 이루어진다는 것을 뜻한다.

> 〔지구가 아니라〕 실제로는 태양이 왕좌에 앉아서 자신의 둘레를 돌고 있는 〔지구를 포함한〕 별들의 가족을 조종한다.
>
> _ 코페르니쿠스, 《천체의 회전에 대하여》[26]

군대 가기 전에는 내가 마치 왕좌에 앉은 듯 모든 것이 나를 중심으로 돌았다면, 군대에서는 모든 것이 군을 중심으로 돈다. 나는 딸린 부속품처럼 명령을 따라 돌 뿐이다. 비로소 자신의 한계를 절실히 깨닫는다. 왕자와 거지 이야기가 자신의 이야기가 된다. 삶의 코페르니쿠스적 전환이 이루어지는 것이다.

익숙한 삶과의 진정한 이별, 삶의 진정한 코페르니쿠스적 전환을 깨닫게 해주는 것은 거울이다. 거울 속에 비친 짧게 잘린 머리의 내 모습, 처음에는 우습지만 이내 보는 얼굴과 마음까지 굳어진다. 우스웠던 것은 내 모습이 아닌 객관화된 어떤 누구의 낯선 모습이라고 여겼기 때문이며, 얼굴과 마음이 굳어진 것은 그 모습이 바로 자신의 낯선 모습이라는 것을 깨달았기 때문이다.

거울 속에 비친 모습이 '자신'의 모습이라는 것을 깨달을 수 있는 능력은 인간의 고유한 능력이다. 몇몇 영장류를 제외하면 모든 동물은 거울 속에 비친 모습이 '자신'의 모습이라는 것을 깨닫지 못한다. 마치 거울을 보듯 자기의 모습이나 능력을 되돌아보는 능력이 바로 '반성', 곧 자기비판 능력이다.

우리는 살면서 낯선 환경을 만날 때 이처럼 자신을 되돌아보게 하는 거울을 마주한다. 마냥 세상 탓만 하던 이도 군대 환경을 경험하면, 자신을 돌아보며 자기 능력의 한계와 책임을 깨닫고 철들게 된다. 군대 갔다 오면 철이 든다는 말은 이러한 거울 효과, 곧 자기비판의 효과를 일컫는 말이기도 하다. 어쩌면 부모들은 철이 덜 든 자식의 새로운 모습을 만나기 위해 고통스러운 이별의 통과의례를 기꺼이 감내하는지도 모른다.

〈피에타〉, 적나라한 내 모습을 비추는 잔인한 거울

거울 효과와 같은 자기비판의 효과를 적나라하게 보여준 영화, 김기덕 감독의 〈피에타〉를 보자. 어렸을 때 버려져 고아로 살아온 남자는 공감 능력이 전혀 없는 전형적인 사이코패스다. 남의 고통에 철저히 무관심하고 온갖 잔인한 비인간적인 방법을 동원하여 빌려준 돈을 받아내고야 마는 사채업자의 충실한 수족으로 살아간다.

어느 날 그에게 자신이 엄마라고 주장하는 여자가 나타난다. 여자의 따뜻한, 잔인할 정도로 철저한 모성애는 결국 남자의 차가운 마음을 녹인다. 그러던 엄마가 갑자기 사라진다. 사방팔방으로 찾던 중에 납치 현장으로 보이는 곳에서 엄마의 비명을 듣는다. 남자가 달려가자 엄마는 높은 공사 현장에서 살려달라고 외치다 눈앞에서 떨어지고 만다. 남자는 죽은 엄마를 부여잡고 오열하다 엄마가 살아 있을 때 부탁했던 장소에 묻으려 땅을 판다. 그러자 엄마가 뜨개질한 스웨터를 입고 누워 있는 청년의 시체가 나온다. 자신의 빚 독촉에 스스로 목숨을 끊었던 청년이었다. 엄마라던 여자는 그 청년의 엄마였다. 이 모든 게 여인의 처절한 복수극이었다.

여인이 노린 건 거울 효과였다. 남자로 하여금 입장을 바꾸어 자신이 저지른 똑같은 상황을 체험하게 하여 자신의 행동을 돌아보게 한 것이다. 모든 불행을 자신을 버린 엄마 탓으로 여기며 한 치의 망설임 없이 많은 이들에게 사랑하는 사람을 눈앞에서 잃는 고통을 주던 남자가 이제는 자신이 그 고통을 몸소 겪게 된 것이다. 이런 낯선 체험은 자신의 진실한 모습과 자신의 한계와 책임, 즉 자기 탓을 깨닫게 하는 거울의 역할을 했다.

김광석이 입대하며 들여다본 거울과 〈피에타〉의 남자가 사랑하는 엄마를 잃으며 들여다본 거울은 그 정도의 차이는 있으나 세상 탓만 하던 이로 하여금 비로소 자신의 불편한 진실을 들여다보게 한다는 점에서 근본적으로 같은 거울이다. 억울하고 세상이 원망스러울 땐 거울을 들여다보자. 거울 속에 비친 짧게 잘린 머리를 한 자신의 낯선 모습을 불편하더라도 똑바로 들여다보자. 자신의 한계와 책임이 보인다면 엄마에게 편지를 쓰자. 맨날 엄마 탓만 해서 미안하다고.

제2악장

불행을 낳는
생각과
행복을
낳는 생각

　　　　　　　　김광석 노래에 담긴 '거울의 철학'을
잘 보여주는 이는 칸트(Kant, 1724~1804)다. 칸트의 '자기비판의 철
학'은 그 철학적 근거를 제공한다. 칸트는 자신을 돌아보지 못하고
남 탓, 세상 탓만 하는 우리에게 거울을 들여다보듯 자신을 돌아보
라며 기나긴 편지를 보낸다. 바로 타자비판에서 자기비판으로 코페
르니쿠스적 전환을 이루어낸 칸트가 쓴 '자기비판'의 편지인《순수
이성비판》,《실천이성비판》,《판단력비판》이 그것이다.

　1781년 그의 나이 쉰일곱 살 때 출간한《순수이성비판》을 시작
으로 10여 년에 걸쳐 완성한 세 권의 책을 통해, 그는 서양철학의
역사에서 날선 대립의 칼을 세우던 경험론과 합리론을 아우르며 새
로운 인식의 세계를 펼쳐 보였다. 그 세계를 통해 칸트는 우리에게
행복의 열쇠를 건넨다.

　우리는 입영열차를 타고 새로운 세상인 군대로 가지만, 칸트는

코페르니쿠스적 전환이라는 인식의 열차를 타고 새로운 인식의 세계로 떠났다. 코페르니쿠스가 천동설에서 지동설로 관점을 전환한 것처럼, 칸트는 "세상을 중심으로 인간이 돌아간다"는 세계 중심적 관점으로부터, "인간을 중심으로 세상이 돌아간다"는 인간 중심적 관점으로 전환했다.

이러한 인식의 코페르니쿠스적 전환은 사실 두 차례에 걸쳐 이루어졌다. 첫 번째는 "신을 중심으로 인간이 돌아간다"는 신 중심적 관점으로부터, "인간을 중심으로 신이 돌아간다"는 인간 중심적 관점으로 전환했다. 중세의 신중심주의에서 근대의 인간중심주의로의 전환이다. 르네상스와 계몽주의 사상이 그 전환을 주도했다. 이러한 전환이 이루어진 뒤에도 사람들은 여전히 "세상을 중심으로 인간이 돌아간다"는 세계 중심적 관점에 머물렀다. 칸트조차도 그러한 관점에 머물고 있었다.

칸트의 독단적 꿈을 깨운 사람은 바로 흄이었다. 세계가 본래 가지고 있는 법칙으로 알고 있었던 인과율마저 사실은 인간이 습관으로 만들어낸 가짜법칙 혹은 신념에 지나지 않는다는 흄의 주장은 칸트의 등골을 오싹하게 했다. 두 번째 코페르니쿠스적 전환의 계기인 셈이다. 원인과 결과의 관계가 필연적이지 않다는 것은 인과성에 바탕을 둔 자연법칙을 탐구하는 자연과학의 정당성을 그 뿌리로부터 뒤흔들어놓았다.

그것은〔당구공이 다른 당구공에 충격을 주면 그 공이 움직이게 될 것이라는 것을 아무런 경험의 도움 없이 인과율로 곧바로 추론할 수 있을 것이라고 상상하는 것은) 습관의 영향 때문일 뿐이다. (…) 그렇게 보이는 이유는 매우 흔히 일어나는 일이라는 단 한 가지 이유 때문이다.

_ 흄, 〈회의주의에 대하여〉

자신이 당연하다고 여기는 생각이나 인식에 대한 철저한 자기비판으로 칸트는 신뿐만 아니라 세계로부터도 이별하여 신이나 세계마저도 만들어낼 수 있는 자주적인 인간의 세상에 들어갈 수 있었다. 우리가 잘 알고 있는 장자의 나비 꿈 이야기를 예로 들어보자.

내가 나비 꿈을 꾸는 걸까, 나비가 내 꿈을 꾸는 걸까

장자의 나비 꿈이란 내가 나비에 관한 꿈을 꾸는 것인지, 나비가 나에 관한 꿈을 꾸는 것인지, 다시 말해 내 꿈에 나비가 등장하는 것인지, 나비 꿈에 내가 등장하는 것인지에 관한 이야기다. 인식론의 관점에서 말하면 내가 나비에 대한 생각(인식)을 만들어내는지, 나비가 나에 대한 생각(인식)을 만들어내는지 자기 자신에게 따져 묻는 자기비판의 이야기다.

어느 날 장자가 나비가 되는 꿈을 꾸었다. 장자는 나비가 되어 훨훨 날아다녔다. 재미있다고 생각했을 뿐 자기가 (나비가 아니라) 장자라는 것은 알지 못했다. 문득 깨어보니 다시 장자가 되어 있었다. 장자가 나비가 되는 꿈을 꾸었는지 나비가 장자가 되는 꿈을 꾸었는지 알 수가 없었다. 장자와 나비는 분명히 다를 것이다. 이러한 것을 사물의 어울림이라고 부른다.

_ 장자, 《장자》[27]

도대체 '나비에 대한 생각'은 내가 만든 걸까, 아니면 나비가 만든 걸까? 지금까지는 외부 세계에 있는 나비가 내 머릿속에 나비에 대한 생각을 만들었다고 생각했다.

외부 세계의 나비가 이렇게 저렇게 생겼기 때문에 내가 나비가 이렇게 저렇게 생겼다는 생각을 하는 거라고 생각했다. 하지만 칸트는 흄의 인과율에 관한 주장에 충격을 받은 뒤, 내가 '나비가 이렇게 저렇게 생겼다는 생각'을 하기 때문에 그러한 생각이 만들어지지 않았을까 하는 의문을 품었다.

그래서 칸트는 자기 철학의 출발점을 "우리가 어떻게 인식이나 생각을 만들어낼 수 있는가?"를 따져보는 것으로 잡았다. 행복의 열쇠를 찾아 나선 우리는 여기서 한 가지 힌트를 얻을 수 있다. 우리가 인식이나 생각을 만들어낼 수 있다면, '행복하다'는 인식이나 생각도 우리가 만들어낼 수 있지 않을까?

이는 외부 환경이 우리가 '행복하다'거나 '불행하다'고 생각하고 인식하는 데 미치는 영향이 생각했던 것보다 그리 크지 않을 수 있음을 말해준다.

칸트는 이러한 우리의 인식능력에 대해 '스스로 따져보는 것', 즉 '자기비판'을 하는 것이야말로 철학이 할 일이라고 생각했다. 그래서 칸트 철학을 '자기비판의 철학'이라고 부른다.

▶ 1악절 : 감성과 이성의 자기비판

감성 없는 이성은 공허하고,
이성 없는 감성은 맹목적이다

자, 그럼 우리가 어떻게 아는지 우리의 인식 과정을 스스로 따져 보자. 칸트 이전에 참된 인식을 어떻게 얻을 수 있는가에 대한 설명은 크게 두 가지가 있었다. 경험론은 모든 참된 인식은 감각경험을 통해 얻을 수 있다고 주장했으며, 합리론은 모든 참된 인식은 이성을 통해 얻을 수 있다고 주장했다.

그러나 두 주장 모두 바탕에 깔고 있는 공통된 생각이 있다. 참된 인식의 내용은 인식활동을 하기 전에 이미 독립적으로 있으며, 인식활동은 이미 있는 인식 내용을 '찾는' 활동에 지나지 않는다는 생각이다. 유일한 차이는 그것을 경험을 통해서 찾을 수 있는지, 이성을 통해서 찾을 수 있는지 찾는 방법에 있다.

경험이든 이성이든 이미 완성된 인식 내용을 건드리지 않고 그대로 찾을 뿐이지, 인식 내용에 어떤 영향도 끼칠 수 없으며 또 끼쳐서도 안 된다고 생각했다. 예를 들어 우리의 인식활동 이전에 이미 존재하는 '장미는 붉다'거나 '2+3=5'라는 인식 내용을 경험이나 이성을 통해 망가뜨리지 않고 있는 그대로 찾아낸다고 생각했다. 우리의 인식활동은 이미 주어진 것을 받아들이는 순전히 수동적인 거라고 생각했다.

칸트는 '우리의 모든 인식'은 '우리의 인식활동'이 만들어낸다는 데 주목했다. 그는 '우리의 인식활동'이 인식 내용에 영향을 끼치는 그 능동적인 역할에 주목했다. 그는 능동적인 역할을 이성(또는 지성)이라는 인식능력이 한다고 믿었다.

물론 이성(또는 지성)이 인식을 마음대로 만들어낸다고는 생각하지 않았다. 무에서 유를 창조할 수는 없다. 주어진 것이 있어야 새로운 것을 만들 수 있다. 칸트는 우리의 이성이 외부 환경으로부터 감각 경험을 통해 주어진 것을 재료로 삼아 자신이 이미 가진 고유한 인식 틀을 통해 인식을 만들어낸다고 생각했다.

여기서 중요한 것은 우리의 인식이 '외부 환경'에 의해 결정되는 게 아니라 '우리의 인식 틀'에 의해 결정된다는 데 있다. 이러한 인식론을 '행복하다'는 인식에 응용해보면, '행복하다'는 인식은 외부 환경에 의해 만들어진 게 아니라 우리가 가지고 있는 인식 틀에 의해 만들어진다고 할 수 있다. 그의 인식론을 좀 더 자세히 살펴보자.

네모난 인식 틀은 네모난 절편을, 동그란 인식 틀은 동그란 가래떡을 만든다

아무리 우리가 스스로 생각이나 인식을 만들어낸다고 하더라도 상상이 아닌 이상, 우리가 이성만으로 나비를, 아니 나비에 대한 생각을 만들 수는 없다. 외부 세계로부터 '경험을 통해 주어지는 것'이 있어야 한다. 이런 점에서 칸트는 이성만을 고집했던 합리론은 독단이었다고 비판한다. 그는 다음과 같은 비판으로《순수이성비판》을 시작한다.

경험과 함께 우리의 모든 인식이 시작한다는 것은 전혀 의심할 수 없다. 우리의 인식능력을 일깨워 활동할 수 있도록 하는 것이 대상(경험)이 아니라면 그 무엇이겠는가? 대상이야말로 우리의 감각기관을 자극하여 한편으로는 표상〔감각인상〕을 생기게 하고 다른 한편으로는 우리 지성 능력이 이 표상들을 비교하고 결합하거나 분리하여, 다시 말해 감각인상이라는 원재료를 가공하여, 대상을 인식〔경험〕할 수 있게 하기 때문이다. 따라서 시간으로 볼 때 경험에 앞서 이루어지지는 인식은 우리에게 전혀 없다. 모든 인식은 〔대상〕 경험과 함께 시작된다.

_ 칸트, 《순수이성비판》[28]

그렇다고 '경험을 통해 주어지는 것'이 바로 우리의 생각은 아니다. 쌀가루만으로 떡을 만들 수 없듯이, 경험을 통해 주어지는 것만으로 나비에 대한 생각을 만들어낼 수는 없다. 우리는 사각형이나 원과 같은 특정한 떡 틀이나 기계를 통해 쌀가루를 가공하여 사각형의 절편이나 동그란 가래떡을 만들어내듯이, 우리의 고유한 인식 방식이나 틀을 통해 '경험을 통해 주어지는 재료'를 가공하여 비로소 우리의 인식이나 생각을 만들어낸다.

하지만 경험과 함께 우리의 모든 인식이 시작된다고 하더라도, 오직 경험으로부터만 모든 인식이 생겨나지는 않는다. 우리의 경험〔을 통해 만들어지는〕 인식은 우리가 〔감각〕인상 〔경험〕을 통해 받아들이는 것〔재료〕과 〔그 감각인상이 불러일으킨〕 우리의 고유한 인식능력이 주는 것〔틀〕을 결합한 것이기 때문이다. 연습을 거듭하여 우리 인식능력이 준 것에 주목하고 그것을 잘 분리해내면 그 원재료〔감각인상〕와 우리가 덧붙인 것〔틀〕을 구별할 수 있다.

_ 칸트, 《순수이성비판》

우리는 우리의 '경험을 통해 주어진 것'을 컬러 인식 틀로 가공하여 '노란 나비'라는 인식을 만들어내지만, 색깔을 보지 못하는 소는 자신의 흑백 인식 틀로 가공하여 '노란 나비'가 아니라 '흑백의 나비'를 만들어낸다. 투우가 투우사를 향해 달려드는 건 망토의 빨간색을 보아서가 아니라 망토의 출렁거림 때문이라고 한다. 컬러 안경을 통해 보면 형형색색으로, 흑백 안경을 통해 보면 흑백으로 보이는 것과 같다. 이런 점에서 칸트는 눈이나 귀와 같은 감각기관을 통해 주어지는 감각경험만을 고집했던 경험론도 독단이라고 생각했다.

칸트는 이때, 경험을 통해 받아들이는 것이 아닌 우리의 고유한 인식능력이 주는 것을, 경험해보기 전에 생기는 인식이라 하여 '경험에 앞선a priori 인식'이라 하고, 경험적인 것이 전혀 섞여 있지 않다고 해서 '순수한rein 인식'이라고 불렀다. 그러나 지게를 받치고 있는 지지대를 치우면 지게가 넘어질 것이라는 앎(인식)은 경험해보기 전에 알 수 있는 것이지만 전적으로 '경험에 앞선' 인식은 아니다. 무게가 있는 길쭉한 물체를 지지대 없이 비스듬히 세우면 넘어진다는 앎(인식)을 누군가는 이미 경험해봐서 알고 있어야 알 수 있는 앎(인식)이기 때문이다.

그러므로 앞으로 우리가 사용하는 경험에 앞선 인식이라는 말은 이러저러한 〔직접적인〕 경험의 도움을 받지 않는 인식을 뜻하는 것이 아니라, 〔직접적이든 간접적이든〕 어떤 경험의 도움도 받지 않는 인식을 뜻한다. (…)

경험에 앞선 인식들 가운데 경험적인 것이 전혀 섞이지 않은 인식을 순수한 인식이라고 말한다. 예를 들어 모든 변화는 원인을 가지고 있다는 [인식]은 경험에 앞선 [인식]이지만 순수한 [인식]은 아니다. 변화라는 것은 경험으로 부터만 끌어낼 수 있는 개념이기 때문이다.

_ 칸트, 《순수이성비판》

칸트는 우리 인식 과정을 철저히 분석하고 따져서 인식이 이루어 지려면, 경험을 통해 받아들이는 것뿐만 아니라 전적으로 '경험에 앞선', 경험적인 것이 전혀 섞이지 않은 '순수한' 인식능력(이성)이 주는 것이 있어야 한다는 것을 보여주고자 했다. 순수한 인식능력이 주는 (또는 하는) 것을 따져서 우리 인식의 원천과 가능성, 또는 한계를 밝히는 것이《순수이성비판》의 과제였다.

칸트는 인식 과정의 비밀을 캐는 열쇠는 합리론이나 경험론 어느 한쪽에도 치우치지 않는 공정한 종합에 있다고 생각했다. 우리의 모든 인식 대상은 경험론의 주장처럼 감성 (또는 감각) 능력을 통해 경험되고, 합리론의 주장처럼 이성 (또는 지성) 능력을 통해 사유되어야 비로소 '인식'될 수 있다. 다시 말해 감각경험을 통해 받아들인 질서 없고 의미 없는 재료를, 이성의 틀로 질서 있고 의미 있게 가공한 것이 바로 인식이다.

우리의 인식은 마음의 두 원천으로부터 생겨난다. 하나는 [대상으로부터] 표상[감각인상]들을 받아들이는 [감성] 능력(인상의 수용성)이며, 다른 하나는 그 표상[감각인상]들로 대상을 [사유]하는 [지성] 능력(개념의 자발성)이다. 감성을 통해 대상이 주어지고, [지성]을 통해 (…) 대상을 사유한다.

따라서 (감성의) 직관과 (지성의) 개념은 모든 인식의 기본 요소다. (…) 직관
이 없는 개념이나 개념이 없는 직관은 아무런 인식(앎)도 줄 수 없다. (…) 이
두 가지(감성과 지성) 가운데 어느 것도 다른 것보다 더 좋아할 수 없다. 감성
이 없으면 어떤 대상도 주어질 수 없으며, 지성이 없으면 어떤 대상도 사유할
수 없다.

_ 칸트, 《순수이성비판》

　　이 생각은 칸트의 유명한 격언으로 탄생한다. "내용 없는 생각
은 공허하고, 개념 없는 직관은 맹목적이다." 감각경험을 통해 주어
진 것이 없이 지성으로만 생각해낸 것은 외부 세계에 대해 알려주
는 내용이 없고, 지성의 인식도구나 틀인 개념에 의해 가공되지 않
은 직접적으로 주어진 감각경험인 직관은 혼란스러워 질서가 없다
는 뜻이다. 다시 말해 감성(감각경험) 없는 지성은 공허하고, 지성 없
는 감성은 맹목적이다. 지성은 대상을 감각경험(직관)할 수 없고, 감
성은 대상의 질서나 의미를 사유할 수 없기 때문이다.

따라서 (인식을 위해서는) 반드시 (개념에게 직관을 통해 대상을 주어서) 개념을 감성
적으로 만들어야 하며, (직관을 개념 아래로 가져가서) 직관을 지성적으로 만들어야
한다. 이 두 능력들은 (…) 그 기능을 서로 바꿀 수 없다. 지성은 아무것도 직관
할 수 없으며, 감성은 아무것도 사유할 수 없다. 인식은 이 두 가지를 결합해
야만 생긴다.

_ 칸트, 《순수이성비판》

이러한 인식론을 '행복하다'는 인식에 응용해보면, '행복하다'는 인식은 물질과 같은 외부 환경에 의해 감각경험을 통해 주어진 것이 없다면 공허하고, 어떤 것이 행복하다는 이성의 판단이 없다면 맹목적이라는 깨달음을 얻을 수 있다. 물질적인 외부 환경이 갖추어지지 않아서 굶주리거나 추위에 떤다면 '행복하다'는 인식을 하기도 어렵지만, 가지더라도 허위의식이나 빈말일 가능성이 크다. 배부르고 따뜻해도 이 상태가 행복이라는, 행복의 개념이나 기준에 대한 판단이 없다면 행복한지 아닌지 판단을 내릴 수 없어, '행복하다'는 분명한 인식을 하지 못하고 헤맬 가능성이 크다.

▶ **2악절 : 개념의 자기비판**
개념, 세상을 보는 벗을 수 없는 안경

그렇다면 우리에게는 '감각경험을 통해 주어지는 것'을 가공하는 어떤 인식도구나 안경이 있을까?

[감각경험으로부터 받아들이는 것(재료)이 아닌, 우리 인식능력이 주는 것(틀)이 무엇인지를 밝혀내기 위해 우리의 인식으로부터] 먼저 지성이 개념을 통해 사유하는 모든 것을 분리해내면 (…) 경험적 직관만 남을 것이다.

그다음에 그것으로부터 감각[경험]에 속하는 모든 것을 분리해내면 (…) [어떠한 감각경험도 섞여 있지 않은] 순수한 직관, [다시 말해] (…) 순수한 형식만 남을 것이다. 연구 결과, 시간과 공간이 감성적[경험적] 직관의 두 가지 순수

한 형식이며, 이것들은 〔우리 인식능력이〕 경험에 앞서 알고 있는 인식 원리
〔틀〕라는 것이 밝혀질 것이다.

_ 칸트, 《순수이성비판》

직접적인 감각경험(직관)은 시간과 공간이라는 안경을 통해 '감각
경험을 통해 주어지는 것'을 일차적으로 가공한다. 시간이라는 안
경을 통해 볼 때 비로소 감각경험은 과거의 경험과 현재의 경험, 미
래의 경험이 구별된다. 한편 공간이라는 안경을 통해 볼 때 비로소
감각경험은 이곳의 경험과 저곳의 경험이 구별된다. 하지만 시간과
공간의 질서만 잡혔지 여전히 혼란스럽고 질서가 없어 이런 저런
판단이 서지 못한다.

이것은 다시 이성이 가진 개념이라는 안경에 의해 가공되어야 비
로소 우리에게 질서 잡힌 인식, 즉 판단으로 나타난다. 가령 인과성
은 이성이 가지고 있는 인식도구인 개념들 중 하나다. 각각 경험된
불과 연기를 인과성이라는 안경을 통해 볼 때, 비로소 불이라는 원
인이 연기라는 결과를 낳는다는 인식이나 생각이 만들어진다.

판단은 대상에 대한 간접적인 인식으로 개념을 통해서만 내릴 수
있다. 그래서 이것은 다시 이성이 가진 개념이라는 안경에 의해 가
공되어야 비로소 우리에게 질서 잡힌, 이런 것 또는 저런 것으로 판
단되는 인식으로 나타난다. 사유하는 능력인 이성은 개념을 통해
판단하는 능력이기 때문이다.

(…) 모든 판단 속에는 개념이 들어 있다. (…) 모든 판단은 서로 다른 표상들을

〔하나의 개념 속으로〕 통일하는 기능이다. 〔가령 사과, 장미 등을 붉다는 개념 속에 넣는 기능이다.〕 (…) 모든 지성의 〔인식〕 행위를 〔개념을 통한 인식인〕 판단으로 환원할 수 있다. 모든 지성은 판단하는 능력으로 생각할 수 있다. 지성은 사유하는 능력이고, 사유는 개념을 통한 인식이기 때문이다.

_ 칸트, 《순수이성비판》

우리는 어떤 개념들로 판단할까?

그렇다면 이성은 어떤 개념들을 가지고 있을까? 개념은 판단을 내리는 도구이니까, 그 도구를 사용하여 내려진 판단들을 분류하면 개념의 종류를 알 수 있다. 예를 들면, 장미에 관한 판단을 보자. 판단되는 대상의 '범위'를 살펴보면 모든 장미는 붉다는 판단, 대부분의 여러 장미는 붉다는 판단, 이 장미는 붉다는 판단을 내릴 수 있다. 판단이 대상을 '긍정'하는지를 살펴보면 장미는 붉다는 판단, 장미는 붉지 않다는 판단, 장미가 붉은 것은 아니라는 판단이 있을 수 있다.

판단에 '조건'이 있는지를 살펴보면, 장미는 무조건 붉다는 판단, 장미는 어떤 조건 아래서만 예를 들어 낮에 보면 붉다는 판단, 장미는 붉거나 붉지 않다는 판단도 있을 수 있다. 판단의 '가능성'을 살펴보면, 장미는 붉을 수 있다는 판단, 장미는 실제로 붉다는 판단, 장미는 반드시 붉다는 판단이 있을 수 있다.

이러한 판단의 분류로부터 이성이 판단을 내릴 때 사용하는 개념들을 끌어낼 수 있다. 칸트는 자신의 철학적 사유의 기저를 이루는 유명한 다음과 같은 12개의 개념(또는 범주)들을 찾아냈다.

양	모두, 여럿, 하나
성질	~이다, ~아니다, ~은 아니다
관계	[서로] 스스로 있는 관계, [또는] 딸려 있는 관계
	원인과 결과의 관계
	상호작용하는 관계
양상	가능함 / 가능하지 않음
	있음 / 없음
	반드시 그러함 / 우연히 그러함

_ 칸트, 《순수이성비판》

우리는 이 개념(범주) 표로부터, 칸트를 독단의 꿈으로부터 깨운, 흄의 '당구공 이야기'에 등장하는 원인과 결과의 관계가 이성이 가지고 있는 인식도구인 개념들 중의 하나라는 것을 알 수 있다.

원인과 결과의 관계라는 것이 우리가 인식하기 이전에 세계 속의 대상들이 가지고 있는 객관적인 성질이 아니라, 인식 또는 경험에 앞서 우리 인식능력이 가지고 있는 인식도구라는 뜻이다. 인과성이 세계가 가지고 있는 객관적인 성질이 아니라는 점에서는 흄과 같지만, 인과성이 오랜 경험으로부터 생긴 인간의 주관적인 습관이 아니라 인간의 인식능력이 아무런 경험을 하지 않아도 처음부터 경험에 앞서 가지고 있는 객관적인 성질이라는 점에서 흄과 다르다.

흄은 인과성이 변화무쌍한 경험에 의존한다는 점에서 그 필연성을 인정하지 않았지만, 칸트는 인과성이 경험에 전혀 의존하지 않으며 오히려 경험에 앞서 처음부터 우리의 인식능력에 있는 것이라는 점에서 그 필연성의 근거를 찾았다. 원인과 결과의 관계가 필연적일 수 있다는 것은 인과성에 바탕을 둔 자연법칙을 탐구하는 자연과학을 그 정당성의 위기로부터 구원하는 결과를 가져온 셈이다.

인식 과정의 복잡한 절차로부터 우리는 다음과 같은 결론을 끌어낼 수 있다. 우리가 인식하는 것은 외부 세계 자체(사물 자체, Ding an sich)가 아니라 우리가 만들어낸 것이다. 즉 우리가 우리 자신이 가지고 있는 인식의 틀을 통해 외부 세계에서 주어진 감각경험을 가공하여 만들어낸 것이다. 곧 우리가 우리 자신이 가진 시간과 공간, 개념들과 같은 인식의 도구나 안경을 통해 외부 세계에 의해 주어진 감각경험을 가공하여 만들어낸 것이다. 또는 그렇게 만들어져서 우리에게 나타나 보이는 것(현상)이다.

김광석은 집 떠나와 열차 타고 훈련소로 가면서, 모든 것을 부모님께 의존하고 세상 탓을 했던 익숙한 생활과 이별해야 했다. 그는 이제 자신의 한계와 책임을 깨닫고 거울을 들여다보듯 자신을 돌아보았다. 그러자 무심코 지나쳤던 풀 한 포기로부터 친구 얼굴까지 모든 것이 새롭게 보였다.

칸트는 '외부 세계가 (거울에 비치어 상으로 맺히듯) 우리의 인식이나 생각을 만든다'는 생각으로부터 이별했다. 다시 말해 우리가 불행하다고 생각하거나 인식하는 것은 그렇게 만든 외부 환경 탓이라고 생각했던 낯익은 상식적인 생각으로부터 이별했다.

그는 이제 거울을 들여다보듯 자신의 인식 과정을 스스로 돌아보고 따져보는 자기비판을 통해 '우리가 (외부 세계로부터 주어진 것을 우리의 인식도구나 틀을 통해 가공하여) 우리의 인식이나 생각을 만든다'는 코페르니쿠스적 전환을 했다.

그래서 우리가 불행하다는 생각이나 인식을 가지게 된 것은 우리 자신이 가지고 있는 행복의 개념이나 기준 때문이라는 완전히 새로운 생각을 하게 되었다. 이것을 깨달으면 평소 무심코 지나쳤던 풀한 포기로부터 친구 얼굴까지 모든 것이 새롭게 보일 수밖에 없다. 모든 게 감사하고 소중하다는 생각이나 인식 틀을 가지고 세상을 보면 풀 한 포기나 친구 얼굴이 예사로 보이지 않을 테니까.

▶ 3악절 : 자기비판의 행복론
외부 환경 탓만 하지 말라, 행복은 마음먹기에도 달렸다

그렇다면 과연 어떻게 살아야 행복할까? 거울을 들여다보듯 내가 가지고 있는 개념, 곧 인식 틀을 스스로 돌아보며 철저히 자기비판을 할 때 행복하게 살 수 있다. 사실, 이렇게 칸트의 인식론으로부터 자기비판의 행복론을 끌어내는 것은 조심스럽다. 칸트의 행복론은 그의 인식론이 아니라 실천론 또는 윤리학에서 끌어내는 것이 정석이다. 행복은 인식의 문제라기보다 실천의 문제이기 때문이다.

칸트 실천론 또는 윤리학의 결론은 그 유명한 다음과 같은 정언명법이다. "네 행위의 준칙이 보편적 입법의 원리로 타당하도록 행위하라!" 다시 말해 역지사지, 곧 입장을 바꾸어 생각해보고 행동하라는 것이다. 한 마디로 착하게 살라는 것. 이 실천론으로부터 끌어낼 수 있는 행복론은 착하게 살면 행복하다는 것이다.

이러한 행복론은 욕망을 충족시키는 결과에 대한 만족감을 곧 행

복으로 생각하는 결과주의 행복론에 대한 비판을 밑에 깔고 있다. 다시 말해 유용한 결과가 아니라 착하게 살려는 동기나 태도가 우리를 행복하게 한다는 동기주의 행복론이다. 베풀려는 동기나 태도로 사는 삶이 주는 크나큰 즐거움은 칸트의 동기주의 행복론을 든든히 뒷받침한다.

착한 행복론은 수천 년 동안 숱한 철학자들과 종교인들이 해온 이야기다. 그러나 성경의 욥처럼 착하게 사는 데도 불행한, 아니 착하게 살기 때문에 오히려 불행한 대부분의 우리는 쉽게 공감하지 못한다.

그래서 나는 착한 행복론에 이르지 못한 이들을 위해 사다리 행복론을 칸트의 인식론으로부터 끌어내고자 한다. 자신을 돌아보지 못하고 자기 불행을 세상 탓으로만 돌리는 이가 다른 이와 입장을 바꿔 생각해본다는 것은 하늘에서 별을 따는 것만큼 어렵다. 하지만 세상 탓만 하기보다 자신을 돌아보는 이는 다른 이와 입장을 바꿔 생각해보는 게 훨씬 더 쉬울 것이다. 물론 모든 사다리가 그렇듯이 착한 행복론에 이른 뒤에는 이런 사다리가 더 이상 필요가 없을 것이다.

칸트의 인식론으로부터 자기비판의 행복론을 끌어내는 것은 또 다른 주의가 필요하다. 그의 인식론을 그대로 두고서는 무리한 시도다. 몇 가지 변형이 필요하다. 이러한 변형은 칸트 인식론을 현대판으로 진화시킨 것으로 볼 수도 있다.

그 한 예가 칸트의 오리지널 구성주의 인식론을 현대 인지과학의 성과에 힘입어 현대판으로 변형시킨 오늘날 구성주의 인식론이다.

이 둘은 "인식은 외부 세계를 그대로 반영하는 것이 아니라 우리의 고유한 인식 틀로 '구성'하는 것이다"라는 생각을 공유한다. 그래서 둘 다 '구성주의' 인식론이라 한다.

자, 이제 자기비판의 행복론을 위해 칸트의 인식론을 조금 변형해보자. 무엇보다 먼저 "모든 사람들은 동일한 인식 틀을 통해 동일한 인식을 만들어낸다"라는 칸트의 생각을 "사람마다 서로 다른 각자의 인식 틀에 따라 서로 다른 인식을 만들어낸다"라는 생각으로 바꾸자. 그 다음에 "시간과 공간이라는 형식을 통해 가공될 수 있는 인식"만을 인식으로 여기는 칸트의 좁은 의미의 인식 개념을 "행복에 대한 인식"까지 포함하는 넓은 의미의 인식 개념으로 확장하자.

그렇게 하면 그러한 인식론으로부터 '행복하다'거나 '불행하다'는 우리의 인식이나 생각은 외부 환경에 의해 만들어진 것이 아니라, 우리 자신이 가지고 있는 행복에 대한 인식의 틀을 통해 우리가 만들어낸 것이라는 깨달음, 곧 자기비판의 행복론을 끌어낼 수 있다.

물론 이러한 자기비판 행복론이 사회비판을 무디게 만드는 원치 않는 부작용을 낳을 수도 있다. 하지만 세상을 바로잡는 혁명은 자신을 바로잡는 자기혁명으로부터 시작하여야 한다. 그래야 구호와 삶이 따로 노는 허위의식에 사로잡히지 않고 튼실한 혁명을 일구어낼 수 있다.

사고방식에 따라 행복의 가능성이 달라진다

외부 환경이 아니라 행복에 대한 인식 틀이 '행복하다'거나 '불행하다'는 인식을 만들어낸다는 게 무슨 뜻일까? 이를테면, 바깥에 있는 돈 자체가 행복하다는 생각을 만들어내는 것이 아니라, 돈에 대한 우리의 인식이나 생각이 행복하다거나 불행하다는 생각을 만들어낸다는 의미다. 돈에 대해 어떤 사고방식을 갖고 있느냐에 따라 행복할 수도, 그렇지 않을 수도 있다.

법정 스님처럼 돈이 많으면 오히려 사람을 불행하게 만든다고 생각하는 사람들이 적지 않다. 돈이 사람으로 하여금 욕심을 갖게 하기 때문이다. 검소한 숲 속 생활을 기록한 《월든》을 쓴 헨리 소로도 돈은 살아가는 데 필요한 최소한의 것을 사기 위한 수단이라고 생각했다.

소로는 28달러(약 3만 원)를 들여 손수 지은 3평짜리 통나무집에서 행복하게 살았다. 그런데 우리는 3억짜리 30평 아파트가 좁아서 불행하다고, 30억을 가지고도 300억이 없어서 불행하다고 생각하기도 한다.

칸트가 제시한 인식 틀인 개념이나 범주를 돈과 행복의 문제에 적용해보자. '모두'라는 인식의 틀로 돈을 바라보면 '모든 경우에 돈은 중요하다'라는 인식을 하게 된다. '여럿'이라는 인식의 틀로 돈을 바라보면 '이런저런 여러 경우에 돈은 중요하다'라는 인식을 하게 되고, '하나'라는 인식의 틀로 돈을 바라보면 '어떤 하나의 경우에 돈은 중요하다'라는 인식을 하게 된다.

'모든 경우에 돈은 중요하다'는 인식을 가진 사람은 '여러 경우나 혹은 어느 한 경우에 돈은 중요하다'는 인식 틀을 가진 사람보다 행복하지 못한 삶을 살 가능성이 크다. '돈'이라는 똑같은 '외부 세계의 조건'에 대해서 어떤 사고방식의 틀을 가지고 있느냐에 따라서 행복의 가능성은 달라진다.

'이다'는 인식의 틀로 돈을 바라보면 '돈은 중요하다'라는 인식을 하게 된다. '아니다'는 인식의 틀로 바라보면 '돈은 중요하지 않다'는 인식을 하게 되고, '~는 아니다'는 인식의 틀로 바라보면 '돈은 중요한 것은 아니지만 필요하기는 하다'는 인식을 하게 된다. '돈은 중요하다'는 인식을 가지고 사는 사람은 뒤의 두 경우의 인식을 가지고 사는 사람보다 행복하지 못한 삶을 살 가능성이 크다.

'가능하다'는 인식의 틀로 돈을 바라보면 '돈은 중요할 수 있다'라는 인식을 하게 된다. '실제로 그렇다'는 인식의 틀은 '돈은 실제로 중요하다'라는 인식을, '반드시 그렇다'는 인식의 틀은 '돈은 반드시 중요하다'라는 인식을 하게 된다. 자, 여기서 어느 인식의 틀을 가지고 살아야 다른 두 경우보다 행복할까?

건강도 마찬가지다. 건강 자체가 행복하다는 생각을 만들어내는 것이 아니라, 건강에 대한 우리의 인식이나 생각이 행복하다거나 불행하다는 생각을 만들어낸다. 건강한 것을 당연한 것으로 여기는 사람은 건강해도 행복하다고 생각하지 않는다.

몇 년 전에 어머니가 뇌종양 수술을 받고 후유증으로 앞도 못 보시고 걷지도 못하는 상황이 생겼다. 노인들이 천천히나마 앞을 보고 걸어 다니시는 모습이 그렇게 부러울 수가 없었다. 그 후 재활치료 덕택에 어머니가 느리게나마 혼자 걸어 다니실 수 있게 된 모습에 얼마나 감사했는지 모른다.

제3악장

거울 vs
자기비판

남자들은 군 생활에 대한 이야기를 마치 무협지 이야기를 하듯 즐겁게 한다. 전혀 다른 세상의 얘기이고, 사회에서 말도 안 되는 일들이 버젓이 행해지니까.

하지만 내가 겪은 군 생활에 대한 기억은 그다지 즐겁지 않다. 어쩌면 즐겁게 이야기하는 그들도 숨기고 싶은 이야기가 있을지 모른다. 지옥 같았던 유격 훈련과 고통의 끝을 보았던 100킬로미터 행군, 단잠을 깨고 졸음을 이겨내야 했던 야간 보초, 여자 친구가 혹시나 고무신을 꺾어 신을까 초조했던 불안감, 아무에게도 털어놓지 못한 괴롭힘과 따돌림, 그 무엇 하나 지나고 보니 아름다움 추억이라 감히 말할 수 없는 불편하고 가슴 아픈 이야기들일지도 모른다.

윤 일병 사건으로 한때 세상이 떠들썩했다. 결코 그에 비할 바는 못 되지만 나도 군에서 호되게 맞은 일이 있었다. 나는 단기 병사로 서울 근방의 사단 사령부에 근무했다. 물론 출퇴근의 호사를 누렸다.

그 출퇴근이 문제였다. 칼퇴근이라고 하지만 그게 그렇게 쉽게 지켜질 수 없었다. 팀 스피릿 훈련 때, 부대 밖으로 훈련 나갔던 단기 병사들이 현역 병사들보다 일찍 돌아왔다. 선임하사는 퇴근 시간이 되었는데도 어슬렁거리고 있는 병사들에게 뭣들 하느냐며 빨리 퇴근하라고 명령했다. 현역 병사들에게 미안했지만 어쩔 수 없이 퇴근했다.

문제는 그 다음 날이었다. 고참 현역 병장이 단기 병사들을 내무반으로 불러 엎드려뻗쳐를 시키고 야전삽으로 엉덩이를 때렸다. 훈련 장비를 함께 정리하지 않고 퇴근했다는 이유였다. 나는 단기 병사 고참으로서 구타를 묵인할 수 없어 항변했다. 선임하사의 명령을 따랐을 뿐이며 사병이 사병을 징벌할 수 없으니 징벌을 원하면 선임하사에게 말하라고 했다. 병장은 군기 담당 병사 두 명에게 나를 가리키며 창고 뒤로 끌고 가서 손을 보라고 했다. 그들은 인정사정없이 이곳저곳 가리지 않고 때리고 발로 찼다. 세상에 그렇게 맞아보기는 처음이었다. 부당한 구타에 대한 항변은 그 사회의 룰이 아니었다.

무엇이 그들을 그러한 말도 안 되는 행동을 하게 했을까? 사회와는 전혀 다른 룰이 적용되는 군대라는 낯선 외부 환경 탓이라고 말할 수 있다. "우리가 때리지 않으면 우리가 맞는다"라는 어쩔 수 없는 불가항력적인 상황 탓이라고 할 수 있다. 대체로 맞는 말이다. 하지만 꼭 외부 환경 탓이라고만 할 수 있을까. 같은 상황에서도 그렇게 행동하지 않는 사람이 있기 때문이다. 비록 소수이겠지만.

어쩌면 "아랫사람이 윗사람의 뜻을 거스르는 행동을 하면 폭력을 행사할 수 있으며, 또 해야 한다"라는 몸에 밴 생각이나 인식 틀도 한몫했을 테다. 어릴 때나 군에서 폭력을 당해본 이가 그렇지 않은 사람보다 가정이나 직장에서 똑같은 상황에 처했다 하더라도 폭력을 행사할 가능성이 크다. 1~2여 년의 군 생활 속에 자신들도 모르게 몸에 밴 생각이 그들로 하여금 스스로 돌아보면 말도 안 되는 행동을 서슴지 않고 행하게 한 거다. 이러한 생각이나 인식 틀은 대부분 몸에 배어 드러나지 않는다. 거울을 들여다보듯 자신을 들여다볼 때만 드러난다.

이제 다시 시작이다. 젊은 날의 꿈이여!

하지만 이러한 거울 보기, 자기비판이 모든 것을 설명해주진 못한다. 모든 것이 마음먹기에 달려 있는 건 아니니까. 외부 세계에서 주어지는 감각경험이 없으면 우리가 아무런 인식도 만들어내지 못하듯이, 돈이 전혀 없거나 전혀 건강하지 못하면서도 행복하다고 생각하기는 힘들다. 내용 없는 생각이 공허하듯이, 외부 세계나 환경의 뒷받침 없이 스스로 마음으로만 행복하다고 생각하는 것은 공허한 일이다.

거울의 행복론, 자기비판의 행복론이 우리에게 가르쳐주는 것은 외부 환경의 뒷받침 없이 마음으로만 행복하다고 생각하는 것은 공허하지만, 세상이나 행복에 대한 생각이 없으면 외부 환경 자체는 아무 의미가 없을 수 있다는 점이다. 부시맨에게 석유가 샘솟는 늪은 그저 늪일 뿐이듯이, 건강이 소중하다는 생각이 없는 사람에게 건강은 그저 공기처럼 늘 있는 것일 뿐이다.

자, 이제 행복한 삶을 살기 위해 거울을 들여다보듯 나를 들여다보고, 내가 떠나보내야 할 생각이나 인식 틀이 무엇인지 생각해보자. 늘 해가 바뀐다. 지난해를 떠나보내고 새해를 맞는다. 송구영신이란다. 무엇을 떠나보내고 무엇을 새롭게 맞이할 것인가? 떠나보내야 할 것은, 한해라는 시간만이 아니다. 돈이나 지위나 건강과 같은 외부 환경 자체가 우리를 행복하게 만들어줄 수 있다는 생각도 떠나보내야 한다. 나쁜 환경이든 좋은 환경이든 그것들에 집착하여 불행하든 행복하든 그것들 탓만 하는 맹목적 습관을 떠나보내야 한다. 외부 환경에 대한 집착은 불행을 낳는다.

　김광석이 노래하듯 가슴속에는 무엇인가 아쉬움이 남겠지만, 거울을 들여다보고 거울 속에 비친 내 모습을 보며 이러한 생각들을 과감히 떠나보내야 한다. 그래야 환경에 얽매이고 불행에 사로잡힌 아집의 열차가 아니라, 자신을 들여다보고 끊임없이 자기 혁신을 꾀하며 자유로운 젊은 날의 꿈을 꾸는 행복의 열차를 탈 수 있다. 거울 속에 비친 굳어진 내 모습을 보고 거울 탓만 할 수는 없다. 이제 굳어진 내 마음을 활짝 펼 차례다. 이제 다시 시작이다!

> 기적 소리 멀어지고
> 나팔소리 고요하게 밤하늘에 퍼지면
> 고이 접어 보내오.
>
> ·
>
> ·
>
> ·

.
.

세상 탓, 부모 탓만 하던
못난 마음을

"어느 60대 노부부의 이야기"와 자유의 철학

빚지지 않은 자유와 행복이 진짜 자유와 행복이며,
서로 빚을 지지도 지우지도 않는 공동체가
자유롭고 행복한 이상적인 공동체다.

어느 60대 노부부의 이야기

곰고 희던 그 손으로 넥타이를
매어주던 때
어렴풋이 생각나오
여보 그때를 기억하오

막내아들 대학시험
뜬 눈으로 지내던 밤들
어렴풋이 생각나오
여보 그때를 기억하오

세월은 그렇게 흘러 여기까지 왔는데
인생은 그렇게 흘러 황혼에 기우는데

큰딸 아이 결혼식 날 흘리던 눈물방울이
이제는 모두 말라
여보 그 눈물을 기억하오

세월이 흘러감에 흰머리가 늘어감에
모두가 떠난다고
여보 내 손을 꼭 잡았소

세월은 그렇게 흘러 여기까지 왔는데
인생은 그렇게 흘러 황혼에 기우는데

다시 못 올 그 먼 길을
어찌 혼자 가려하오
여기 날 홀로 두고
여보 왜 한마디 말이 없소

여보, 안녕히 잘 가시게
여보, 안녕히 잘 가시게
여보, 안녕히 잘 가시게

작사 · 작곡 김목경 | 노래 김광석

제1악장

왜 우리는
자발적으로
넥타이를
매는가

지난 늦가을 오랜만에 어머니를 모시고 가까운 곳으로 나들이를 나섰다. 길가의 은행나무들은 작별이 아쉬운 듯 마지막 잎을 떨구지 못한 채 서 있었다. 차 안에서 김광석의 〈어느 60대 노부부의 이야기〉가 흘러나왔다. 한참을 듣고 계시던 어머니가 조용히 말씀하셨다. "노래가 와 이리 슬프노. 꼭 내 얘기 하는 것 같구먼…." 어머니는 추억에 잠기신 듯 목이 메셨다.

어머니는 월요일 밤에 방송되는 가요무대를 꼭 챙겨 들으시는 이른바 뽕짝세대다. 숱한 애환의 노래를 들으셨을 텐데 어머니는 김광석의 애잔하고 맑은 목소리에 푹 빠지신 듯했다. 김광석이 법정 스님으로부터 '원음'이라는 법명을 괜히 얻었겠는가. 아마도 '둥근 소리'라는 뜻에는 모든 이의 애환과 고뇌를 둥글게 어르고 달래어 품어 안으라는 의미도 담겨 있으리라.

어느 60대의 노부부가 그저 이 땅의 여느 어버이들처럼 살았을 자신들의 삶을 들려주었을 뿐인데, 우리 어머니들은 왠지 모를 서러움과 못다 한 회한의 통증을 느끼는 것 같다.

남편 넥타이를 곱게 매어주고, 자식 시험 때문에 밤을 지새우고, 눈물로 딸을 시집보내고, 사랑하는 이들을 힘겹게 떠나보내고, 인생이 황혼에 기우는 어느 날, 사랑하는 이 홀로 남겨두고 떠나가는 삶은 어느 특별한 이의 인생 이야기가 아니다.

우리 부모님 세대는 누구나 그게 행복이라고 믿고 사셨다. 아내가 매어주는 넥타이가 처자식의 밥줄마냥 목을 옥죄어도 남편은 그것을 불행하다고 느끼기보다 매어주는 고운 손길에 고마워하고, 남편의 넥타이를 매어주는 아내는 가족 때문에 자유롭지 못한 신세를 한탄하기보다는 남편의 애처로움을 생각하며 목이 멨다.

김광석도 예외가 아니었다. 1989년 김목경이 부르는 이 노래가 버스에서 흘러나오자 부모님 생각에 자신도 모르게 목이 메어 눈물을 흘렸다고 한다. 1995년 〈김광석 다시 부르기2〉에 이 노래를 녹음하면서 '막내아들 대학시험 뜬 눈으로 지내던 밤들'이라는 부분에 이르면 목이 메어 더 이상 노래를 부를 수 없었다고 한다. 결국 술을 먹고서야 녹음을 마쳤다고 고백했다.

넥타이, 매는 구속과 매어주는 예속의 굴레

누군가에게는 구속이고 어떤 이에게는 예속인 넥타이. 그 넥타이 같은 자유롭지 못한 인생이 오히려 행복이라고 믿고 살았던 사람들. 지극 정성으로 키웠던 아들, 딸 하나하나 제 가정을 찾아 떠나가면 그 자유로움이 외려 두려워 모두가 떠난다고 곁에 남은 남편 손을 꼭 잡는 어머니. 어느덧 인생은 그렇게 흘러 황혼에 기울고 다시 못 올 그 먼 길을 남편을 홀로 두고 한마디 말도 없이 혼자 가려 하는 여인. 그녀의 인생은 과연 희극인가, 비극인가? 자유로운 의지로 원하는 대로 행복하게 산 것일까?

넥타이처럼 가족에 매어 산 한 여인의 비극을 적나라하게 그린 영화가 있다. 봉준호 감독의 영화 〈마더〉다. 지적장애를 가진 아들을 둔 엄마는 아들이 다치지는 않을까, 맞지는 않을까, 무시당하지는 않을까 늘 속을 태운다. 길가에서 노는 아들이 혹시 차에 치일까 걱정되어 곁눈질하며 작두를 썰다 손을 다치기도 한다.

어느 날 한 동네 여학생이 살해되고 아들이 누명을 쓴다. 누명을 벗기기 위해 이곳저곳을 돌아다니며 애쓰다 홀로 사는 어떤 노인에게서 아들의 살해 현장을 목격했다는 말을 듣는다. 엄마는 아들이 살해자로 몰릴 것이 두려워 노인을 죽이고 불을 지른다. 먼 들판에서 불타오르는 집을 보며 엄마는 실성한 듯 허탈하고 헛헛한 빈 춤을 추고 또 추며 씁쓸하게 웃는다.

영화에 등장하는 어머니는 김광석 노래 속 어머니보다 낯설게 느껴진다. 하지만 우리에게 전혀 낯선 어머니의 모습이라고 말할 수 있을까. 자식을 위해 자신의 목숨마저 내던질 수 있고 남의 목숨마저 빼앗을 수 있을 정도로 모든 것을 희생하려는 태도는 정도의 차이는 있지만 우리와 우리의 부모를 많이 닮았다.

서구 사회의 어머니들은 어떨까? 그들은 희생이나 헌신과는 거리가 먼 자유로운 삶을 살고 있을까? 같은 제목의 2003년 영국 영화 〈마더〉가 있다. 그 어머니의 모습도 별반 다르지 않다. 사랑하는 사람이 있었지만, 남편과 가족을 떠나지 못하고 가정을 지켜낸다. 자신의 사랑을 포기하고 젊음을 바쳐 자식들을 키워낸 것이다.

그 대가는 크게 다르지 않다. 제대로 사랑을 받고 자라지 못해 이 모양 이 꼴이라며 불만을 쏟아내는 딸의 역정을 묵묵히 받아낸다. 아들은 아빠의 죽음 앞에서 낙담하는 엄마를 품어 안을 줄 모른다. 자신의 젊음을 고스란히 받친 어머니의 회한은 김광석의 노래 속 어머니나 우리 영화 〈마더〉와 참 많이 닮았다.

하지만 선택한 길은 달랐다. 서구의 어머니는 "내 멋대로 살아본 적이 없다"라고 말하며 뒤늦게나마 자신에게 충실한 삶을 산다. 자신의 감정에 솔직해지다 보니, 자신을 이해해주는 다정다감한 남자가 비로소 눈에 들어온다. 그런데 하필 그는 바로 딸이 사랑하는 남자였다. 어머니는 딸에게 당당히 맞서 자신의 사랑을 이루려고 한다. 딸은 불같이 화를 내지만, 결국 엄마를 이해하고 더는 엄마에게 양보와 희생을 강요하지는 않는다. 이제 선택권은 엄마나 딸에게 있는 것이 아니라 남자에게 있는 셈이다. 엄마와 딸의 공정한 경쟁이 시작된 것이다.

사르트르는 말한다. 우리는 자유롭도록 저주받았다고. 하지만 우리나 서구의 많은 어머니는 그 자유로부터 도피하여 넥타이처럼 스스로 가족에게 매어 살았고, 살고 있다. 그러나 드물지만 매어놓은 넥타이를 스스로 풀고 자신의 삶을 자유롭게 살아가고자 하는 이도 있다. 심지어 한 남자의 사랑을 두고 딸과 겨루기까지 하면서. 당신은 뜨거운 사랑과 열정을 옥죄는 넥타이를 스스로 풀겠는가, 아니면 단단히 고쳐 맬 것인가?

　　　　　　김광석의 노래에 담긴 '넥타이의 철
학'을 잘 보여주는 이는 헤겔(Hegel, 1770~1831)이다. 헤겔의 '자유의
철학'은 그 철학적 근거를 제공한다. 넥타이는 절제와 질서의 상징
일 수도 있지만 통제와 구속의 상징일 수도 있다.

　넥타이는 사회가 개인을 자유롭지 못하게 통제하는 수단이자 내
안으로 들어온 사회가 나를 통제하는 수단이기도 하다. 어느 쪽이
든 넥타이는 사회가 절제와 질서라는 이름으로 개인을 자유롭지 못
하게 하는 통제를 상징한다. 왜 우리는 자신을 자유롭지 못하게 하
는 넥타이를 자발적으로 매는 것일까? 어느 누구도 넥타이를 매지
않고 자유롭게 사는 행복한 개인과 행복한 사회는 상상할 수 없을
까? 이를 상상에 그치지 않고 실현할 수 있는 비법을 가르쳐주는 철
학자가 바로 헤겔이다.

　헤겔의 행복 철학을 깨닫기 위한 열쇠말은 '자유'다. 어떻게 살면

행복하게 살 수 있을지에 대한 물음에 헤겔은 '자유롭게 살 때 행복하다'라고 답한다. 자유롭게 산다는 것은 내가 원하는 대로 사는 것이다. 원하는 대로 산다는 것은 곧 다른 누군가나 사회를 위해 사는 것이 아니라 '나를 위해 사는 것'이다. 그러나 문제는 우리가 로빈슨 크루소처럼 혼자 사는 게 아니라 더불어 산다는 데 있다. 모두가 자신을 위해 살려고 하면, 경쟁이나 갈등이 빚어지고 모두가 망하는 공유지의 비극이 일어날 수 있다.

사람에 비해 자원이 많다면 적어도 자원과 관련해서는 큰 문제가 되지 않을 것이다. 하지만 아쉽게도 아직은 사람에 비해 자원이 턱없이 모자란다. 말하자면 사람은 셋인데 케이크는 하나인 셈이다. 세 사람 모두 혼자서만 케이크를 차지하려고 한다면 경쟁과 갈등이 벌어질 수밖에 없다.

모두가 이용할 수 있는 풀밭에 세 사람 모두 자신의 양들을 풀어 맘껏 먹게 한다면 얼마 지나지 않아 풀은 싹이 마르고 모두가 망할 것이다. 이게 그 유명한 '공유지의 비극'이다. 사회의 이익을 생각하지 않고 모두가 자신이 원하는 대로만 살면 결국 모두가 망하는 비극이 일어난다는 뜻이다. 자유의 역설이다. 모두가 원하는 대로 자유롭게 살면, 어느 누구도 원하는 대로 자유롭게 살 수 없는 결과를 낳는다.

나를 위한 삶이 공동체를 위한 삶이 될 수 있을까

하지만 헤겔은 모두가 원하는 대로 자유롭게 살면서도 누구도 망하지 않고 행복하게 살 수 있다고 주장한다. 더 나아가 나를 위해 사는 삶이 곧 공동체를 위해 사는 삶과 같을 때, 그것이 온전하게 자유롭게 사는 것이며 그럴 때 가장 행복하다고 말한다. 여기서 유명한 헤겔의 변증법(정-반-합)을 만날 수 있다. 나만을 위해 자유롭게 사는 삶이 있다면(정립), 그것을 부정한 삶이 공동체만을 위해 사는 삶이며(반정립), 그것마저 부정하면 나를 위해 자유롭게 사는 삶이 곧 공동체를 위한 삶이기도 한 온전한 자유로운 삶이 된다(종합). 이렇게 자유의 변증법, 곧 '자유의 정-반-합'이 완성된다.

모두가 원하는 대로 자유롭게 살면서도 누구도 망하지 않고 행복하게 살 수 있는 비법은 무엇일까? 헤겔은 그러한 온전한 의미의 자유롭고 행복한 삶은 모두가 자유로운, 어느 누구의 희생도 강요되지 않은 공동체 안에서만 가능하다고 말한다.

공동체의 구성원들이 각자 스스로 자립적이라면, 타인에게 의존하거나 얽매일 필요도 없고 타인의 희생도 필요하지 않다. 나의 자립과 자유가 타인의 자립과 자유 또한 보장하는 셈이다. 이러한 공동체가 헤겔이 꿈꾸는 이상적인 가족공동체다. 구성원 모두가 나를 위해 살면서, 동시에 타인을 위해 사는 결과를 낳는, 그래서 진정 자유로운, 모두가 주인인 공동체다. 이러한 이상적인 공동체에서는 제대로 된 자유로운 삶이 가능하다.

정신은 자기를 부정하여 자유를 실현한다

　헤겔이 말하는 이상적인 공동체는 나를 위한 삶이 곧 공동체를 위한 삶이 되는 공동체다. 모순처럼 보이는 이 두 가지 삶이 어떻게 하나의 지향점을 갖는 공동체 안에서 실현될 수 있을까? 아리스토텔레스의 형식논리학에 따르면 모순되는 두 가지(a와 ~a)는 절대 하나가 될 수 없다. 하지만 변증논리학, 즉 변증법에서는 가능하다. 예를 들어 '있음'과 '없음'이라는 개념을 살펴보자.

　'있음(존재)'과 '없음(무)'은 모순이다. 둘은 절대로 하나가 될 수 없는 것처럼 보인다. 그러나 '됨(생성)'에서 둘은 다르면서도 같은 하나가 된다. '생성'이라는 새로운 개념 속에서 '존재'와 '무' 사이의 모순은 '지양aufheben'되어 하나가 된다. '있게 됨'이나 '없게 됨'은, 다시 말해 '있음으로 됨'이나 '없음으로 됨'은 한편으로 있음도 없음도 아니다. 하지만 다른 한편으로 그것은 또 다른 형태의 있음이기도 하고 없음이기도 하다.

　있음과 없음은 없앤다는 뜻과 높인다는 뜻이 있는 지양의 과정을 통해, 한편으로 서로를 사라지게 하면서 다른 한편으로 서로를 높여 '새로운 있음 또는 없음'인 됨werden이라는 변증법적 통일을 이룬다. 비유로 쉽게 생각해보자. 영화 〈미녀는 괴로워〉에서 뚱뚱하고 못생긴 여자가 날씬하고 아름다운 여자로 변화된다. 이 둘은 다르면서도 같고, 같으면서도 다르다. 어떻게 그럴 수 있을까?

　변화 때문이다. 있음이 없음으로 변화되고, 없음이 있음으로 변화된다면 그 둘은 다르면서도 같을 수 있고, 같으면서도 다를 수 있다. 이 둘은 서로를 사라지게 하면서 높인다. 통일된 더 높은 차원의 새로운 됨을 완성한다. 변화 또는 됨은 있음과 없음(의 모순)을 변증법적으로 통일한 것이다.

> 생김과 사라짐, 곧 변화는 있음과 없음이 나누어지지 않은 것이다. 그것은 (…) 있음과 없음이 하나로 통일된 것이다. (…) 그 속에서 있음과 없음은 (…) 있음 또는 없음으로서가 아니라 사라져 [더 높은 새로운 존재인 변화로] 올려진 [변화의] 계기들로 있다. (…)
> [변화 속에서] 있음과 없음은 (…) 쌍방향으로 서로 뚫고 들어가 상대의 힘을 없앤다. 있음은 없음으로 들어가 사라지며, 없음도 (…) 있음으로 들어가 생긴다. (…) 있음과 없음은 서로를 (…) 사라지게 하면서 [더 높은 존재인 변화로] 올릴 뿐만 아니라 스스로도 사라지면서 [변화로] 올려진다. (…)
> _ 헤겔, 《논리학》[29]

변증법은 개념이 스스로 자기전개를 하는 과정이자 방식이다. '있음'이라는 개념은 자기를 부정하여 '없음'이라는 개념으로 바뀌고, '없음'이라는 개념은 자기를 부정하여 '됨'이라는 개념으로 바뀐다. 처음 출발점은 개념이 자기를 '무엇'으로 '정의를 내려 세운다'는 뜻에서 '정립定立'이라고 한다. 두 번째 과정은 개념이 자기를 부정하여 처음 정의와 '반대로 정의를 내려 세운다'는 뜻으로 '반정립反定立'이다. 마지막 과정은 개념이 자기를 부정한 것을 다시 부정하여(부정의 부정) 처음 정의와 두 번째 정의를 '종합하여 정의를 내려

세운다'는 뜻으로 '종합綜合'이라고 한다. 그래서 변증법을 '정-반-합'의 과정이라고 한다.

헤겔 변증법의 특징은 첫째, 변화의 주체가 개념 또는 관념 혹은 이성, 즉 정신이라는 점이다. 그래서 헤겔 철학을 '관념론'이라고 한다. 둘째, 자기를 부정하는 '자기부정의 과정'이다. 셋째, 자기 속에 이미 있는 것을 전개하거나 발전시키거나 실현하는 '자기실현의 과정'이다. 마지막으로, 두 번째와 세 번째의 특징이 종합된 것으로 전체적으로 볼 때 자기를 부정하면서 동시에 보존하고 끌어올려 새로운 전체로 완성하는 '자기지양의 과정'이다. 이러한 특징은 특히 마지막 과정인 종합의 과정에 잘 드러난다.

자기를 부정하고 실현하고 지양하는 과정은 개별적인 과정이면서 동시에 전체를 실현하는 과정이다. 이러한 과정은 씨앗이 자기를 부정, 실현, 지양하여 싹이 되고, 싹이 자기를 부정, 실현, 지양하여 나무(전체)로 완성되는 과정으로 비유적으로 표현할 수 있다. 씨앗이나 싹의 변화 과정은 개별적인 과정이었지만 전체적으로 보면 결국 나무(전체)를 실현하는 과정이었던 셈이다.

헤겔의 변증법에서 변화의 주체는 이성이나 정신이다. 변증법에 의한 이러한 이성이나 정신의 변화는 단지 생각의 변화에 그치지 않고 현실을 변화시키기도 한다. 그래서 헤겔은 "이성적인 것이 현실적인 것이고, 현실적인 것이 이성적"이라고 한다.

변증법이 현실에서 어떻게 실현될까? 예를 들어 일부일처 결혼이라는 생각이나 개념이 생기지 않았다면 그러한 결혼은 실현될 수 없었다. 또한 그것이 생각에 머물렀다면 그러한 결혼은 실현될 수 없었다. 생각이 생기고(정립) 그것이 생각으로만 머무는 것을 거부하고 부정했기에(반정립) 결혼은 실현될 수 있었다.

하지만 그렇게 실현된 결혼이 오랜 시간, 자주 반복되다보면 그것을 누가 생각하여 만든 게 아니라 처음부터 있었던 것처럼 여겨진다. 그것을 되돌아보고 그것이 어떻게 생겨났는지를 살펴보면 그것이 처음부터 있었던 것이 아니라 정신 자신이 생각하여 만든 것이라는 것을 깨닫게 된다(종합).

정신이 생각하여 만든 것이라는 것을 깨달았을 때 정신은 자신이 만든 것을 스스로 자유롭게 따르는 것이므로 더 이상 그것에 얽매이지 않고 자유롭게 선택할 수 있다.

헤겔이 보기에 정신이 자기 안에만 머물며 자유롭게 상상만 하거나 생각만 하는 자유는 제대로 된 자유가 아니다. 정신이 그러한 상상이나 생각을 자기 밖으로 내놓아 실현해야 제대로 자유로울 수 있다. 내 상상이나 생각 속에서만 이루어지는 자유로운 연애는 제대로 된 자유연애가 아니다. 제대로 자유로운 연애를 하려면 그것을 정신 밖으로 내놓아 실현해야 한다. 하지만 정신 밖으로 실현했다고 하여 제대로 자유로운 연애를 한 것은 아니다. 자유연애라는 것이 처음부터 가지고 태어나는 게 아니라, 정신이 상상하거나 생각하여 만들어낸 것을 스스로 자유롭게 따른다는 것을 깨닫고 의식적으로 스스로 자유롭게 선택할 때에야 비로소 제대로 자유로운 연애를 할 수 있다.

거울 보는 침팬지

정신은 자기(생각이나 개념)에서 출발하여 자기를 부정하고 정신 밖으로 나가 자기에게 맞선 낯선 존재(제도나 관습)가 되고, 다시 그 낯선 존재를 부정하여 자기이면서 자기에게 맞선 낯선 존재(제도나 관습을 만들고 스스로 따르는 정신)로 거듭난다. 따라서 인간 세계의 '역사'란 인간 정신이 자신의 생각을 펼치거나 실현하는 과정에 지나지 않는다. 인간 세계는 보이지 않는 인간 정신이 밖으로 나와서 겉옷을 걸쳐 모습을 드러낸 것이다.

헤겔에 따르면 온전한 의미의 자유는 자기이면서 자기에게 맞선 낯선 것일 수 있는 존재만이 누릴 수 있는 특권이다. 다시 말해 자기가 자유롭다는 것을, 또는 자유롭게 행동한다는 것을 스스로 의식할 수 있을 때만 제대로 자유로울 수 있다. 자기가 자유롭다는 것을 스스로 의식하지 못하는 동물은 제대로 된 의미에서 자유롭다고 할 수 없다.

자기가 자유롭다는 것을 의식할 수 있으려면 자기의 자유로움을 의식의 대상으로 삼을 수 있어야 한다. 의식의 대상이 된다는 것은 의식에 맞선 낯선 것이 된다는 것을 뜻한다. 자기가 자기를 의식할 수 있으려면 자기가 자기의 대상이 되어야 한다. 다시 말해 자기가 자기이면서 자기에 맞선 낯선 존재가 되어야 한다.

침팬지는 다른 동물과 달리 인간처럼 자기를 자기에 맞선 낯선 존재로 의식할 수 있다. 침팬지에게 거울을 보여주면 그러한 능력이 있다는 것을 알 수 있다. 처음에는 다른 침팬지로 여긴다. 하지만 곧 거울 속의 침팬지가 자기를 따라 한다는 것을 알고는 나름대로 일종의 실험을 한다. 팔을 올려보거나, 얼굴을 찡그려보거나 이마에 수박씨를 붙이며 거울을 본다. 그리고 놀라서 깍깍 소리를 지른다. 자기라는 것을 알아차린 것이다.

거울을 보기 전에 거울 밖의 침팬지는 자기를 의식하지 못하고 그저 자기로 있다. 헤겔은 이것을 '자기로 있는 나Bei-Sich-Selbst' 라고 한다. 거울 속의 침팬지는 거울 밖의 침팬지가 자기임을 깨닫지 못하고 자기에 맞서 있는 낯선 존재로 여기는 자기다. 헤겔은 이 것을 '자기에 맞서 있는 나Fuer-Sich-Selbst'라고 한다. 거울 밖의 침팬지가 거울 속의 침팬지도 자기임을 깨닫는 순간 침팬지는 자기가 자기이면서 자기에 맞서는 존재임을 깨닫게 된다. 헤겔은 이것을 '자기로 있으면서 자기에 맞서 있는 나An-und-Fuer-Sich-Selbst'라고 부른다. 이것이 자기가 자기임을 아는 '자기의식selbstbewusstsein' 이다.

자기가 무엇을 원하는지 스스로 의식하고 그것을 스스로 선택할 때 우리는 자유롭게 선택했다고 한다. 그래서 동물처럼 자기가 무 엇을 원하는지를 스스로 의식하지 못하고 무의식적인 본능에 따라 선택하면 우리는 자유롭게 선택했다고 하지 않는다. 자유롭기 위해 서는 자기의식을 가지고 있어야 하는 까닭이다.

자기 속에 머물러 있던 정신(정립)은 자기 밖으로 나가 자기에 맞 서 있다가(반정립) 마침내 앞의 두 가지 자기를 모두 부정하여 자기이 면서 자기에 맞서 있으면서도, 자기인 자기의식이란 전체로 거듭나 는(종합) 정신의 변증법을 통해 자유를 실현한다.

▶ 2악절 : 역사의 변증법

역사는 정신이 자유를 실현하는 과정이다

침팬지가 거울을 들여다보고 제아무리 자기의식을 가지게 되었다 할지라도 우리 속에 갇혔다면 제대로 자유롭다고 할 수 없다. 마찬가지로 정신이 제 안팎을 들락거리며 변증법의 신통력을 부려 자기의식을 가지게 되었다 할지라도 노예로 매여 있다면 제대로 자유롭다고 할 수 없다. 자기의식은 자유 실현의 전제조건일 뿐이지, 그것이 곧장 자유 실현을 보장하는 것은 아니다.

참자유는 자유로운 공동체 안에서 실현될 수 있다. 그런데 자유로운 공동체는 하늘에서 호박이 넝쿨째 굴러떨어지듯 그저 주어지는 게 아니다. 인간의 역사는 자유로운 공동체를 이루기 위한 그 지난한 과정을 적나라하게 보여준다. 헤겔은 인류의 역사를 정신이 자유라는 목적을 이루기 위해 외로이 꿋꿋하게 싸우는 과정으로 본다. 그는 내 머릿속 정신이 어떻게 자유라는 목적을 역사 속에서 실현하는지 그 파노라마를 담담하게 그려낸다.

정신은 자기 밖으로 나갔다가 자기에게로 다시 돌아온 자기의식이다. 자기의식이란 신기한 존재다. 의식되는 것(객체)이면서 동시에 의식하는 것(주체)이다. '자기 자신'이라는 점에서 자기에게 머물러 있는 존재이면서, 동시에 자기가 바라보는 '대상'이라는 점에서 자기에 맞서는 존재다.

정신은 자기에 맞서고 의식되는 객체인 의식과 자기를 의식하는 주체인 의식이 변증법적으로 통일된 존재다. 헤겔은 이러한 자기의식을 개인의 주관적인 정신이라고 하여 주관정신이라고 부른다. 주관정신은 자신만의 자유를 위해 원하는 대로 행동한다.

주관정신인 개인은 홀로 고립된 존재가 아니라 더불어서 함께 있는 존재라는 것을 깨닫는다. 주관정신이 함께 있는 존재로서 옳다고 스스로 생각하는 규범을 자신 밖으로 드러내놓아 낯선 것(= 객관적인 것)으로 만든 것이 객관정신이다. 이것이 바로 인류의 정신적인 산물인 법, 도덕, 윤리다.

인간의 윤리적 관습인 윤리sitte는 개인이 그 속에서 비로소 자기 삶의 의미와 가치를 찾을 수 있는 가족, 사회, 국가라는 제도로 차례대로 나타난다. 국가는 객관정신이 스스로를 완전히 실현한 모습이다. 주관정신이 자신만의 자유를 위해 행동하듯이, 객관정신은 개인의 권리나 자유는 고려하지 않고 공동체만의 이익을 가치로 삼는다. 객관정신이 극대화되어 나타난 대표적인 형태가 전체주의로서 이탈리아의 파시즘과 독일의 나치즘이 그 예다.

객관정신은 국가를 형성하고 나서도 자기 전개나 실현을 멈추지 않는다. 객관정신이 국가의 형태로 자신을 실현하는 과정이 바로 세계의 역사다. 이 역사를 철학적으로 쓴 것이 바로 헤겔의《역사철학 강의》다. 역사는 역사가가 쓸 일이지 도대체 철학자가 어떻게 역사를 쓸 수 있단 말인가. 어디서 그런 배짱이 나왔을까.

"이성이 세계를 지배하고 있다. 그러므로 세계의 역사도 이성에 따라 진행된다"라는 믿음 때문이다. 그것을 믿고 철학자도, 아니 철학자야말로 역사를 쓸 수 있다는 생각을 감히 하게 된 것이다. 이 이성이 바로 객관정신이다. 하지만 그것은 철학자들의 한낱 공상은 아닐까? 역사는 도무지 이해할 수 없는 몰이성으로 가득 차 있지 않은가. 히틀러가 행한 광기 어린 홀로코스트를 어떻게 이성적이라 할 수 있을까.

그는 겉보기에 그렇게 보일 뿐 세계이성의 목적을 찾아 그 목적에 비추어 속을 찬찬히 들여다보면 세계의 역사는 그 목적을 향해 이성적으로 진행되어 왔다는 것을 알 수 있다고 한다. 그럼 그 세계이성의 목적은 무엇일까? 그것을 어떻게 알 수 있을까?

세계이성의 목적은 자유 실현

세계이성, 곧 객관정신이 실현하고자 하는 목적은 자유다. 어떻게 알 수 있냐고? 씨앗의 목적이 씨앗의 본성인 나무로 성장하는 것 속에 들어있듯이, 정신의 목적도 그 자신의 본성 안에 들어있기 때문이다. 그렇다면 정신의 본성은 도대체 무엇인가? 물질의 본성이 중력이라면 정신의 본성은 바로 자유다.

물질은 자신을 움직이는 힘의 중심을 자기 바깥에 가지고 있지만 정신은 그것을 자기 안에 가지고 있다. 생각의 원인이 자기 안에 있는 것, 생각이 자기 밖에 있는 다른 어떤 것에 의존하거나 따르지 않고 스스로 말미암는 것, 이것이 바로 자유다.

물질의 〔본질〕이 중력이라면, 정신의 본질은 자유입니다. (…) 정신은 자기의 중심을 자기 안에 가지고 있습니다. (…) 물질은 〔그것이 향하려고 하는〕 자기의 〔중심〕을 자기 바깥에 가지고 있지만〔중력을 생각해보라〕, 정신은 〔자기의 중심이〕 자기에게 있습니다. 이것이 바로 자유입니다. 내가 다른 것에 의존한다면 나는 내가 아닌 다른 것과 관계를 맺고 있[어야 하]는 것이 되어, 나는 그 다른 것을 떠나서는 있을 수 없기 때문입니다. 그러므로 내가 [다른 것에 의존하지 않고] 나에게 있을 때 나는 자유입니다.

_ 헤겔, 《역사철학 강의》[30]

정신의 본성이 자유라면 정신의 목적도 자유다. 정신의 모든 활동이나 속성은 자유라는 목적을 이루기 위한 수단이다. 세계이성, 곧 객관정신의 목적도 다르지 않다. 세계 역사를 이끄는 세계이성은 자신의 목적인 자유를 실현하는 방향으로 역사의 마차를 이끈다. 세계 역사는 자유를 실현하는 과정이다.

실제로 이성이 세계 역사를 지배하는지는 세계 역사가 세계이성의 궁극 목적인 자유를 향하여 나아가고 있는지를 통해 알 수 있다. 세계 역사를 세계이성의 목적인 자유에 비추어 들여다본 헤겔은 세계 역사가 왕정국가처럼 한 사람만 자유로운 공동체에서 귀족국가처럼 여러 사람이 자유로운 공동체로 발전했고 마침내 민주국가처럼 모든 사람이 자유로운 공동체로 발전해가고 있다는 결론을 끌어냈다.

모든 사람이 자유로운 공동체에서 비로소 주관정신인 개인의 목적과 객관정신인 공동체의 목적이 모두 실현된다. 모든 사람이 자유로운 공동체를 이루면 그 속에 속한 모든 개인이 자유로워지고, 모든 개인이 자유로워지면 그들이 이루는 공동체도 자유로운 공동체가 되는 선순환이 이루어진다.

모두가 자유로운 공동체를 이룰 때 세계이성은 개인 자신만의 자유를 추구하는 주관정신과 공동체만의 자유를 추구하는 객관정신을 변증법을 통해 종합하여, 개인의 자유 추구가 곧 공동체의 자유 추구가 되는 절대정신이 된다.

나폴레옹, 세계이성의 속임수에 놀아나다

그런데 팔 다리가 없어 종이 한 장 스스로 옮길 수 없는 '정신'이 어떻게 그러한 공동체를 실현할 수 있었을까. 이성의 속임수 덕분이다. 세계이성은 개인을 속이고 수단으로 삼아 자신의 목적을 실현했다. 세계이성은 알렉산더, 시저, 나폴레옹과 같은 세계사적 영웅을 자신의 팔다리로 삼았다.

나폴레옹은 개인의 권력욕을 위해 프랑스 혁명을 이끌었고, 그 결과로 모든 사람이 자유로운 공동체를 이루었다고 한다면 그것은 결국 세계이성이 자유 실현이라는 자기 목적을 위해 그를 이용한 거다. 개인은 세계이성의 교활한 속임수에 속아 마치 자신의 고유한 열정이나 목표에 따라 행동하는 듯한 착각을 한다. 헤겔은 이를 가리켜 '세계이성의 속임수'라고 부른다. 세계 역사라는 거대한 양탄자를 짜는 날줄과 씨줄은 결국 세계이성에 속은 개인의 생각과 열정인 셈이다.

도대체 어떻게 속을 수 있느냐고? 개인이 온갖 생각과 열정을 바쳐 자신만의 목적인 성욕을 추구하여 섹스로 실현하지만, 결국 그것이 아이를 낳아 생태계의 번성이라는 세계이성(또는 자연)의 보편적인 목적을 실현하는 결과를 낳지 않는가. 개인은 제 욕심을 차린 것 같지만 사실은 세계이성의 속임수에 속아 그가 할 일을 대신 한 꼴이다.

그런데 개인은 세계이성에게 속기만 할까? 무생물이나 생물이 사람의 목적을 위한 수단에 지나지 않듯이, 사람은 세계이성의 목적을 위한 수단에 지나지 않을까? 헤겔은 그 세계이성의 목적이 바로 사람 자신을 위한 것임에 주목한다. 그것은 바로 모든 사람의 자유다. 다시 말해 우리 모두가 꿈꾸는, 모든 사람이 자유로운 그래서 모두가 행복한 공동체를 만드는 일이다.

이 꿈은 반드시 이루어진다. 왜냐하면 식물의 씨앗이 그 식물의 전체 성질을, 그 열매의 맛과 모양까지 잠재적으로 가지고 있듯이, 세계이성도 처음부터 이미 역사 전체를 잠재적으로 가지고 있기 때문이다. 세계 역사는 그 잠재태를 실현해 나갈 수밖에 없다. 이것은 필연이다.

이러한 속임수는 교활하고 비열해 보이지만 이상적인 공동체의 실현을 위해 어쩔 수 없다. 세계이성의 목적이 완전히 실현되면, 다시 말해 모든 사람이 자유로운 공동체가 실현되면, 개인의 목적이 공동체의 목적과 합치되며, 개인의 행복이 곧 공동체의 행복이고 공동체의 행복이 곧 개인의 행복인 상태가 실현될 것이기 때문이다.

그래서 애초에 모순되어 보였던 두 가지 형태의 삶, 즉 개인을 위한 삶과 공동체를 위한 삶이 하나가 되는 삶이 비로소 가능해진다. 모든 사람이 자유로운 이상적인 공동체를 통해. 그러한 이상이 헤겔의 말처럼 민주국가를 통해 이미 실현되었을까? 매일 아침 넥타이를 맬 수밖에 없고 매어줄 수밖에 없는 우리의 삶이 넥타이를 매지 않아도 되고 매어주지 않아도 되는 이들의 삶만큼 자유롭다고 할 수 있을까?

제3악장

넥타이 vs 자유

엄마! 이 한마디는 따뜻하기보다 애처롭고 애틋하다. 왜일까? 모두가 곤히 잠든 새벽에 일어나 아침밥을 챙겨주고, 남편의 넥타이를 매어주고 아들, 딸의 신발 끈을 매어주는 엄마. 늘 자신은 뒷전이고 가족을 위해 희생하는 엄마. 그래서 애잔하다.

아가페적인 사랑, 무조건적인 사랑, 희생적 사랑이라는 말만큼 아름다우면서도 잔인한 말은 없다. '희생'이란 말은 원래 공동체의 안녕을 위해 산 채로 바쳐지던 짐승들을 뜻했다. 때때론 스트라빈스키의 〈봄의 제전〉이나 《심청전》에서처럼 아름다운 처녀가 희생으로 바쳐지기도 했다. 그러한 희생은 본받아야 할 사랑으로 아름답게 그려지지만, 그 뒷면에는 가슴 아프면서도 부끄러운 우리의 자화상이 숨어 있다.

신경숙의 소설《엄마를 부탁해》는 그 불편한 진실을 드러내어 읽는 내내 우리를 불편하게 한다. 소설에 등장하는 엄마의 삶은 더도 덜도 아닌 딱 우리 어머니들의 삶 그대로다. 언제나 한결같이 넘치는 사랑이기에 엄마의 사랑을, 엄마의 존재를 가족구성원 그 누구도 소중하다고 깨닫지 못한다. 소설 속의 딸은 엄마가 사라지고 난 후에야 비로소 엄마로 존재했던 한 여인의 삶에 눈을 뜬다.

엄마. 아니 한 여자. 태어난 기쁨도 잊고 어린 시절도 소녀시절도 꿈도 잊었다. 초경이 시작되기도 전에 결혼해 다섯 아이를 낳아 길렀다. 자식을 위해서는 그 무엇도 무서워하거나 꺼리지 않았던 여인. 그 여인이 사라졌다. 아니 엄마가 사라졌다. 흔적도 없이.

우리는 우리의 엄마도 한때는 꿈과 사랑과 낭만이 있었던 한 여인이었음을 애써 외면하려고 한다. 불편한 진실이니까. 아름다운 희생과 헌신으로 미화하며 숨기고 싶은 진실. 우리는 소설 속의 딸처럼 모두 자신의 엄마처럼 살고 싶어 하지 않는다. 그럼에도 우리 엄마가 그렇게 살아온 것에, 여전히 그렇게 살고 있음을 애써 눈감으려 한다. 불편하니까.

소설 속 엄마는, 아니 여인은 어디로 간 걸까. 그녀는 새처럼 훨훨 날아 자신을 엄마가 아닌 한 여인으로 받아주던 그를 만나러 간다. 어쩌면 품속 고이 넣어 두었던 자유를 찾아 떠났는지도 모른다. 남편의 넥타이로 꽁꽁 매어두었던 그 자유를.

콩가루 집안이 행복하다

세상은 늘 이렇게 불공평하다. 누구는 누군가에게 매여 평생 희생하며 자유롭지 못하고, 누구는 누군가의 희생 덕분에 자유롭게 산다. 엄마가 가족에 매여 자유롭지 못하다면, 남편과 자식은 엄마의 희생 덕분에 자유롭게 사는 듯하다. 그런데 남편과 자식은 과연 진짜로 자유롭게 사는 걸까.

헤겔은 아니라고 한다. 빚지고 살기 때문에 자유롭지 못하다. 헤겔은 그 유명한 주인과 노예의 변증법으로 이것을 설명한다. 우리는 주인을 남에게 매여 있지 않은 자유로운 사람이라고 생각한다. 하지만 주인 역시 사실은 그를 위해 일하는 노예가 없으면 생존할 수 없을 정도로 노예에게 매여 있다. 주인이 오히려 노예인 셈이다. 빚진 자는, 그래서 매여 있는 자는 누구든 자유롭지 못하다.

다른 사람에게 빚지지 않은 자유와 행복이 진짜 자유와 행복이며, 서로 빚을 지지도 지우지도 않는 공동체가 모두 자유롭고 행복한 이상적인 공동체다. 모두가 각자 자신의 자유와 행복을 좇는 가정이야말로 콩가루 집안이 아니라 자유롭고 행복한 이상적인 집안이다.

곱고 흰 손으로 남편의 넥타이를 매어주고, 막내아들 대학시험 때문에 뜬눈으로 밤을 지새우고, 큰딸아이 결혼식 날 하염없이 눈물을 흘리고, 세월이 흘러감에 흰머리가 늘어가며 모두가 떠난다고 남편 손을 꼭 잡는 여인. 인생은 그렇게 흘러 황혼에 기울어 다시 못 올 그 먼 길을 혼자 가려 하는 여인. 삶의 목숨 줄을, 삶의 숨통을 옥죄였던 그 지긋지긋한 넥타이를 풀어 던지며 여인이 남기고 싶은 한마디 말은 무엇일까?

여기 날 홀로 두고,
여보 왜 한마디 말이 없소.
.
.
.
.
.
굿바이!

"타는 목마름으로"와
혁명의 철학

김광석 vs 마르크스

Side 8   4:14

김광석과 철학하기

서슬 퍼런 독재에 맞서 아닌 건 아니라고 외칠 수 있는 이들은
무단횡단을 한다고, 새치기를 한다고, 피도 안 마른 어린 것들이 버르장머리 없다고
손가락질하며 핏대를 올리던 이들이 아니다.
그들은 바로 얻어맞고, 고문당하고, 끌려가던 벗들의 피 묻은 얼굴을 보고
손이 떨리고 가슴이 떨리고 노여움에 치가 떨려본 자들이다.

타는 목마름으로

내 머리는 너를 잊은 지 오래
내 발길도 너를 잊은 지 너무도 오래

오직 한 가닥 타는 가슴속 목마름의 기억이
네 이름을 남몰래 쓴다

타는 목마름으로, 타는 목마름으로
민주주의여 만세
살아온 저 푸르른 자유의 추억
되살아나는 끌려가던 벗들의 피 묻은 얼굴

떨리는 손, 떨리는 가슴, 치 떨리는 노여움에
서툰 백묵글씨로 쓴다

타는 목마름으로, 타는 목마름으로
민주주의여 만세

타는 목마름으로, 타는 목마름으로
민주주의여 만세

작사 김지하 | 작곡 이성현 | 노래 김광석

제1악장

그리고 아무 말도 하지 않았다

가끔 지인을 만나러 홍대 앞 카페 거리를 찾을 때가 있다. 약속 장소가 합정역에서 가깝더라도 일부러 홍대입구 역에서 내려 카페들이 길게 늘어선 거리를 걸어 올라간다. 운 좋으면 가끔 거리 공연을 즐길 수도 있기 때문이다. 오월의 어느 날 지하철역을 빠져나와 홍대 거리를 걷다 보니 노랫소리가 들려왔다. 서너 명의 작은 밴드가 감미로운 사랑 노래에 이어 〈솔아 솔아 푸르른 솔아〉를 불렀다. 너무도 곱게.

모인 사람들 몇몇이 따라 부르는 그 노래를 뒤로하고 걸음을 옮기니 온갖 느낌이 뒤섞였다. 젊음을 불태우던 시절, 금기였던 노래들이 지금은 문화의 옷을 입고 거리에서 곱게 불리고 있다. 현실은 무엇 하나 변함없어 보이는데 노래만 거친 옷을 훌훌 벗어버린 듯싶어 마음이 편치 않았다. 그들 나름대로 의미를 담아 불렀을 텐데….

7080세대, 나아가 90세대까지, 그들의 마음을 울리던 것이 통기타와 팝송 말고도 또 하나 있었다. 바로 민중가요다. 〈솔아솔아 푸르른 솔아〉도 자욱한 최루탄 속에서 매운 코 눈물을 흘리며, 시위를 마치고 막걸리를 마시며, 철벽같던 독재에 저항하며 울분에 차 부르던 노래 가운데 하나였다.

82학번 64년생인 김광석도 486, 아니 586세대다. 광주민주화운동이 있은 지 2년 뒤 대학에 들어간 그는 84년부터 민중가요 노래패 '노래를 찾는 사람들(노찾사)'과 함께했다. 1987년 10월 13일은 노찾사 첫 공연 날로 김광석이 대중 앞에서 처음으로 홀로 노래를 한 날이다.

"빈손 가득히 움켜진 / 햇살에 살아 / 벽에도 쇠창살에도 / 노을로 붉게 살아…." 기독교 100주년 기념관에 김광석의 〈녹두꽃〉이 울려 퍼졌다. 작은 체구에서 뿜어져 나오는 맑으면서도 애절하고 굳센 노래는 청중의 가슴에 애절한 의분을 불러일으켰다. 그는 앙코르곡으로 〈이 산하에〉도 불렀다. "기나긴 밤이었거든 / 압제의 밤이었거든… 살아 이 한 몸 썩어져 이 붉은 산하에…."

그해 12월 김광석은 민중대통령 후보로 나선 백기완 선생의 대학로 유세에서 〈타는 목마름으로〉를 불렀다. "내 머리는 너를 잊은 지 오래 / 내 발길도 너를 잊은 지 너무도 오래 / 오직 한 가닥 타는 가슴속 목마름의 기억이 / 네 이름을 남몰래 쓴다 / 타는 목마름으로, 타는 목마름으로 / 민주주의여 만세…." 10만 군중은 민주와 자유, 민중의 세상을 향한 타는 목마름으로 뜨겁게 응답했다.

바작바작 타들어가는 목마름의 간절함은 겪어본 사람만 안다. 갈증. 갈증은 결핍으로부터 온다. 갈증은 결핍에서 비롯된 빈 공간에 성난 파도처럼 밀려드는 갈망이다. 민주와 자유에 대한 목마름은 아무나 느끼는 게 아니다. 그것은 서슬 퍼런 독재에 의해 민주와 자유의 권리를 몸소 빼앗겨본 자들만 안다.

독재를 독재라 말한다고 끌려가고 고문당하고, 자신들의 친구나 동료가 죽임을 당해본 자들만 안다. 그렇게 끌려가던 벗들의 피 묻은 얼굴을 보고 손이 떨리고 가슴이 떨리고 노여움에 치가 떨려본 자들만 안다. 신 새벽 골목길 담벼락에 오직 한 가닥 타는 가슴속 목마름의 기억으로 민주주의라는 이름을 남몰래 써본 자들만 안다. 결핍을 몸소 겪어보지 못한 자들의 무관심에 대해 마르틴 니묄러는 다음과 같은 적나라한 시를 썼다.

"그들이 처음 공산주의자들을 잡으러 왔을 때 / 나는 아무 말도 하지 않았다 / 공산주의자가 아니었으니까… / 그들이 유대인을 잡으러 왔을 때 / 나는 아무 말도 하지 않았다 / 유대인이 아니었으니까 / 그들이 나를 잡으러 왔을 때 / 그때는 더 이상 나를 위해 말해줄 이가 / 아무도 남아 있지 않았다." _마르틴 니묄러, 〈그들이 왔다〉[31]

하지만 이러한 목마름도 더 이상 잃을 것이 없는 결핍에서 비롯된 목마름이 아닐 때는 지극히 추상적으로 머무를 수 있다. 그래서 아직 잃을 게 '있는' 자들의 추상적인 목마름은 변절이 쉽다. 언제든 돌아갈 곳이 있기 때문이다. 더 이상 잃을 게 없을 때 그 목마름은 구체적이고 간절하다.

〈화려한 휴가〉, ×발 미안하다

광주민주화운동을 그린 영화 〈화려한 휴가〉의 마지막 장면은 잃을 게 '있는' 추상적 목마름과 잃을 게 '없는' 구체적 목마름의 차이를 잘 보여준다. 1980년 5월 18일, 이로부터 열흘 동안 광주시민들은 전두환 독재에 항의하는 치열한 싸움을 벌였지만, 전두환은 계엄군을 보내 결국 무력 진압을 시도했다. 5월 26일 밤 시민군은 계엄군의 진압 작전을 알고는 나이 어린 학생들과 여성들을 도청에서 내보냈다. 마지막 남은 건 157명. 이들은 목숨을 건 싸움을 피하지 않았다.

1980년 5월 27일 새벽, 침묵의 새벽 공기를 가르며 애절한 여성의 목소리가 확성기로 울려 퍼졌다. "광주 시민 여러분. 지금 계엄군이 쳐들어오고 있습니다. 사랑하는 우리 형제들이 계엄군의 총칼에 죽어가고 있습니다. 우리 모두 일어나 계엄군과 끝까지 싸웁시다. 사랑하는 광주 시민 여러분, 제발 우리를 기억해주세요."

새벽 4시. 계엄군이 도청을 포위하고 총을 쏘며 들이닥쳤다. 도청을 지키던, 아니 민주와 자유를 '끝까지' 지키던 시민들이 속절없이 피를 흘리며 쓰러졌다. 끝까지 도청을 지킨 이들은 처자식이 딸린 나이 많은 이들보다 처자식이 없는 젊은이들이 많았으며, 시위 내내 선두에 섰던 대학생들보다 대학생이 아닌 가난한 시민들의 희생이 두드러졌다.

아이를 업고 와 말리는 아내를 돌려보내려는 택시기사 인봉에게 건달 용대는 말한다. "형, 그만 돌아가. 도청은 우리한테 맡기고 가정을 지키랑께!" 인봉은 미안해하며 발걸음을 옮긴다. "×발 미안하다."

영화에서만이 아니었다. 실제 항쟁 사망자의 평균 나이는 27.5세였으며, 도청 진압 사망자들 가운데 상당수는 대학생이 아니었다. 잃을 게 많은 부유한 이들은 아예 싸움에 나서지 않았고, 인봉처럼 잃을 게 적은 이들이 싸움에 나섰다. 그들에게도 잃을 수 없는 게 있었다. 처자식이었다. 그들은 자신의 목숨을 잃는 것보다 자신이 죽고 난 뒤 남게 될 처자식의 가혹한 운명이 두려웠던 것이다.

목마름의 철학은 결핍이나 잃을 게 없음이 삶과 세상을 뒤바꾸는 힘이 될 수 있음을 강조한다. 부족한 게 없거나 잃을 게 많은 자는 삶이든 세상이든 바꾸려 들지 않는다. 아니 바뀌는 것을 원치 않는다. 결국 목마른 자가 우물을 판다! 타는 목마름으로.

　　　　　김광석의 노래에 담긴 '목마름의 철학'을 잘 보여주는 이는 마르크스(Marx, 1818~1883)다. 마르크스의 '혁명의 철학'은 그 철학적 근거를 제공한다. 목마른 자의 결핍이나 잃을 게 없음이 세상과 삶을 뒤바꾸는 혁명의 원천이니까.

　유물론자이자 혁명가인 마르크스의 스승은 아이러니하게도 관념론자이자 보수주의자인 헤겔이다. 마르크스는 청년 헤겔의 철학으로부터 자신의 철학을 시작했을 뿐만 아니라 헤겔이 이루고자 했던 철학의 이상을 그대로 물려받았다. 아무런 억압과 착취가 없는 모두가 자유로운 공동체, 나를 위한 자유로운 삶이 곧 공동체를 위한 삶이 되고, 공동체를 위한 삶이 곧 나를 위한 자유로운 삶이 되는 것이야말로 헤겔과 마르크스가 이루고자 했던 목표였다.

　목표는 같았지만 방법은 전혀 달랐다. 마르크스는 물구나무서서 세상을 바라본 헤겔의 정신의 변증법을 물질의 변증법으로 다시 거꾸로 뒤집어 세웠다. 생각이 행동을 낳는 것이 아니라 행동이 생각을 낳는다는 것이다. 마르크스는 억압과 착취를 없애야 한다는 생각이 물질적인 행동을 하게 만드는 것이 아니라, 물질적인 억압과 착취로부터 비롯된 빈곤한 삶과 절실한 목마름이 억압과 착취를 없애야 한다는 생각을 하게 만든다고 믿었다.

마르크스는 내가 가진 게 없어야 그래서 잃을 게 없어야 무엇에도 얽매이지 않고 자유로울 수 있으며, 그래야 삶을 뒤바꾸는 목숨 건 혁명에 참가할 수 있다고 말한다. 아무것도 가진 게 없는, 그래서 더 이상 아무것도 잃을 게 없는 사람들, 무산계급, 프롤레타리아 계급이야말로 우리의 삶과 세상을 뒤바꿀 혁명을 이끌 수 있는 사람들이다. 그래서 마르크스는 '공산당 선언'의 마지막에 이렇게 선언한다.

> 지배 계급들로 하여금 공산주의 혁명 앞에서 벌벌 떨게 하라. 프롤레타리아가 혁명에서 잃을 것이라고는 쇠사슬뿐이요, 얻을 것은 세계 전체다. 모든 나라의 프롤레타리아여 단결하라.
>
> _ 마르크스와 엥겔스, 《공산당 선언》[32]

명동성당의 씁쓸한 추억

영화 〈화려한 휴가〉처럼 극적이진 않지만 나도 비슷한 경험이 있다. 1987년 6월 10일. 그 뜨거웠던 날을 기억하는 이들이 많을 거다. 그날은 민주화 운동의 정점인 6월 민주화 항쟁을 본격적으로 시작한 날이다. 그날 전두환 독재 정권은 독재를 이어가기 위해

12·12 군사 쿠데타 동기인 노태우를 대통령 후보로 선정했다. 이에 맞서 '독재 타도'와 '대통령 직선제 개헌'을 내걸고 수많은 학생과 시민들이 힘을 합쳐 온 힘을 다해 싸웠다. 전국에서 4천여 명이 잡혀가고 서울에서만 2천4백여 명이 잡혀갈 정도로 치열한 싸움이었다. 이 싸움은 무려 스무날 동안 이어져 마침내 독재 정권의 항복을 받아내 개헌을 쟁취했다. 4·19 이후 처음으로 민주가 독재를 이기는 역사적 과제를 이루어냈다.

싸움의 정점은 명동성당 농성이었다. 1천여 명의 학생과 시민들이 명동성당으로 들어가 밤샘 농성을 했다. 대부분은 학생들이었다. 경찰은 성당을 포위하고 강제 진압하여 전원 구속하겠다고 엄포를 놓았다.

이에 굴하지 않고 다음 날 아침까지 버티고 남은 사람들은 350여 명이었다. 그 가운데 학생이 250여 명, 시민들이 100여 명이었다. 많은 학생들이 빠져나갔지만, 시민들은 남았다. 6월 항쟁의 중요한 조연을 맡았던 그 많던 넥타이 부대는 온데간데없고 내 주위에는 봉제 노동자들, 배달 노동자 등 가난한 노동자들만 남아 있었다.

내가 가진 게 없어야, 그래서 잃을 게 없어야 아무것에도 얽매이지 않고 자유로울 수 있으며, 그래야 삶과 세상을 뒤바꾸는 목숨을 건 혁명에 참가할 수 있다는 '목마름의 철학'이나 '혁명의 철학'을 몸소 체험했다.

마르크스는 그 혁명의 철학을 물질의 변증법, 역사의 변증법, 자본의 변증법으로 철학적 근거를 세운다. 그는 자본주의 사회를 분석하고 노동자들이 어떻게 착취되고 결국은 어떻게 아무것도 잃을 게 없게 되는지, 그래서 결국 어떻게 목숨을 건 혁명을 일으킬 수밖에 없는지를 보여준다.

▶ 1악절 : 물질의 변증법
사는 방식이 사고방식을 결정한다

헤겔은 생각을 바꾸면 자유로운 세상을 만들 수 있다고 믿었지만 마르크스는 생각이 아니라 행동을 통해서만 그런 세상을 만들 수 있다고 믿었다. 근본적인 물질적 변화를 일으키는 행동, 곧 혁명이야말로 세상을 뒤바꾸는 참된 힘이라고 믿었다. 그래서 다음과 같이 청년 헤겔학파인 포이어바흐Ludwig Feuerbach를 비판한다.

> 지금까지 철학자들은 세계를 다양하게 해석만 해왔다. 그러나 문제는 세계를 변혁시키는 것이다.
>
> _ 마르크스, 《포이어바흐에 대하여》[33]

마르크스는 헤겔이 이루고자 했던 꿈을 헤겔의 방법(변증법)을 뒤집어서 이루고자 했다. 정신의 변증법을 물질의 변증법으로 뒤집었다. 그래서 물구나무선 헤겔을 뒤집으면 마르크스가 된다. 물질의 변증법이란 무엇일까?

정신의 변증법에 따르면 세계는 '정신'으로 구성되어 있으며, 세계의 물질은 정신이 밖으로 '실현'된 것에 지나지 않는다. 생각이 존재(물질)를, 또는 존재에 대한 생각을 만든다고 믿는다. '정신'을 앞세운 이 철학 체계를 '관념론'이라 한다.

이를테면 국가라는 생각이 국가라는 현실적인 공동체를 만들어낸다. 생각이 현실로 실현된다. 이성적인 것이 현실적인 것이 된다. A라는 방식으로 생각하기 때문에 A라는 방식으로 살게 된다. 생각하는 방식이 사는 방식을 결정한다. 생각하는 방식의 변화에 따라 사는 방식이 변하는 과정이 바로 정신의 변증법이다. 역사란 이를테면 정신의 변천사다.

물질의 변증법에 따르면 거꾸로다. 세계는 '물질'로 이루어져 있으며, 정신은 물질로 이루어진 세계가 '반영'된 것에 지나지 않는다. 물질적인 세상이 바뀌어야 그 속에서 사는 사람들의 생각이 바뀐다. 존재(물질)가 생각을 만든다. 존재나 현실이나 삶이 생각에 반영되는 거다.

예를 들어 노예라는 생각이 노예라는 존재를 만든 것이 아니라, 노예라는 존재가 노예라는 생각을 만든다. 노예 의식을 가지고 살다보니 노예가 된 게 아니라, 노예로 살다보니 노예 의식을 가지게 된 것이다. 사는 방식이 생각하는 방식을 결정한다. 사는 방식(물질)의 변화에 따라 생각하는 방식(정신)이 변하는 과정이 바로 물질의 변증법이다. 역사란 이를테면 물질의 변천사다.

희생이 독한 시어머니를 낳는다

독일인 친구의 아이 돌잔치에 간 적이 있다. 며느리인데도 시어머니와 마치 친구인 듯이 지냈다. 고부갈등이 없느냐고 물었더니 남편이 대신 대답했다. 독일에서는 그런 건 없다고. 시어머니가 며느리에게 감히 위세를 부리거나 야단칠 생각을 못 한다고 했다. 옛날에도 그랬냐고 물었더니 아니란다. 변화의 계기를 물었더니 무상교육과 교육지원금(바펙, BAföG) 때문이란다. 독일에서는 이 정책들 때문에 아이가 18세가 되면 대학을 가든 직업학교에 가든 부모로부터 완전히 독립한다. 부모에게 빚진 게 적으니 자연스레 부모가 며느리에게 위세를 부리지 못 하게 되었다고 한다.

부모들이 며느리를 괴롭히면 안 된다는 정신적 깨달음 때문에 괴롭히지 않게 된 게 아니라 자식이 물질적으로 빚진 게 없으니 며느리를 괴롭힐 생각을 못하게 되었다는 것이다. 사고방식의 변화가 사는 방식의 변화를 가져온 게 아니라, 사는 방식의 변화가 사고방식의 변화를 가져온 것이다.

> 사람의 [사회적] 의식이 사람의 [사회적] 존재를 결정하는 것이 아니라 거꾸로 인간의 사회적 존재가 인간의 [사회적] 의식을 결정한다.
>
> _ 마르크스, 《정치경제학 비판을 위하여》[34]

여기서 사회적 존재라는 것은 사회적 관계를 뜻한다. 노예라는 사회적 존재는 주인과 노예라는 사회적 관계를 맺고 있는 존재를 뜻한다. 그는 노예일 뿐만 아니라 남편이고 아버지이며 친구이기도 하다. 다시 말해 그는 그러한 사회적 관계도 맺고 있다.

처음 보는 사람이 "당신 누구요?"라고 물으면 "나는 누구의 노예고, 누구의 남편이고, 누구의 아버지고, 누구의 친구입니다"라고 대답한다. 내가 맺고 있는 사회적 관계가 나를 만드니까 그것이 나로 하여금 노예처럼 남편처럼 아버지처럼 친구처럼 생각하고 행동한다.

어떤 종류의 사람인지, 어떤 종류의 생각과 행동을 하는 사람인지를 결정하는 정체성이나 본질은 그 사람 속에 있는 추상적인 어떤 것이 아니라 그가 맺고 있는 수많은 사회적 관계들이 결정한다.

> 사람의 본질은 개인 속에 들어있는 추상적인 어떤 것이 아니다. 그것은 현실 속에서 (그가 맺고 있는) 사회적 관계들을 모두 모아놓은 것이다.
>
> _ 마르크스, 《포이어바흐에 대하여》

 ▶ 2악절 : 역사의 변증법
생산하는 힘이 역사를 결정한다

물질의 변증법을 역사(사회)에 적용한 것이 역사의 변증법이다. 물질의 변증법에 따르면 인간은 그가 처한 사회적 조건에 영향을 받는 존재다. 사는 방식이 사고방식을 결정한다. 다시 말해 사회적 존재가 사회적 의식을 결정한다. 사회적 존재란 경제와 같은 물질적인 삶의 방식인 하부구조를 말하며, 사회적 의식이란 법, 정치, 도덕, 예술, 종교, 철학과 같은 정신적인 삶의 방식인 상부구조를 말한다.

흔히 역사는 상부구조의 변화이며 하부구조의 변화는 그것이 실현된 것에 지나지 않는다고 생각하지만, 마르크스는 '존재가 의식을 규정한다'고 생각했듯이, 하부구조가 바뀌면 상부구조가 바뀐다고 보았다. 즉 경제제도가 바뀌면 그에 따라 정신적인 제도, 즉 사고 방식이 바뀐다는 거다.

> 인류는 (…) 사회적 생산을 할 때 (…) 여러 물질적 생산력의 특정한 발전 단계에 알맞은 여러 생산관계를 가진다. 이러한 여러 생산관계를 모두 모아놓은 것이 바로 그 사회의 경제적 구조다. 그 경제적 구조는 현실적 토대로서 그 위에 (그 하부구조에 알맞은) 법, 제도, 정치라는 상부구조가 세워지고, 그것에 어울리는 특정한 사회적 의식형태가 생긴다. (다시 말해) 물질적 삶의 생산양식은 사회적, 정치적, 정신적 삶의 과정 일반의 (전제) 조건이 된다.
>
> _ 마르크스, 《정치경제학 비판을 위하여》

사고방식을 바꾸는 생산방식은 어떻게 변할까? 다시 말해 정신적 제도를 바꾸는 경제제도는 어떻게 바뀔까? 경제제도, 곧 생산방식은 생산력과 생산관계로 이루어져 있다. 생산력은 인간이 노동으로 생산하는 힘이며, 생산하는 물질의 양으로 나타난다. 생산관계는 생산에 참여하는 사람들의 관계다. 예를 들어 자본가와 노동자의 관계가 생산관계다. 자본가는 자본을 투자하고 노동자는 노동력을 들이는 방식이 자본주의 생산관계다.

마르크스에 따르면 생산력이 바뀜에 따라 생산관계가 바뀐다. 생산관계가 늘어난 생산력에 어울리지 않으면 새로운 생산관계로 바뀐다. 생산력과 생산관계 사이의 모순이 포화 상태에 이르면, 다시 말해 어울리지 않는 생산관계 때문에 생산력이 더 이상 늘어날 수 없을 때 생산관계를 뒤바꾸는 혁명이 일어난다.

노예의 역사, 노동자로 진화하다

생산방식은 어떻게 변해왔을까? 마르크스는 다섯 가지 생산방식을 제시한다. 이 변천 과정이 바로 역사다. 생산방식은 원시공동체에서 고대 노예제로 바뀌고 이것이 다시 봉건 농노제로, 자본주의로, 사회주의로 바뀌고 마지막에는 공산주의에 이른다.

초기에 형성된 원시공동체에서는 모든 사람들이 일하고 그 생산물들을 골고루 나누었다. 그런데 벼농사가 시작되면서 생산력이 증가하자 잉여생산물이 생겼다. 모두 생산에 참여할 필요가 없어진 것이다. 그러자 힘 있는 사람들은 생산에 참여하지 않은 채 (노예의 생명을 빼앗을 수 있는 권리를 포함하여) 생산력을 전적으로 소유하고, 힘없는 사람들만 생산에 참여하는 생산방식으로 바뀐다. 노예만 일하고 주인은 일하지 않는다. 노예는 주인에게 예속되어 주인의 농토에서 일하고 주인은 그 생산물을 모두 가진다. 이것이 고대 노예제다.

생산력이 더 늘어나자 이제는 주인이 노예를 일일이 감시하고 관리할 필요가 없게 된다. 그래서 주인은 노예의 생명을 빼앗을 수 있는 권리를 포함하여 모든 생산력을 직접 소유하는 것을 포기한다. 대신 농노에게 농토를 빌려주고 생산물의 일정한 양을 바치게 한다. 노예는 이제 농사짓는 일에만 노예인 농노(농업노예), 곧 소작농이 된다. 이것이 봉건 농노제다.

다시 생산력이 급격히 늘어나자 생산의 주요 무대가 농업에서 공업으로 옮겨지고 공장에서 일할 노동자가 부족하자 농노를 해방하여 노동자가 되게 하였다. 이제는 주인도 노예도 없다. 노동자는 예속되었던 신분이나 그에 따라 예속되었던 노동력을 돌려받고 자유인이 된다. 자본가는 공장과 같은 생산수단만 소유하고 필요한 노동력을 계약을 통해 산다. 노동자는 노동력을 팔고 임금을 받아 생활한다. 이것이 자본주의다.

자본주의에서 생산력은 폭발적으로 늘어난다. 생산을 많이 하면 할수록 자본은 눈덩이처럼 불어난다. 자본가들은 더 많이 생산하여 더 많은 이윤을 얻으려 무한 경쟁한다. 생산하는 힘이 사는 힘을 넘어설 정도로 늘어나면 못 팔린 물건이 쌓이고 자본가는 노동자를 해고할 수밖에 없다. 노동자들이 일자리를 잃으면 상품을 살 사람들이 줄어들어 물건은 더 쌓인다. 그러면 노동자를 더 해고할 수밖에 없고 이 악순환은 계속된다.

물건은 산더미처럼 쌓여 있는데 이를 살 수 있는 사람이 없다. 이것이 공황이다. 실제로 1929년에 대공황이 일어났다. 물건은 쌓여 있는데 살 돈은 없고, 일자리를 잃은 이는 넘쳐났다. 공황에 빠지면 노동자들은 도저히 먹고살 수 없게 되고, 결국은 세상을 바꾸려고 혁명을 일으키게 된다.

그들은 공황의 원인인 생산수단의 사적 소유를 없앤다. 생산수단을 더 이상 소수의 자본가들이 소유하는 게 아니라 모두가, 곧 사회 전체가 소유하게 한다. 이것이 사회주의다. 더 이상 생산수단을 소유한다는 구실로 노동자가 생산한 가치의 일부를 이윤으로 빼앗는 착취가 벌어지지 않는다. 이윤이 발생하지 않으니까 필요를 넘어서는 무한 경쟁도 일어나지 않으며 그래서 공황의 위험은 사라진다.

사회주의는 능력에 따라 일하고 오롯이 능력에 따라 나누어 받는다. 능력에 따른 분배는 그 차이가 생산수단의 소유 여부에 따른 분배보다 크지 않아 비교적 골고루 잘살게 된다. 하지만 능력 중심으로 분배하므로 능력이 많이 모자란 이들은 여전히 불리하다.

생산력이 더욱 발달해서 사회 구성원들의 필요를 모두 충족시킬 수 있을 정도가 되면 능력에 따라 일하고 필요에 따라 나누어 받는다. 이것이 공산주의다. 우리는 이미 부분적으로 공산주의를 실천하고 있다. 건강보험이 그 예다. 건강보험은 능력에 따라 내지만 그 혜택은 필요에 따라 받는다. 아파서 도움이 필요한 이는 적게 냈어도 필요한 만큼 혜택을 받지만, 많이 냈어도 아프지 않으면 아무런 혜택도 받지 않는다.

사회주의나 공산주의가 되면 아무런 억압과 착취가 없는 모두가 자유로운 공동체가 될까? 마르크스에 따르면 억압과 착취는 사적 소유로부터 비롯된다. 남을 누르고 빼앗는 힘은 물리적 힘보다 주로 경제적 힘으로부터 비롯된다. 자본주의 사회에서는 말할 필요가 없다. 사적 소유를 없애고 골고루 나누어 가지면 적어도 경제적 힘으로부터 비롯되는 억압과 착취는 사라지고 모두가 자유로운 공동체가 될 것이라고 마르크스는 믿었다. 결국 생산(력의 발전)이, 다시 말해 노동이 우리를 마침내 자유롭게 만든다.

하지만 생산력만 발달하면 저절로 사회주의가 되고 공산주의가 될까? 도대체 생산력이 발달함에 따라 노동자들로 하여금 세상을 뒤바꾸는 혁명을 일으키게 하는 것은 무엇일까? 그리고 생산력이 엄청나게 발달했는데도 혁명이 일어나지 않는 이유는 무엇일까?

▶ 3악절 : 혁명의 변증법
잃을 것은 쇠사슬뿐이요, 얻을 것은 세상 전부다

마르크스는 왜 자본주의 사회에서는 혁명이 일어날 수밖에 없다고 보았을까? 그리고 마르크스가 걸어놓은 그러한 치명적인 혁명의 저주에도 불구하고 어째서 자본주의는 무너지지 않고 승승장구하며 끄떡도 하지 않을까?

혁명, 혁명, 혁명. 그 비밀은 무엇일까? 마르크스는 행복한 삶과 세상을 만들 수 있는, 또는 만들 수 없는 혁명의 비밀을 '공산당 선언'에서 이렇게 선언한다.

> 혁명에서 잃을 것이라고는 쇠사슬뿐이요, 얻을 것은 세계 전체다.
>
> _ 마르크스와 엥겔스, 《공산당 선언》

마르크스는 프롤레타리아의 혁명은 필연적이며, 그 승리 또한 필연적이라고 선언한다. 아무것도 가진 게 없는 무산계급인 프롤레타리아는 세계 전체를 얻을 수밖에 없다. 왜냐하면 그들은 아무것도 가진 게 없기에, 잃을 것이 아무것도 없기 때문이다. 잃을 게 없으니까 잃을까 봐 불안해하거나 두려워할 필요가 없다. 무소유, 그것이야말로 이 불안한 삶과 세상을 뒤엎을 가장 강력한 힘이다. 이제 더이상 잃을 게 없는데 그 무엇이 두려울까.

자본주의가 무엇이기에 그것이 어떻게 굴러가기에, 아무것도 가진 게 없어 잃을 게 아무것도 없는 사람들이 생겨나고, 마침내 아무것도 잃을 게 없어서 목숨을 건 혁명을 일으키게 되는 것일까?

그 사회가 어떤 성격의 사회인지, 본질을 알아내려면 어떤 집단들이 서로 싸우고 있는지를 알면 된다고 한다. 마르크스는 다음과 같이 선언한다.

> 지금까지 모든 사회의 역사는 계급투쟁의 역사다.
> _ 마르크스와 엥겔스, 《공산당 선언》

고대 사회에는 자유시민과 노예, 중세 사회에는 영주와 농노가 서로 싸웠다. 그 싸움을 통해 사회 전체가 거듭하여 새로운 사회를 향해 혁명적으로 바뀌었다. 고대 노예제 사회에서 중세 농노제 사회를 거쳐 오늘날 자본주의 사회가 되었다. 하지만 자본주의 사회도 계급 사이의 싸움을 없애지 못했다. 자본주의 사회는 자본가(부르주아) 계급과 노동자(프롤레타리아) 계급이 서로 싸우고 있다.

두 집단을 구분하는 기준은 무엇일까? 바로 자본, 돈이다. 한쪽은 자본이나 돈이 있는 집단이고, 다른 한쪽은 자본이나 돈이 없는 집단이다. 그래서 유산계급과 무산계급이라고도 부른다. 자본주의는 한 마디로 자본의 세상, 돈이 최고인 세상이다.

자본주의는 종교나 사랑을 포함한 모든 분야의 대인관계까지 돈의 관계로 만들어버렸다. 사람의 관계를 돈의 관계로 만들었다는 것이 무슨 뜻일까? 그것은 의사, 법률가, 종교인, 예술가, 학자 등 모든 직업의 사람들을 돈을 받고 일하는, 돈을 위해서만 일하는, 돈으로 살 수 있는 임금노동자라는 상품으로 만들었다는 뜻이다. 하물

며 가족 관계나 친구 관계와 같이 돈과 관계없는 사적인 영역의 관계마저 돈을 매개로 맺고 끊어지는 관계로 만들었다는 의미다.

돈은 국경을 모른다. 돈은 사고팔 수 있는 모든 곳으로 파고든다. 세계화는 돈의 논리가 낳은 자연스러운 산물이다. 자본가 계급은 사고파는 것을 모르는, 돈이란 것을 모르는 원시의 정글 속과 사막 끝까지 찾아가 문명화의 이름 아래 햄버거를 팔고 콜라를 팔면서 세계시장을 만들었다. 자본가 계급은 문명의 이름으로 세계를 자본주의 세상으로 만들었다.

돈이 혁명을 부른다

그렇다면 자본주의 생산방식은 지금까지의 계급투쟁의 마지막 결과로, 최종적으로 승리한 생산방식이 아닐까? 아니다. 마르크스는 자본주의가 반드시 망할 수밖에 없다고 한다. 자본주의가 이윤을, 다시 말해 잉여가치를 생산하는 방식 때문이다.

자본의 기본단위는 상품이며, 노동만이 상품의 새로운 가치를, 정확히 말하면 교환가치를 생산한다. 원료나 자연력이나 생산수단은 그대로 있으면 아무런 새로운 교환가치도 생산해내지 못한다. 그것들을 이용하여 생산하는 노동을 할 때 비로소 새로운 교환가치가 생산된다. 교환가치의 원천은 바로 노동이다. 어떤 상품의 교환가치란 그 상품을 생산하는 데 들어간 사회적 평균 노동시간이다.

따라서 새로운 교환가치를 생산해낸 노동의 대가를 노동자에게 온전히 지불하면 노동을 하지 않은 자본가에게 돌아갈 것은 아무것도 없다. 그는 생산수단의 감가상각비와 원료비나 에너지비용 등만 돌려받을 수 있을 뿐이다. 이른바 이윤이라는 것을 한 푼도 받을 수 없다.

하지만 자본가는 이윤을 받는다. 도대체 그 이윤은 어디서 왔을까? 노동자에게 노동의 대가를 모두 지불하지 않고 일부만 지불하고 남은 것이 바로 이윤이다. 그래서 잉여가치라고도 한다. 그러므로 자본주의는 자본가가 노동자를 착취하는 생산방식이라고 할 수 있다. 그러므로 이윤이나 착취는 노동이나 생산과 정비례한다. 더 많이 노동하거나 생산할수록 이윤이나 착취는 더 많이 늘어난다.

이러한 착취에 대한 깨달음으로 인한 생각의 변화 때문에 세상이 바뀐다고 생각하는 건 관념론이다. 공상적 사회주의가 저질렀던 잘못이다. 자본주의 생산방식이 무너지는 것은 그것이 가지고 있는 생산력과 생산관계 사이의 모순 때문이다.

고기 맛을 아는 사람이 고기를 더 찾는다. 생산을 늘릴수록 이윤이 늘어나므로 자본가들은 더 많은 이윤을 차지하기 위해 경쟁적으로 생산을 늘리고 임금을 줄인다. 생산하는 힘은 늘어나는데, 사는 능력은 줄어들게 된다. 생산하는 힘이 폭발적으로 늘어나 사는 능력을 넘어서는 정도에 이르면 자본주의 생산관계로는 감당할 수 없는 과잉생산 공황이 발생한다. 상품이 넘쳐도 살 능력이 없어 상품이 팔리지 않고, 상품이 팔리지 않으니 일자리를 줄이고, 일자리를 잃으니 구매능력은 더 떨어지고 그 결과 상품은 더 팔리지 않고 실업은 더 발생하는 악순환이 반복된다.

부르주아가 지배할 능력이 없는 이유는 부르주아가 자신의 노예들에게 노예적 생활 수준조차 보장해줄 능력이 없기 때문이다. (…) 그들을 딱한 처지에 빠뜨리지 않을 수 없기 때문이다. (…) 부르주아가 싫든 좋든 촉진하지 않을 수 없는 공업의 진보는 (…) 노동자들의 혁명적 단결을 가져온다. (…) 부르주아의 멸망과 프롤레타리아의 승리는 다 같이 피할 수 없는 일이다.

_ 마르크스와 엥겔스, 《공산당 선언》

돈이 혁명을 잠재운다

가진 게 노동력밖에 없는 노동자가 노동력조차 팔 수 없는 지경까지 이르면 더 이상 잃을 게 없는 노동자는 세상을 뒤바꾸는 혁명을 할 수밖에 없다. 그런데 왜 혁명이 일어나지 않고 자본주의가 망하지 않았을까? 자본주의를 수정하여 노동자들에게 일자리를 만들어주어, 노동자들이 구매력을 다시 찾았기 때문이다. 그 유명한 뉴딜 정책이 그것이다. 운하를 만드는 일을 벌여 공장에서 일자리를 잃은 노동자들에게 일자리를 찾아주었다.

"노동자 여러분, 법과 사회 질서를 지킵시다!"라고 정신적 각성에만 호소하지 않고, 노동자가 더 이상 잃을 게 없는 막다른 골목에 몰려 혁명을 일으키지 않도록 국가가 개입한 것이다. 시장에만, 다시 말해 자본의 논리에만 맡겨두면 이윤의 무한 경쟁이 일어나 결국 망하니까, 수정 자본주의, 복지 자본주의로 옷을 바꿔 입은 것이다. 못 가진 자들이 더 이상 잃을 게 없는 막다른 골목에 몰려 혁명을 일으키지 않도록 국가가 생존에 필요한 최소한의 것을 보장하는 복지야말로 못 가진 자들을 벼랑 끝으로 내모는 자본의 무한질주를 막을 수 있다. 자본주의 사회에서 복지는 선택이 아니라 필수다.

제3악장

목마름 vs 혁명

혁명, 그것은 대부분 우리에게 쉽게 와 닿지 않는 너무 낯선 이야기일 수도 있다. 하지만 김광석의 '목마름의 철학'이나 마르크스의 '혁명의 철학'은 세상을 뒤바꾸는 혁명만이 아니라 내 삶을 뒤바꾸는 혁명 이야기일 수도 있다.

늘 불안하고 답답하고 우울한, 희망이 보이지 않는 나의 삶을 뒤바꿀 희망의 혁명을 하려면 어떻게 해야 할까? 아니 어째서 나는 이 절망에서 벗어날 혁명적 결단을 내리지 못할까?

서울대 학생들을 가르치다보면 불안한 학생들이 많다. 사법시험, 외무고시, 행정고시에 불안해하고, 로스쿨이나 의학전문대학원 시험에 불안해한다. 유학 장학금에 불안해하고, 유명 외국대학 입학허가에 불안해한다. 당장의 학교 시험이나 학점에 불안해하고, 심지어는 지각이나 결석 한 번 한 것에도 불안해한다.

교수님, 늦잠을 자서 오늘 수업에 못 갔습니다. 종강파티인데도 결석 처리가 되는지요? 몹시 불안하네요. 수업에 못 가서 점수가 깎인다는 사실이 저 자신에게 너무 자책이 되고 매우 실망스러워서 기분이 몹시 우울해지네요.

_ 학생 문자

그들은 앞으로 가질 수 있는 것도 많다. 사법시험, 외무고시, 행정고시에 합격할 가능성도 높고, 로스쿨이나 의학전문대학원에 합격할 가능성도 크다. 유학 장학금이나 외국대학 입학허가도 문제없이 받을 가능성이 높다. 가진 게 많은 이들이 왜 이리 불안해할까. 가진 게 많아서? 그렇다. 잃어버릴 게 많아서다.

흔히들 공부 잘하는 학생들은 시험을 앞두고 공부를 못하는 학생들보다 덜 불안할 것이라고 생각한다. 과연 그럴까? 내일 시험이라면, 지난 시험에서 1등 한 학생이 더 불안할까, 2등 한 학생이 더 불안할까? 10등 안에 든 학생들이 더 불안할까, 뒤에서 10등 안에 든 학생들이 더 불안할까? 가진 게 많아서 잃어버릴 게 많은 이들이 가진 게 적어서 잃어버릴 게 적은 이들보다 확실히 더 불안하다.

잃어버린다 해도 아쉽지만 괴롭지 않도록 살라

이 불안한 삶으로부터 벗어날 길은 무엇일까? 가진 것을, 잃어버릴까 불안한 것을 내려놓으면 된다. 그렇다면 아무것도 가지려 하지 말거나 이미 가진 것을 버리라는 건가? 아니다. 잃어버릴까 불안해하며 집착하지 말라는 것이다. 잃어버려도 아쉽지만 괴로워하지 않도록 살라는 말이다.

어떻게 하면 그렇게 살 수 있을까? 소중하게 여기는 것들을 잃어버리는 경험을 해봐야 한다. 철저히 실패하고 좌절하고 절망해봐야 한다. 그래서 가진 것들의 덧없음을 느껴봐야 한다. 그래야 가진 것들에 더 이상 연연해 하지 않고, 그것들을 버릴 진정한 혁명적 결단을 내릴 수 있다.

한때, 가죽공장에 위장 취업을 해본 적이 있다. 위장 취업이란 대학생 신분을 밝히면 노동운동을 할 것이라는 의심을 받아 일자리를 주지 않기에 아예 신분을 감추고 취업하는 걸 말한다.

거의 매일 야근을 했으며 야근에서 빠지면 월급에서 일정액을 제하였다. 심지어 아파서 빠진 것도 예외는 없었다. 공장 한 켠에 마련된 기숙 공간도 열악했으며 식사는 군대 짬밥보다 훨씬 못했다. 노동자들의 불만이 이만저만이 아니었다.

나는 그 불만들을 묵묵히 듣고만 있었다. 그때 한 친구가 야근 여부와 상관없이 월급을 그대로 달라고 사장에게 요구하자고 했다. 고양이 목에 누가 방울을 달 것인가가 문제였다. 아무도 선뜻 나서지 않았다. 결국 그나마 나이가 많은 내가 하기로 했다.

다음 날 아침 나는 사장을 만나 우리의 요구 조건을 전달했다. 사장은 배은망덕한 놈들이라고 불같이 화를 냈다. 우리는 일을 거부한 채 침묵시위를 했다. 사장과 작업반장이 윽박지르기도 하고 어르기도 했다.

하나둘씩 이탈자들이 생겨났고, 결국 나를 포함한 둘만 남았다. 나와 남은 한 사람은 싸움으로 경찰서를 제집 드나들 듯 하던 사람이다. 나 혼자 할 테니 그만두라는 나에게 그는 말했다. "괜찮아요.

난 더 잃을 게 없어요. 감옥도 가봤고 두려울 게 없습니다. 형씨나 그만두시오. 아닌 건 아니지요."

서슬 퍼런 독재에 맞서 아닌 건 아니라고 외칠 수 있는 이들은 무단횡단을 한다고, 담배꽁초를 버린다고, 새치기를 한다고, 피도 안 마른 어린 것들이 버르장머리 없다고 손가락질하며 핏대를 올리던 이들이 아니다. 그들은 바로 얻어맞고, 고문당하고, 끌려가던 벗들의 피 묻은 얼굴을 보고 손이 떨리고 가슴이 떨리고 노여움에 치가 떨려본 자들이다.

떨리는 손, 떨리는 가슴, 치 떨리는 노여움에
서툰 백묵글씨로 쓴다.

.

.

.

.

.

"아닌 건 아니지요"

TRACK 9

"슬픈 노래"와
초인의 철학

김광석 VS 니체

Side 9   4:13

김광석과 철학하기

인간은 짐승과 초인 사이를 잇고 있는 밧줄 위에 올라선 존재다.
초인이 있는 저편으로 가는 삶은 매우 위험한 모험이다.
하지만 삶의 아름다움은 뒤뚱뒤뚱 위태롭게 내딛는 아찔한,
그래서 인간적인, 너무나 인간적인 삶의 과정에 있다.

슬픈 노래

이룰 수 없는 이와 사랑에 빠졌을 때
너무나 사랑하여 이별을 예감할 때
아픔을 감추려고 허탈이 미소 질 때
슬픈 노래를 불러요. 슬픈 노래를

밤늦은 여행길에 낯선 길 지나갈 때
사랑은 떠났지만 추억이 살아날 때
길가에 안개꽃이 너처럼 미소 질 때
슬픈 노래를 불러요. 슬픈 노래를

어린아이에게서 어른의 모습을 볼 때
너무나 슬퍼서 눈물이 메마를 때
노인의 주름 속에 인생을 바라볼 때
슬픈 노래를 불러요. 슬픈 노래를

슬픈 노래를 불러요. 슬픈 노래를

작사 이장수 | 작곡 · 노래 김광석

제1악장

마시멜로,
인내를
강요하는
폭력

요즘 텔레비전 방송에는 아이들 이
야기가 대세다. 아이들의 행동들이 저절로 입가에 미소를 짓게 한
다. 욕심나면 욕심나는 대로, 심술 나면 심술 나는 대로 본능에 따라
움직인다. 엄마 아빠 눈치 봐서 참는 일이 없고 그렇다고 억지로 하
는 일도 없다. 그저 마음이 가는 대로 하고 싶은 대로 움직인다.

그런데 가끔 아이가 아이답지 않은 모습들을 보게 되면 매우 불
편하다. 그 가운데 하나가 나이에 어울리지 않는 규율에 길든 모습
이다. 만 세 살 남짓한 아이들이 맛있는 음식을 앞에 두고도 아빠가
식탁에 앉아 먼저 먹기를 기다리는 모습은 애처롭다 못해 슬프다.
그 모습이 흐뭇하다면 우리 속에 깃든, 예절이란 이름 뒤에 숨어 있
는 어른들의 폭력성을 되돌아봐야 한다.

어린아이는 '선악의 저편'에 있다. 먹고 싶은 게 있으면 손을 뻗어
먹는다. 어른보다 먼저 먹는 것은 나쁘고, 어른이 먹고 난 뒤에 먹는

게 착한 것이라는 선악 개념이 아예 없다. 아담과 이브가 선악과를 먹고 신에게 꾸지람을 듣고 나서야 선악 개념을 알게 되었듯이 어린아이도 어른에게 꾸지람을 듣고 나서야 무엇이 착하고 무엇이 나쁜지 비로소 알게 된다.

오래전, 유치원생 자녀를 둔 학부모들이 함께 모여 어울린 적이 있다. 곁에서 모여 놀던 아이들 중 한 아이가 다른 아이를 때렸는데 맞은 아이가 되받아 때리지 않고 "때리는 건 나빠!"라고 말했다. 때린 아이는 그 반응이 재미있어 또 때렸다. 맞은 아이는 여전히 "때리는 건 나빠!"라고만 말했다. 때릴 때마다 맞는 아이는 눈물을 흘리면서도 꿋꿋이 똑같은 말만 되풀이했다.

맞은 아이에게 왜 바보처럼 계속 맞고 있었느냐고 물었다. "우리 아빠가 때리는 건 나쁘다고 하셨어요." 맞으면 맞서 때리는 게 보통 아이들의 자연스러운 반응인데, 무엇이 이 아이로 하여금 맞서 싸우지 않고 닭똥 같은 눈물을 뚝뚝 떨어뜨리면서도 때리는 건 나쁘다는 말만 되풀이하게 했을까. 그 모습을 보니 안타깝고 슬펐다.

어린아이의 철학, 어른들을 향해 내리치는 죽비

한때 마시멜로 열풍이 뜨거웠다. 마시멜로 실험은 어른의 폭력성을 적나라하게 보여준다. 어른은 아이의 성공을 바란다. 마시멜로 실험은 잘 참는 아이가 성공하더라는 실험 결과에 의존해 어른들이 아이들에게 참는 법을 가르치려 든다. 미래의 보상이라는 미끼로 아이들에게 자신들이 당장 원하는 것을 포기할 것을 강요한다. 미래를 위해 현재의 욕망을 저당 잡히는 것을 가르치려 한다.

예절을 위해서든, 도덕을 위해서든, 성공을 위해서든 어른은 아이에게 아이 자신이 원하는 행위가 아니라, 해야 하는 행위를 할 것을 강요한다. 아이 자신이 아니라 부모나 세상이 원하는 대로 행위하는 것을 어른스럽다고 하거나 철이 들었다고 한다. 어른은 아이들이 되도록 일찍 철이 들기를 바란다. 일찍 철이 들면 어른이 편하니까, 시키면 시키는 대로 잘하니까.

하지만 김광석은 어린아이에게서 어른의 모습을 볼 때 깊은 슬픔을 느낀다. 그 속에서 어른의 철없는 욕심과 폭력을 느낀다. 아이답다는 것이 무엇인가. 때 묻지 않은 순수함과 무구함, 감출 줄 모르는 욕망, 충만한 호기심과 넘치는 에너지, 그 무엇에도 얽매이지 않은 자유로운 영혼이야말로 어른이 가질 수 없는 어린아이만의 매력이 아닌가. 그 매력을 너무 일찍 잃어버리고 더 이상 아이가 아닌 어른의 모습을 보일 때, 김광석은 아이의 순수함을 지켜주지 못한 자책과 함께 너무나 슬퍼서 눈물조차 메마른다.

영원한 어린아이의 아이콘으로 피터 팬이 있다. 피터 팬은 어른이 되지 않는 영원한 아이다. 그는 철이 들지 않았다. 장난을 좋아하고 진지한 것을 싫어한다. 현실에 얽매이지 않고 환상과 이상을 추구하며 그 어디에도 없는 환상의 공간인 네버랜드에서 산다. 요정이 있다고 믿는다.

피터 팬은 사회적 구속에도, 자연적 구속에도 얽매이지 않는다. 밤이 늦으면 자야 한다거나 어디로 가고 싶으면 부모님의 허락을 받아야 한다거나 어른에게 대들면 안 된다거나 하는 사회적 구속에 얽매이지 않는다. 또한 생존을 위해 일해야 한다거나 번식을 위해

짝을 찾거나 사랑을 해야 한다거나 하는 자연적 구속에도 얽매이지 않는다.

웬디가 네버랜드에 가고 싶다고 할 때 부모님 허락을 받아야 한다거나, 밤이 늦어 안된다고 말하는 피터 팬을 상상할 수 있겠는가. 피터 팬에게 삶은 곧 놀이며, 놀이가 곧 삶이다. 어린아이들의 소꿉놀이는 그들이 무엇에도 얽매이지 않은 순수하고 자유로운 영혼임을 보여준다. 모래를 밥으로 반찬으로, 너나 할 것 없이 엄마, 아빠가 될 수 있는 아이들은 모래로 생존할 수 없다는, 동성끼리 결혼하면 안 된다는, 여자는 아빠가 될 수 없다는 이러저러한 사회적, 자연적 구속에 얽매이지 않는다.

얽매이기 시작하면 아이들은 더 이상 놀이를 할 수 없다. 놀이에는 그 어떤 구속이나 제약도 넘어서는 규칙이 있다. 이것이 어린이들만이 지니는 놀이규칙이자 그들의 삶 자체다. 이미 훌쩍 어른이 되어버린 우리는 다시 피터 팬이 될 수 있을까?

사회적 구속 때문에 이룰 수 없는 사랑에 빠졌을 때, 너무나 사랑하여 이별을 예감할 때, 아픔을 감추려 허탈이 미소 지을 때, 우리는 사회적 구속에 얽매인 무기력한 우리 자신을 보며 슬픈 노래를 부른다. 노인의 주름 속에서 사회적 구속에 얽매여 자유롭게 살지 못한 인생을 바라볼 때, 슬픈 노래를 부른다.

모든 구속을 넘어서라는 김광석의 '어린아이의 철학'은 어린아이를 위한 것이라기보다 우리 어른들에게 던지는 메시지다. 어린아이의 자유분방함과 순수함을 까마득히 잊어버린 채 사회적, 자연적 구속에 얽매어 살고 있는 어른들을 향해 내리치는 죽비다.

　　　　　김광석의 노래에 담긴 '어린아이의
철학'을 잘 보여주는 이는 니체(Nietzsche, 1844~1900)다. 니체의 '초
인의 철학'은 김광석의 '어린아이의 철학'에 철학적 근거를 제공한
다. 사회적 구속이든 자연적 구속이든 모든 구속을 넘어서는 어린
아이가 바로 초인이니까.

　김광석은 '어린아이에게서 어른의 모습을 볼 때' 슬픈 노래를 부
른다. 김광석의 '슬픈 노래'가 니체의 초인의 철학과 만나는 지점이
여기에 있다. '어린아이다움'에 초인의 비밀이, 아니 행복의 비밀이
숨어 있다.

　니체는 '어린아이처럼 살아야' 행복하다고 한다. 어린아이는 순
수한 자기로부터 우러나오는, 자신의 의지에 충실한 것만을 따르며,
자기 하고 싶은 대로 하며 산다. 놀이에 빠져 있는 아이를 보라. 기
쁨으로 가득 찬 열정이 넘쳐난다. 배고픔도 잊어버리고 놀이에 빠

진다. 자신의 감정과 욕망에 충실하고 세상의 도덕법칙이나 규범, 이성의 명령에 얽매이지 않는다.

내일의 끼니를 걱정하고 미래의 자신을 걱정하는 아이는 더 이상 아이가 아니다. 아이에게 모든 것은 재미있는 놀이다. 어린아이는 거침없이 자유로우며 거침없이 창조적이다.

우리는 이미 아이다움을 잊은 지 너무도 오래다. 자신도 모르는 사이에 이미 어른이 되어 이성의 의무를 짊어지고 산다. 도덕의 모습으로, 종교의 모습으로, 혹은 과학의 모습으로 나타난 의무에 파묻혀 자신의 모습을 잊고 산다.

흔히 '철 좀 들어라', '언제 어른이 될래?'라는 비난은 빨리 어른의 세계에 들어와 이성의 명령을 따르고 도덕법칙을 지키며 살라는 이야기다. 어린아이처럼 자신의 열정과 마음의 법칙만을 따라 사는 어른은 몹시 다루기 힘든 불편한 존재이니까. 그런데 철이 들어 살면 정말 행복할까? 자신의 순수한 의지와 열정을 억누른 채 순종하며 살다보면, 정작 자신의 기쁨이 되는 일들은 너무 까마득하게 멀리 있다.

도덕이나 종교라는 이성의 굴레가 나를 옭아맨다. 이성은 언제나 자비로워라, 친절하라, 선하게 행동하라고 명령한다. 본능을 억누르고 이성적으로 행동하라는 도덕적 명령은 틀에 박힌 대로 행동하라는, 다시 말해 관습의 노예가 되라는 명령이다. 니체는 이러한 굴레로부터 벗어나 진정으로 자유롭게 살아야 행복하다고 말한다.

니체만큼 서구 문명의 기독교적 전통과 도덕 체계를 감옥처럼 느꼈던 사상가는 없을 거다. 니체는 '자유'라는 가장 존엄한 가치를 추구하는 데 가장 큰 장애물이 기독교의 '신'이자 신의 말씀이 세운 '가치'라고 생각했다. 니체는 그 가치를 깨뜨리고 그 속에 갇힌 인간의 정신을 자유롭게 하고자 기꺼이 '망치를 들고 철학하는' 가치파괴의 철학자가 되었다.

그는 외친다. '신은 죽었다'고. 관습적인 도덕을 따르라고 명령하는 신의 죽음을 선언한다. 하늘에 대한 희망을 설교하는 자들, 이성이나 도덕의 고귀함을 설교하는 자들을 믿지 말라고 외친다. 오직 우리가 발 딛고 살아가는 땅과 우리 몸의 건강한 본능, 건강한 의지와 열정만을 믿으라고 한다.

니체는 초인이 되라고 한다. 초인이 되어야 행복하게 살 수 있기 때문이다. 초인이란 어떤 사람일까? 초인은 슈퍼맨이 아니다. 지구를 1초에 몇 바퀴씩 돌고 여자 친구를 구하기 위해 지구를 뒤로 돌리는 초인적인 힘을 가진 사람이 아니다. 초인은 위버멘쉬üebermensch, 즉 넘어서는 사람이다. 이성이 명령하는 모든 사회적 구속과 굴레를 넘어서는 사람이다. 이성의 명령에 초연한 어린아이야말로 초인이다.

니체의 행복 철학의 핵심은 어린아이처럼 자유롭게 사는 것이다. 어린아이는 자신 밖의 세계가 내리는 명령에 무관심하다. 오로지 자신의 내면에서 우러나오는 의지와 감정, 열정에 충실하게 따르며 산다. 그렇게 살지 못할 때 우리는 자신들을 향해 '슬픈 노래'를 부른다. 그래서 영국시인 윌리엄 워즈워스William Wordsworth는 〈무지개〉라는 시에서 이렇게 노래한다.

하늘의 무지개를 볼 때마다 내 가슴은 뛰논다 / 나 어린 시절에도 그랬고, 어른이 된 지금도 마찬가지니 / 늙었을 때도 그렇지 않다면 차라리 죽는 게 나으리 / 어린아이는 어른의 아버지 / 바라건대 나의 하루하루가 자연의 경건함으로 이어지기를

_ 워즈워스, 〈무지개〉[35]

 ▶ **1악절 : 낙타, 사자, 어린아이**
도덕과 본능을 넘어 창조로!

니체는 《차라투스트라는 이렇게 말했다》에서 사람이 살아가는 유형을 상징적인 의미에서 세 가지로 나누었다. 낙타처럼 사는 사람과 사자처럼 사는 사람, 그리고 어린아이처럼 사는 사람.

낙타처럼 사는 사람은 무거운 짐을 지고 살아간다. 어떤 짐인가? 이성이 내리는 명령과 의무라는 짐이다. 세상이 말하는 이래야 한다, 저래야 한다는 도덕적, 종교적 의무를 따르며 순종과 인내의 삶을 산다. 자신의 무의식적인 본능과 의지, 열정을 꾹꾹 누른 채 그 뜨거운 사막 위를 묵묵히 걸어간다.

우러르고 두려워하는 마음이 몸에 밴, 짐 잘 지는 정신은 수많은 무거운 짐들을 짊어져야 한다. 그 힘센 정신은 그 무거운 짐들을, 그 더할 나위 없이 무거운 짐들을 기꺼이 지고자 한다.

뭐가 무겁다는 말이지? 그 짐 잘 지는 정신은 이렇게 말하며 낙타처럼 무릎을

끓고 짐을 가득 싣기를 원한다. (…) 그 짐 잘 지는 정신은 이 더할 나위 없이 무거운 모든 짐을 자기 등에 짊어진다. 그리고 그는 짐을 가득 짊어지고 사막으로 서둘러 달려가는 낙타처럼 자신의 사막으로 서둘러 달려간다.

_ 니체, 《차라투스트라는 이렇게 말했다》[36]

사자처럼 사는 사람은 등 위의 짐을 견디지 못하고 뒤흔들어 내팽개친다. 그에게는 이성의 굴레가 아무런 역할을 하지 못한다. 그는 주어진 의무나 명령을 따르지 않는다. 자신이 '원하는 일을 하는 자유'를 획득한 자다. 하지만 여전히 본능이라는 속박으로부터는 자유롭지 못하다. 사자가 배고픔과 생식이라는 두 가지 기능에 얽매여 있듯, 이런 부류의 사람들 또한 삶의 본능적 기능만을 충족시키기에 여념이 없다. 그럼에도 이러한 자유로운 삶이 순응하는 삶보다는 훨씬 가치 있다.

더 없이 외로운 사막에서 두 번째 변화가 일어난다. 이제 정신은 사자가 된다. 정신은 자유를 쟁취하여 사막의 주인이 되고자 한다. (…)
정신이 더 이상 주인이나 신이라고 부르려 하지 않는 거대한 용은 무엇인가? "너는 해야 한다"가 그 거대한 용의 이름이다. 그러나 사자의 정신은 "나는 하고자 한다"라고 말한다. (…) 자유를 얻고 의무 앞에서도 당당하게 '아니오'라고 말할 수 있기 위해서, 형제들이여, 사자가 될 필요가 있다.

_ 니체, 《차라투스트라는 이렇게 말했다》

어린아이, 세상과 놀다

어린아이처럼 사는 사람은 참으로 자유롭다. 그는 이성의 굴레에서도, 본능이라는 생물학적인 구속에서도 벗어나, 그야말로 자기로부터 스스로 말미암은 '자유의지'에 따라 살아간다. 새로운 가치를 만들어내고 새로운 삶의 방식을 창조한다. 생물학적인 본능이 있지만 그것만 따르며 살지는 않는다. 배고픔도 잊고 놀이에 빠져 있는 어린아이를 보라. 끊임없는 열정과 호기심에 충만해서 논다. 삶이 놀이고, 놀이가 곧 삶이다. 세상이 말하는 도덕과 의무에 얽매이지 않고, 자기로부터 말미암은 자유롭고 창조적인 삶을 살아간다.

> 말해보라, 형제들이여. 사자도 아직 할 수 없는 어떤 일을 어린아이가 해낼 수 있는가? 원하는 것을 모두 빼앗아 얻을 수 있는 사자가 무엇 때문에 또 어린아이가 되어야 하는가?
>
> 어린아이는 순진무구하며 (상처를) 쉽게 잊는 존재다. 그는 늘 새롭게 시작하며 삶을 놀이처럼 즐긴다. 그는 (그 무엇에도 얽매이지 않고) 스스로 돌아가는 바퀴처럼 (제 맘대로) 움직이기 시작한다. 그는 존경스러울 정도로 (자신과 세상을) 긍정한다.
>
> 그렇다, 형제들이여. 어린아이가 창조의 놀이를 하기 위해서는 거룩한 (자기) 긍정이 필요하다. 이제 정신은 자신의 의지를 원한다. 세계를 잃어버린 자는 이제 자신의 세계를 얻는다.
>
> _ 니체, 《차라투스트라는 이렇게 말했다》

하지만 우리 삶은 대부분 거꾸로다. 어렸을 때는 자신만의 의지와 열정으로 자신만의 새로운 세계를 창조하려 한다. 그러나 자라면서 "마땅히 해야 한다"라는 명령에 부딪힌다. 젊었을 때는 사자처럼 그러한 명령에 저항하여 "나는 하고자 한다"라는 의지와 열정으로 맞서지만, 나이가 들면서 "마땅히, 당연히"라는 명령에 순종하는 낙타 같은 삶을 살게 된다.

니체는 낙타 같은 삶을 넘어 사자 같은 삶을, 그 사자 같은 삶도 넘어 어린아이와 같은 삶을 살아야 한다고 말한다. 낙타처럼 순종하고 인내하며 힘들고 고된 순간이 빨리 지나기만을 바라는 이에게 끝내 고진감래의 시간은 오지 않는다. 낙타에게는 낙타의 삶이 영원히 반복될 뿐이다. 견디고 참을 것이 아니라 짐을 벗어던지고 사막에서 탈출해야 사막 아닌 곳에서의 삶이 펼쳐진다. 그래서 낙타처럼 "마땅히 해야 한다"에 따르지 않고, 사자처럼 "나는 하고자 한다"라고 선언하고, 나아가 어린아이처럼 자신만의 의지와 열정으로 자신만의 새로운 세계를 창조해야 한다.

▶ 2악절 : 인간적인, 너무나 인간적인
초인은 자신을 긍정하고
끊임없이 스스로를 넘어서는 존재

니체는 어린아이처럼 살라고 한다. 어린아이야말로 초인이니까. 초인은 힘이 센 슈퍼맨도, 세상사를 초탈한 성인이나 군자도 아닌, 의지와 열정에 가득 찬 모습의 '어린아이'다. 초인이 사는 방식을 이해하는 것은 니체 철학의 핵심으로 들어가는 지름길이다.

초인이란 인간을 넘어서는 인간이다. 글자 그대로만 보면 형용 모순이다. 인간을 넘어선 존재는 더 이상 인간이 아니니까. 이때 넘어서는 인간과 넘어서지는 인간은 서로 다른 인간들이 아니라, 같은 인간의 다른 단계들이다. 한 인간이 한 단계에서 보다 높은 단계로 넘어가는 것이다. 그렇다고 초인의 단계가 따로 있는 것도 아니다. 초인은 현재의 단계에 머물지 않고 끊임없이 더 뛰어난 단계로 넘어가는 삶을 사는 인간을 이른다. 초인은 초인의 단계라고 정해진 어떤 특정한 단계로 '이미 넘어간' 인간이 아니라, 끊임없이 더 뛰어난 단계로 '넘어가는 과정에 있는' 또는 그러한 태도로 사는 인간이다. 다시 말해 위버게엔더 멘쉬Uebergehender Mensch다.

무릇 인간적인, 너무나 인간적인 인간은 끊임없이 넘어서지는 존재다. 그는 짐승의 상태로부터 영원히 도달할 수 없는 초인의 상태를 향해 끊임없이 넘어가는 과정에 있다. 이상적인 초인은 등대와 같이 방향을 일러주는 목표일 뿐 도달할 수는 없다. 목표를 향해 끊임없이 넘어서며 사는 존재야말로 인간적인 너무나 인간적인 초인이다. 그래서 니체는 다음과 같이 말한다.

사람은 짐승과 초인 사이를 잇는 밧줄이다. 까마득한 낭떠러지 위를 지나는 외줄이다. 건너가는 것도 위험하고 중간에 있는 것도 위험하다. 뒤돌아보는 것도 위험하고 벌벌 떨고 있는 것도 위험하다. 그렇다고 머물러 있는 것은 위험하기 짝이 없다.

사람에게서 위대한 것은 그가 목적이 아니라 다리라는 것이다. 사람에게서 사랑할 만한 것은 그가 과정이며 몰락이라는 것이다.

_ 니체, 《차라투스트라는 이렇게 말했다》

이때 넘어서지는 인간은 자기 자신이다. 따라서 초인이란 '자기' 를 넘어서는 인간이자 '자기의 몰락' 후에 오는 존재다. 여기서 넘어 서야 할 자기란 무엇보다 이성적인 자아다. 초인은 이성이 지어내 는 형이상학적 망상과 미몽으로부터 벗어나 '자유의지'에 따라 자 유로운 삶을 살아가려는 존재다.

사람은 넘어서야 할 그 무엇이다

자유의지란 무의식적인 본능과 열정, 감정, 의지를 통틀어 일컫 는 것으로 무한한 생명력과 창조적인 에너지의 근원이다. 이는 수 만년 진화의 과정에서 인간이 자연환경을 지배하고 자신의 운명을 스스로 개척하며 발전할 수 있었던 생명력의 원천이다. 이러한 힘 의 실체를 니체는 '힘을 향한 의지Wille zur Macht'라고 부른다.

그 힘의 근원은 아폴론적인 이성에 있기보다는 디오니소스적인 열정에 있다. 따라서 자유의지에 따라 사는 삶은 세상이 강요하는 가치와 도덕법칙을 거부하고 자신의 내적 동기에 따라 자유롭게 행 동하는 초인이 살아가는 방식이다. 초인은 '힘을 향한 의지'에 따라 자신의 운명을 적극적으로 개척해나가는 강인한 인간이다.

초인은 사회적, 생물학적 운명에 구속된 원숭이가 아니다. 그는 무엇보다 자신을 긍정하고, 자신의 자유의지에 따라 끊임없이 자신 을 넘어서며 자유롭게 창조하는 인간이다. 끊임없이 자기를 넘어서

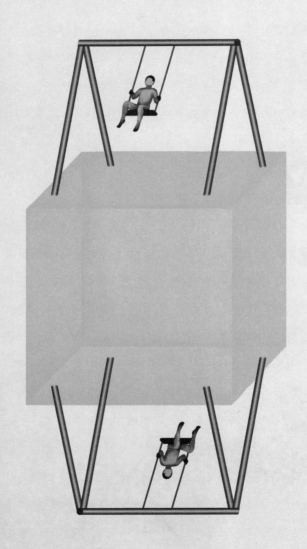

는 인간, 초인이야말로 인간적인, 너무나 인간적인 이 세상의 목적
이다.

> 나는 너희에게 초인을 가르치노라. 사람은 넘어서야 할 그 무엇이다. 너희는
> 사람을 넘어서기 위해 무엇을 했는가. 지금까지 존재해온 모든 것들은 그들
> 자신을 넘어서는 어떤 것을 창조해왔다. 그런데 너희는 이 거대한 [창조의]
> 밀물을 맞서 썰물이 되고자 하는가. 너희는 사람을 넘어서기보다는 오히려 짐
> 승으로 되돌아가려 하는가.
> 사람에게 원숭이는 무엇인가? 웃음거리이거나 견디기 힘든 부끄러움이 아닌
> 가. 초인에게 사람이 그렇다. 웃음거리이거나 견디기 힘든 부끄러움이다. (…)
> 보라 나는 너희에게 [사람을 넘어서는] 초인을 가르치노라! 초인은 이 세상의
> [목적]이다. 너희 의지로 하여금 말하게 하라. [사람을 넘어서는] 초인은 이
> 세상의 [목적]이 되어야 한다고!
> _ 니체, 《차라투스트라는 이렇게 말했다》

▶ 3악절 : 신은 죽었다
약자가 신을 만들고, 신이 약자를 만든다

우리가 숭배해 마지않는 신은 바로 이성이다. 어린아이를 어른으
로 만드는 신도 이성이다. 이성이라는 신이야말로 우리를 불행하게
만든다. 니체는 이성이라는 신을 떠받들어온 수천 년 서구 지성사
를 신랄하게 비판한다.

서구의 지성사는 불행하게도 이성 중심의 역사였다. 이성이라는 신은 철학을 통해 도덕의 모습으로, 기독교를 통해 종교의 모습으로, 근대에 이르러서는 눈부신 과학기술의 모습으로 우리의 정신을 지배해왔다.

　무엇보다 기독교는 인간을 원죄의식에 가두어 인간이 스스로를 긍정하지 못하도록 자긍심을 원천 차단했다. 내세의 행복을 구실로 현실의 삶을 체념한 채, 세상에 순응하는 나약한 인간들을 양산했다.

　수만 년 동안 진화와 발전의 원동력이었던 인간 내면의 디오니소스적인 열정과 생명력은 사그라들어 신의 말씀이라는 보편적 진리와 이성의 감옥 안에 갇히고 말았다. 진리와 도덕, 율법, 과학 등의 모습으로 나타난 이성의 대리인들은 이성의 속성인 냉철함과 합리성, 절제, 엄숙, 형식, 질서 등으로 수천 년 동안 창조적 힘의 원천인 감정과 열정, 본능을 억눌러왔다. 그 결과 인간의 정신은 병들어 인류의 미래는 불안하고 암울하다.

　인류의 가장 무서운 질병은 양심의 가책이다. 강하고 건강한 본능을 맘껏 발산하지 못하고 도덕의 우리 속에 가두어 자기 학대를 하거나, 도덕의 감시를 피해 은밀하게 즐기면서 양심의 가책을 느끼며 살아간다. 불행이 아닐 수 없다. 따라서 니체는 신은 죽었다고 선언한다. 그는 의지의 망치를 들고 이성이 써내려온 낡은 가치와 병든 관습의 역사를 곧, 신의 도덕, 하늘의 도덕, 노예의 도덕을 부수고 인간의 도덕, 이 땅의 도덕, 주인의 도덕이라는 새로운 도덕의 시대를 선언한다.

형제들이여, 맹세코 이 땅에 충실하라. 하늘나라에 대한 희망을 설교하는 자들을 믿지 말라! (…) 그런 자들은 생명을 업신여기는 자들이다. (…) 그들을 아예 저 하늘나라로 떠나도록 내버려두어라.

지난날에는 신을 모독하는 행위가 가장 못된 행위였다. 그러나 신은 죽었다. (…) 저 알 길이 없는 것의 뱃속을 이 땅의 뜻보다 더 높게 평가하는 것, 이제는 그것이 가장 두려워해야 할 일이다!

_ 니체, 《차라투스트라는 이렇게 말했다》

소크라테스 이래 플라톤 전통의 형이상학은 완전한 이데아의 세계를 내세워 현실의 불완전함을 강조했다. 기독교 또한 불안한 현실 대신 내세의 행복을 약속하여 눈앞의 변변치 못한 삶을 부정하도록 만들었다. 현실 세계의 불완전함과 인간의 나약함에 대한 강조는 인간의 본성인 무한한 창조의 생명력을 억압하고 인간을 신에게 의지하는 비겁한 약자로 만들었다.

수천 년 동안 이어져 온 이 도덕을 니체는 '노예(약자)의 도덕'이라고 부른다. 노예의 도덕은 말 그대로 동정과 자비, 너그러움, 용서를 구하는 고대의 노예정신에서 비롯된 약자들의 도덕이다. 이들은 가치판단을 스스로 내리지 못하고 언제나 자기 밖의 어떤 것, 이를테면 신의 말씀이나 법, 관습 등에 판단을 맡긴다. 힘이 없는 약자들은 강자들로부터 자신들을 지켜 낼 도덕 체계, 이른바 '노예의 도덕' 체계를 세워 자신을 방어한다.

노예와 주인의 도덕

니체는 서구 사회의 '선과 악'의 도덕이야말로 이러한 노예의 도덕에 의해 세워진 가치체계라고 본다. 그 약자의 도덕의 중심에 기독교의 신과 그 아들인 예수가 있다. 예수는 원수마저 사랑하라고 하고 오른뺨을 맞으면 왼쪽 뺨까지 내놓으라고 한다. 이러한 도덕은 사람들을 나약하게 만들고 '힘을 향한 의지'인 생명 의지를 약화시킨다.

더 큰 문제는 이 노예의 도덕이 시기심과 의존심의 도덕이라는 데 있다. 노예의 도덕은 자신이 아니라 다른 사람에 대한 부정적인 가치판단으로부터 시작한다. 노예는 자신의 능력을 긍정하는 자긍심이 없기 때문에, 자신보다 뛰어난 주인을 시기하여 그를 '악한 사람'이라고 평가한다. 자기보다 뛰어난 자는 모두 악한 자다. 다만 뛰어난 자가 자신의 뛰어난 능력을 양보하여 능력이 모자란 이에게 베풀면 '선한 사람'이라고 평가한다. 시기심에 사로잡힌 노예는 자신의 능력을 긍정하지 못하기 때문에 자신의 능력을 높이려는 의지를 갖지 못한다.

반면에 주인의 도덕은 자긍심의 도덕이다. 주인의 도덕은 다른 사람이 아니라 자신에 대한 긍정적인 가치판단으로부터 시작한다. 주인은 자신을 다른 사람과 비교하여 시기하지 않고 잘났든 못났든 자신을 "나 정도면 괜찮은 사람이야"라고 긍정하며 '좋은 사람'이라고 평가한다. 다른 사람이 자기 자신을 긍정하지 못하고 남을 시기하면 '나쁜 사람'이라고 평가한다. 자긍심을 가진 주인은 선과 악이라는 도덕적 틀을 넘어 좋음과 나쁨이라는 도덕적 틀로 끊임없이 자신의 능력을 넘어서려는 초인의 의지를 불태운다.

> 고귀한 모든 [주인의] 도덕이 자기 자신을 의기양양하게 [좋은 사람으로] 긍
> 정하는 것에서 생겨나는 것이라면, 노예의 도덕은 처음부터 (…) '자기가 아닌
> [남]'을 [시기하여 악한 사람으로] 부정한다.
>
> _ 니체, 《도덕의 계보》[37]

길들여지지 않은 야생의 어린아이는 대부분 자긍심이 넘친다. 그
때문에 남을 시기하지 않고, 시기심에 바탕을 둔 어떤 도덕적 구속
에도 얽매이지 않고 끊임없이 자신을 넘어서는 자기 창조의 삶을
산다. 반면에 길들여진 어른은 대부분 자긍심은 낮고 시기심이 넘
친다. 그 때문에 남을 시기하고, 시기심에 바탕을 둔 도덕에 얽매이
고, 의기소침하여 자신의 능력을 넘어서려는 노력을 하지 않는다.
이성은 신의 모습으로 도덕의 이름으로 생명력 넘치는 어린아이 같
은 야생의 초인을 길들여진 어른으로 만든다.

> [주인의 도덕으로 사는 이들]은 모든 사회적 구속에서 벗어나 자유를 즐기는
> 자들이다. (…) 그들은 즐거움에 찬, 순진한 양심을 지닌, [어린아이처럼] 장
> 난기로 가득 찬 맹수다. (…) [인간]이라는 맹수를 온순하고 개화된 동물, 곧
> 가축으로 길들이는 데 모든 문화[노예도덕]의 의미가 있다. 이것은 인류의 퇴
> 보다.
>
> _ 니체, 《도덕의 계보》

제3악장

어린아이 vs 초인

해야 하는 일과 원하는 일 사이에서 갈등하는 이들이 많다. 이성적으로 생각하면 이 일을 해야 하는데, 마음은 다른 일을 하고 싶어 한다. 어떻게 할까? 학생으로부터 다음과 같은 메일을 받았다.

교수님, 안녕하세요? 나는 행복하지만 가족은 행복하지 않으면 어찌해야 하나요? 회사에 합격했지만 즐겁고 행복한 일을 하고 싶어서 포기했습니다. 대신 공유경제를 실현하는 비영리단체에서 무급으로 인턴을 하고 있습니다. 매우 보람 있고 재미있고 행복합니다.

그런데 제 가족은 행복하지 않습니다. 할머님은 암이고, 부모님은 빚 때문에 힘들어하십니다. 나만 행복하겠다고 가족의 불행을 모른 체하는 게 옳은지 혼란스럽습니다. 결국 제 삶을 살아야 한다는 건 저 역시 잘 알고 있습니다. 하지만 가족들에게 죄짓는 것 같아 마음이 매우 괴롭습니다. 이 마음의 고통을 어떻게 극복할 수 있을까요?

_ 학생 메일

니체는 무엇이라 말할까? 철들어서 생긴 고민이라고 할 것이다. 철들기 전 어린아이라면 어떤 선택을 할지를 스스로 물어보라고 할 것이다. 당연히 어린아이라면 하고 싶은 일을 한다. 아직 사회적 구속에 얽매이지 않았기 때문이다. 이성은 도덕적 의무를 따르라고 하겠지만, 의지는 열정을 따르라고 할 거다. 하지만 열정을 따르더라도 도덕적 의무가 마음을 편하게 내버려두지 않는다. 양심의 가책이란 걸 안긴다.

군이 니체에 기대지 않더라도, 오늘날 우리는 자신의 삶이 가족의 삶보다 중요하다는 걸 안다. 자기 인생은 자기 거니까. 하지만 학생은 이 뻔한 답을 알면서도 양심의 가책 때문에 괴로워한다. 그는 나와의 철학 상담을 통해 양심의 가책으로부터 벗어날 수 있는 철학적 근거를 얻고 싶은 것이리라.

양심의 가책만큼 잔인한 형벌은 없다. 니체는 우리가 양심의 가책을 느끼는 것은 오랫동안 몸에 밴 노예의 도덕 때문이라고 한다. 그 도덕의 밑바닥에는 시기심이나 의존심이 깔려 있다. 가족들이 내게 아무것도 바라지 않는다면 나는 양심의 가책을 느낄 필요가 없다. 가족의 의존심 때문에 양심의 가책을 느낀다. 아니 정확히는 나의 의존심 때문이다. 내가 가족에게 의존심을 가지고 있기 때문에 다른 가족의 의존심도 마땅하다고 여기니까.

그런데 시기심은 어떤가? 니체는 의존심을 갖는 것, 다시 말해 베풀기를 바라고 베푸는 자를 선한 자로 여기는 것은 뛰어난 자에 대한 시기심으로부터 비롯되었다고 본다. '마땅히 해야 한다'는 모든 도덕적 명령이 그렇듯이 그냥 두면 베풀지 않으니까 베풀라고 명령하는 것이다. 베푸는 게 모든 이의 본능이라면 아무도 베풀라고 명령하지 않을 테고 베푼다고 선한 자라고 칭찬하지도 않을 것이다.

누가 베풀기를 바랄까? 능력이 모자란 약자다. 약자는 강자에게 물리적으로 명령하거나 요구할 수 없으니까 베푸는 자를 선한 자라고 칭찬하는 방식으로 도덕적으로 요구한다. 칭찬이 반복되면 베푸는 행위는 선한 행위로 규정된다.

베풂을 부탁이나 요청을 넘어 도덕적으로 요구하는 것은 평등을 도덕적으로 요구하는 것을 그 밑에 깔고 있다. 처음부터 능력이 불평등한데 평등을 요구하는 것은 자기보다 뛰어난 자를 끌어내리려는 시기심이다. '평등하게 가져야지 더 가진 것은 악이다'라는 생각을 하지 않는다면, '더 가진 자가 마땅히 베풀어야 한다'는 생각을 하지 않을 것이다.

그러한 생각을 하지 않는다면 나는 양심의 가책을 느끼지 않아도 된다. 그러므로 내가 가족에게 양심의 가책을 느끼는 것은 더 가진 나에 대한 가족의 시기심과, 지금은 아니지만 잠재적으로 더 가진 자가 될 수 있는 자에 대한 나의 시기심 때문이다. 다시 말해, 내가 가족에게 양심의 가책을 느끼는 까닭은 나의 시기심에서 비롯되는 잠재적인 도덕적 요구 때문이다.

잘났든 못났든 난 소중한 사람이야

그렇다면 베풂은 바람직하지 않은 걸까? 그렇지 않다. 베풂을 도 덕적으로 요구하는 게 문제다. 참된 베풂은 의무감에 하는 도덕적 으로 요구된 베풂이나, 동정과 자선처럼 상대의 자긍심에 상처를 주는 베풂이 아니라 자긍심이 넘쳐 저절로 우러나오는 베풂이다. 그러한 베풂은 상대뿐만이 아니라 나를 스스로 가치 있는 존재로 긍정하게 만들고 드높이는 즐겁고 행복한 베풂이다.

따라서 니체는 이 학생에게 자신이 원하는 일을 하면서도 양심의 가책을 느끼는 '나를 넘어서는 초인', 자기를 긍정하는 어린아이가 되라고 말할 것이다. 자긍심이 넘칠 때 비로소 참된 베풂이 우러나 올 테니까.

요즘 젊은이들은 연애, 결혼, 출산을 포기한 삼포세대라고 부를 정도로 희망과 열정을 잃었다. 더 큰 문제는 그들이 자신감이나 자 존감마저 잃었다는 것이다.

이런 젊은이들에게 니체는 무엇보다 먼저 자기를 긍정하는 마음 을 가지라고 할 것이다. 다른 사람에 비해 잘났든 못났든 난 적어도 나에겐 가장 소중한 사람이니까. 내게 가장 소중한 것은 '나'다. 내 가 가지고 있는 10만 원과 다른 사람이 갖고 있는 100만 원 가운 데 어느 것이 '나에게' 더 소중할까?

자기를 긍정하는 마음이야말로 무한한 창조의 생명력이 샘솟는 원천이다. "나 정도면 괜찮은 사람이야"라고 자신을 긍정해야 한다. 세상에서 가장 나쁜 것은 자긍심이나 자존감을 잃어버리고 무기력 해지는 것이다. 자기에 대한 긍지와 사랑이야말로 무기력하고 절망

적이거나 시기심과 증오심에 가득 찬 병든 마음을 치유하고, 이기적인 자기를 넘어서 베푸는 삶을 살도록 하는 바탕이 된다.

김광석이 가장 좋아했던 노래가 〈못생긴 얼굴〉이란다. "열 사람 중에서 아홉 사람이 내 얼굴을 보면서 손가락질해. 그놈의 손가락질 받긴 싫지만 위선은 싫다, 거짓은 싫어. 못생긴 내 얼굴 맨 처음부터 못생긴 걸 어떡해." 당당하게 자기 자신을 긍정해야 한다. 김광석은 자신의 작은 키를 당당히 긍정한다. "그래, 나 164다. 숏 다리에 휜 다리다. 왜 (…)."[38]

이성이 나를 긍정하고 드높이기는커녕 죄책감이나 불안감과 경쟁심에 사로잡히게 한다면 내 삶을 짓누르는 이성이라는 무거운 짐을 이제 내려놓고, 내 의지나 열정의 주인이 되라. 고루한 관습의 틀을 깨고 건강한 본능을 창조적으로 발산하는 초인이 되라.

왜 '동물원'이라는 그룹 이름을 지었는지 물었을 때 김광석은 다음과 같이 대답했다. "어느 철학자가 그랬죠. 인간은 동물에서 초인으로 가는 중간 존재라고요. 우리는 모두 눈에 보이지 않는 창살의 동물원에 갇혀 창살 밖의 자유로운 세상을 동경하며 살아가는 것 같아요."[39]

니체가 말했듯이 인간은 짐승과 초인 사이를 잇고 있는, 밧줄 위에 올라선 존재다. 초인이 있는 저편으로 가는 삶은 위험하기 짝이 없는 모험이다. 하지만 삶의 아름다움은 결과에 있는 것이 아니라 뒤뚱뒤뚱 위태롭게 내딛는 아찔한, 그래서 인간적인, 너무나 인간적인 삶의 과정에 있다. 그 위험한, 그래서 행복한 삶의 놀이터로 피터 팬이 나의 손을 잡아끈다. 잡을 것인가?

내게서 어른의 모습을 볼 때

.

.

.

.

.

아니, 이런!

TRACK **10**

"너무 아픈 사랑은 사랑이 아니었음을"과
죽음의 철학

너무 아픈 사랑은 사랑이 아니다?
철저히 아파할수록 사랑은 새살 돋듯이 솟아난다.
사랑을 잃을까 봐 불안한가?
불안은 무한한 사랑의 가능성을 열어준다.
오늘이 마지막 날인 것처럼 절절하게 사랑하라.

너무 아픈 사랑은 사랑이 아니었음을

그대 보내고 멀리 가을 새와 작별하듯
그대 떠나보내고 돌아와
술잔 앞에 앉으면 눈물 나누나

그대 보내고 아주 지는 별빛 바라볼 때
눈에 흘러내리는 못다 한 말들
그 아픈 사랑 지울 수 있을까

어느 하루 비라도 추억처럼
흩날리는 거리에서
쓸쓸한 사람 되어 고개 숙이면
그대 목소리

너무 아픈 사랑은 사랑이 아니었음을

어느 하루 바람이 젖은 어깨
스치며 지나가고
내 지친 시간들이 창에 어리면
그대 미워져

너무 아픈 사랑은 사랑이 아니었음을
너무 아픈 사랑은 사랑이 아니었음을

이제 우리 다시는 사랑으로
세상에 오지 말기
그립던 말들도 묻어버리기
못다 한 사랑

너무 아픈 사랑은 사랑이 아니었음을
너무 아픈 사랑은 사랑이 아니었음을

작사 류근 | 작곡 · 노래 김광석

제1악장

아프지 않은 사랑은 없다

아픈 사랑만 남는다. 못내 아쉬웠던 사랑만 마음에 남는다. 아니 어쩌면 사랑이 아니라 아쉬움과 아픔만 남는다. 그래서 너무 아픈 사랑은 사랑이 아닌 걸까.

이루어질 수 없는 아픈 사랑을 해보았다면, 눈물로 채워진 술잔을 마셔본 적이 있을 것이다. 흘러내리는 눈물과 못다 한 말들로 아픈 사랑을 지워본 적이 있을 것이다.

너무 아픈 사랑을 해보았다면, 어깨를 스치는 찬바람에도 놀라 뒤돌아본 적이 있을 것이다. 님과 함께했던 시간들을 미워하며, 그리운 말들을 묻어버린 채, 다시는 사랑하지 않겠노라 맹세한 적이 있을 것이다. 너무 아픈 사랑은 사랑이 아니었노라고 외쳐본 적이 있을 것이다.

너무 아픈 사랑의 대명사는 단연 영화 〈타이타닉〉의 두 주인공이다. 무엇보다 귀족 여인과 서민 남성이라는 신분의 장벽이 그들의 사랑을 막았다. 처음부터 이루어질 수 없는 사랑이었다. 그래서일까. 막으면 막을수록 그들의 사랑은 애절해졌다.

애절함은 난파당한 바닷속에서 더욱 간절했다. 판자 위에 윈슬렛을 올려놓고 죽어가던 디카프리오가 애절하게 잡고 있던 손에서 절절히 느껴졌다.

왜 이루지 못한 사랑이 더 절절할까? 그 유한성 때문이다. 영원히 사랑할 수 있다면 그렇게 간절할 수 있을까? 더 이상 사랑할 수 없다는 것, 사랑이 끝날 수밖에 없다는 깨달음은 사랑을 절절하게 만든다. 항해가 끝나 배가 뉴욕에 닿으면 더 이상 사랑할 수 없을지도 모른다는 시간의 유한성, 마지막 남은 체온마저 떨어져 죽으면 더 이상 사랑할 수 없다는 죽음 앞의 한계가 그들이 맞잡은 손을 더 절절하게 만들었다.

"내 손 놓치면 안 돼요."

"절대 놓지 않아요."

죽는다는 한마디가 뇌리에 스치는 순간

영화의 이 장면은 나의 오랜 기억 속 어느 한 장면과도 겹쳤다. 나도 사랑하는 사람과 같이 있다가 위험한 상황에 처한 적이 있다. 그야말로 죽음의 문턱까지 갔던 경험이다. 대학 시절, 크리스마스를 며칠 앞둔 추운 겨울이었다. 여자 친구를 만나 카페에서 이야기꽃을 피웠다.

몹시도 추운 바깥 날씨 때문인지 카페 안은 상대적으로 꽤나 더웠다. 카페를 나오니 찬 공기는 한여름 시원한 냉수욕만큼이나 상큼했고, 눈 앞에 펼쳐진 겨울 북한산이 그렇게 시원해 보일 수 없었다. 우리는 내친김에 추위를 만끽하자고 성곽 산책을 나섰다. 성문 옆길을 따라 얼마간 걷다보니 사람 키보다 살짝 높은 가파른 바위가 나타났다. 돌아가자니 살짝 아쉬워 조금 더 올라가자고 한 게 화근이었다. 그 바위를 내가 먼저 오르고, 여자 친구의 빨간 목도리로 그녀를 쉽게 끌어올렸다. 이런저런 이야기를 나누며 서너 바위를 또 올라갔다.

어느덧 날이 저물고 있었고, 우리는 아차 싶어 돌아섰다. 하지만 오를 때는 쉽게 길을 내주었던 바위가 내려가려고 보니, 이미 그 밑이 캄캄해 가늠할 수 없는 가파른 낭떠러지가 되어버렸다. 나는 내려갈 수 있지만, 여자 친구가 내려가기에는 매우 위험했다. 위를 올려다보았다. 그리 멀지 않은 곳에 백운대가 보였다. 백운대 바로 밑에 백운산장이 있다는 것을 알고 있었다. 귀가 시간이 좀 늦더라도 안전한 게 나을 듯싶었다. 그녀의 손을 꼭 잡고 다시 바위를 기어올랐다.

"내 손 놓치면 안 돼."

"절대 놓지 않아."

하지만 가도 가도 백운대까지의 거리는 좁혀지지 않았다. 가까이 있는 것처럼 보였지만 보기와 달랐다. 착시였다. 사방이 캄캄해지면서 산 아래 노란 가로등만 줄지어 켜졌다. 문득 그날 밤 눈이 많이 올 거라는 일기예보가 생각났다. 영하 10도의 추위에 눈까지 온다면 막막했다. 죽을 수도 있겠다는 생각이 들었다.

갑자기 죽음에 대한 불안이 엄습했다. 여자 친구와 사귄 길지도 짧지도 않은 시간이 주마등처럼 스쳐 지나갔다. 그녀가 남자 선후배들과 얘기하는 것만 보아도 질투하고, 누군가 그녀에게 눈길만 주어도 괜한 심술로 자주 어기대며 그렇게 살얼음판을 걷듯 지내왔다. 하지만 죽음 앞에서 모든 감정들이 무가치해졌다. 늘 내 주위를 유령처럼 서성이던 질투와 불안의 감정들, 내가 왜 그따위 것들 때문에 괴로워했던가 싶었다.

곧 다다를 죽음의 문 앞에서 삶은 어떤 모습일까? 생을 향한 응축된 절절함 외에 아무것도 없다. '하나님, 제 목숨을 가져가시고, 그녀만은 제발 살려주세요.' 칠흑처럼 깜깜해진 죽음의 늪에서 그녀만이라도 건져 올려달라고, 기도하고 또 기도했다. 애써 불안을 감추던 그녀가 얼음장 같은 바위 위에 철퍼덕 주저앉았다. 그녀의 얼굴과 몸이 바위와 함께 얼어가고 있었다. 소름 끼치도록 차가운 냉기가 내 심장까지 파고들었다. 더할 나위 없는 비장함과 애절함, 간절함만이 남았다.

기적이 일어났다. 전문 산악인들을 만난 것이다. 빙벽 훈련을 왔던 전문 산악인 두 명이 훈련을 마치고 집에 가려다 백운대를 쳐다보니 갑자기 올라가고 싶더란다. 그래서 전혀 계획에 없던 등산을 했단다. 마치 내 절절한 기도에 응답한 것처럼.

아픈 사랑의 철학, 위로도 응원도 은폐도 아닌 경고

사랑의 절절함은 사랑의 아픔과 정비례한다. 너무 아픈 사랑은 사랑이 아니었다고 부인할 정도로 절절하다. 아프지 않은 사랑은 사랑이 아닌 것이다. 여우의 신 포도는 세상 무엇과도 비길 수 없는 달콤한 포도인 셈이다.

김광석도 말한다. "중요한 건 아프지 않은 사랑이란 없다는 것이지요. 아픔 없는 생은 없듯이 (…) 아픔으로 더욱 사랑하게 되고 (…) 아픈 사랑이 사랑이 아니라고 우기고 싶겠지만 사실은 너무 사랑했기 때문에 부정하고 싶은 심정이지요."[40]

사랑만이 아니라 우리 삶도 마찬가지다. 아프지 않은 삶은 진정한 삶이 아니다. 아프니까 사랑이고, 아프니까 삶이다. 하지만 이 말은 아프니까 청춘이라는 말처럼 원치 않는 아픔을 겪는 이들에 대한 단순한 위로이거나, 아픔을 실마리로 삼아 고군분투하여 원대한 꿈을 이루라는 응원의 메시지일까? 또는 아픔을 낳는 근본적인 사회 구조의 책임을 은폐하려는 수작일까?

아니다. 김광석의 '아픈 사랑의 철학'은 위로도, 응원도, 은폐도 아니다. 무사안일을 추구하며 뜨뜻미지근하게 살고 있는, 우리에게 공허한 사랑과 삶을 그만두고 아플 만큼 절절하게 사랑하며 살라는 준엄한 경고다. 이제 우리 다시는 사랑으로 세상에 오지 말자고 할 만큼 절절하게 살라는 메시지다.

1995년 1월 5일 SBS의 〈겨울나기〉, 김광석은 머리를 짧게 깎고 무대에 올라 〈너무 아픈 사랑은 사랑이 아니었음을〉을 불렀다. 스스로 목숨을 끊기 7시간 전이었다. 그의 절절함이 느껴진다. "이제 우리 다시는 사랑으로 세상에 오지 말기를 (…) 너무 아픈 사랑은 사랑이 아니었음을 (…)."

제2악장
오늘이 생의
마지막
날이라면

김광석의 노래에 담긴 '아픈 사랑의
철학'을 잘 보여주는 이는 하이데거(Heidegger, 1889~1976)다. 하이
데거의 죽음이 절절한 삶을 낳는다는 '죽음의 철학'은 아픔이 절절
한 사랑을 낳는다는 '아픈 사랑의 철학'에 근거를 마련해준다.

삶에서 가장 큰 아픔은 무엇일까? 죽음이다. 김광석이 아픔을 체
험하며 사랑하는 것이 진정으로 사랑하는 것이라고 했다면, 하이데
거는 죽음을 체험하며 사는 것만이 진정으로 사는 것이라고 주장한
다. 그렇게 사는 것을 제대로 존재하며 산다고 하여 '실존'한다고 말
한다. 그래서 그의 철학을 '실존주의 철학'이라고 한다. '죽으면 산
다' 또는 '죽으면 실존할 수 있다'는 것이 하이데거의 모토다.

죽음을 체험하며 산다는 게 무엇일까? 도대체 죽음을 체험할 수
나 있을까? 앞에서 살펴보았듯이 에피쿠로스는 죽음은 경험할 수
없다고 잘라 말한다. 살아 있으면 살아 있으니까 죽음을 경험할 수

없고, 죽으면 죽었으니까 아무것도 경험할 수 없다. '살아 있음'은 지속적인 시간이지만 '죽음'은 한순간의 사건일 뿐, 지속적인 시간이 아니다. 죽음은 이전과 이후를 통해서만 존재할 수 있는 '경계'에 지나지 않는다.

경험할 수 없는, 체험할 수 없는 죽음을 어떻게 체험한다는 걸까? 죽음을 현재로 체험할 수는 없지만 미래로 체험할 수는 있다. 죽음을 앞두고 있으면 불안하다. 마치 시험이나 사형을 앞두고 있으면 불안한 것과 마찬가지로 죽음을 미리 불안이란 기분으로 체험하는 것이다.

하이데거에 따르면, 불안이야말로 우리를 행복하게 살도록 만든다. 평온함이야말로 우리를 불행하게 만든다. 삶의 행복은 절절함에 있다고 믿기 때문이다. 혀가 마비되어 아무 맛도 느끼지 못한다면, 맛없는 음식을 불평할 필요가 없으니 행복하다고 말할 수 있을까? 삶의 혀가 마비되어 삶의 맛을 느끼지 못한다면, 살맛이 없다고 불평할 일이 없으니 행복한 것일까?

내일 죽는다고 해보자. 오늘 하루가 어떻게 느껴질까? 빨갛게 물드는 노을이, 수평선 너머로 서서히 가라앉는 태양이 평범하게만 느껴질까? 사랑하는 이와 맞잡은 손이, 해맑게 건네는 딸아이의 인사가 평범하게 느껴질까? 마치 무한한 삶이 주어진 것처럼 아무 생각 없이 아무 일 없이 평온하게 산다면, 이러한 절절한 삶의 맛을 느낄 수 있을까? 그것은 '존재'할 뿐이지 '실존'하는 게 아니다.

하이데거의 대표 저서는《존재와 시간》이다. 그의 철학을 이해하는 열쇠말은 곧 '존재'와 '시간'이다. 도대체 존재한다는 게, 아니 실존한다는 게 무엇일까. 존재나 실존은 시간과 행복과 무슨 상관이 있을까.

▶ 1악절 : 존재의 해석학
존재의 의미는 의미를 만드는 자가 결정한다

실존하는 것과 행복이 무슨 관계가 있을까? 하이데거는 행복하게 살려면 실존해야 한다고 말한다. 어떻게 사는 것이 실존하는 것일까? 제대로 존재하는 것이다. '제대로' 존재한다는 것이 어떤 의미인지 알기 위해서는 먼저 '존재'한다는 것이 어떤 의미인지 알아야 한다. 어떤 것의 의미를 알아내는 것을 '해석한다'고 한다. 하이데거가 말하는 존재의 해석학은 다음과 같다.

존재한다는 의미는 시대마다 변해왔다. 중세에서 '존재한다'는 것은 신의 피조물로서 존재한다는 것을 의미했다. 모든 것은 신이 나름의 의미를 부여하여 창조해 의미 있는 존재로 만들었기 때문이다. 존재하는 이유나 목적도 당연히 신이 그것을 창조한 이유나 목적에 의해 결정되었다.

신은 자신을 위해 인간을 만들고, 그 인간을 위해 자연과 동식물을 만들었다. 인간의 존재 의미는 신을 위해 사는 것이며, 자연과 동식물의 존재 의미는 인간을 위해 사는 거였다. 그러므로 모든 존재의 의미는 궁극적으로 신을 위해 존재하는 것이었다.

반면 현대의 과학기술 시대에서 '존재한다'는 것은 인간이 지배하거나 통제하거나 이용할 수 있는 대상으로 존재한다는 것을 의미한다. 예를 들어 귀신이나 신은 인간이 지배하거나 통제하거나 이용할 수 있는 대상이 아니므로 존재하는 것으로부터 배제된다.

중세에는 모든 존재가 궁극적으로 신을 위해 존재했지만, 현대에는 인간을 위해 존재한다. 모든 존재의 의미 즉, 그 이유와 목적은 인간을 위해 존재하는 것이다. 의미를 부여하는 창조자의 자리에 신 대신 인간이 들어선 것이다. 결국 존재의 의미는 신이든 인간이든 그것에 의미를 부여하는 자에 의해 결정된다.

견딜 수 없는 존재의 가벼움

현대에서 이러한 존재에 대한 이해는 인간이 자연 존재를 마음대로 지배하거나 통제하거나 이용할 수 있는 대상으로 볼 뿐만 아니라, 인간 존재마저도 과학기술 체계(또는 사회)가 최대한 통제하고 이용할 수 있는 대상으로 보게 만든다.

인간은 자유로운 존재이기를 포기하고 소모되는 사물과 같은 존재로 변한 것이다. 인간 존재의 가치나 무게는 사라지고 '견딜 수 없는 존재의 가벼움'으로 채워진 공허함이 가득한 허무주의nihilism의 시대가 되었다. 그래서 하이데거는 인간이 빼앗긴 존재나 자유를 찾기 위해 인간 존재의 진정한 의미를 되찾아야 한다고 말한다.

하이데거에 의하면, 현대사회의 인간은 사물처럼 거기에da=there 그냥 있다sein=be. 그저 현존하고 있는 현 존재Da-sein다. 그것은 본래의 제대로 된 인간다운 존재가 아니라는 점에서 '비본래적인' 존재다. 인간에게 있어 존재한다는 것은 살고 '있다'는 것을 뜻한다. 존재는 곧 삶이다. 따라서 인간이 현 존재로 존재한다는 것은 아무 생각 없이 사물처럼 거기에 그냥 살고 '있다'는 것을 뜻한다.

인간의 비본래적인 존재는, 다시 말해 사물처럼 살고 있는 비본 래적인 삶은 얄팍하고 산만하다. 사태를 깊이 있고 전체적으로 살펴보지 않고, 얕은 호기심만으로 이것저것 자극적인 것들로 옮겨 다니며 그것들에 대해 흐리멍덩한 잡담들을 떠들며 산다. 당연히 그러한 삶은 채워지지 않는 공허함이나 지루함으로 가득하다.

> 호기심이 새로운 것을 요구하는 것은, 새로운 것으로부터 다시 또 새로운 것을 향해 비약하기 위해서만 그러는 것이다. (…) 호기심은 어디에나 있으나 또 어디에도 있지 않다.
>
> _ 하이데거, 《존재와 시간》

공허함이나 권태의 궁극적 원인을 캐묻지 않고 그것으로부터 도피하면서 늘 새로운 자극을 찾아다니는 삶은 진정으로 행복할 수가 없다. 그렇다면 행복할 가능성은 있는가?

인간은 '세계 안에서 살고 있는 존재In-der-Welt-sein'다. 세계 속에 존재하는 것들은 인간에게 인간의 목적을 실현하는 데 필요한 도구라는 의미를 갖는다. 망치는 못을 박기 위한 도구이고, 못은 옷을 걸기 위한 도구이고, 옷을 거는 것은 옷을 잘 보존하려는 인간의 관심이나 목적을 실현하기 위한 수단이다. 세계 속에 존재하는 모든 것은 인간이 가진 목적들의 전체 체계 안에서 특정한 역할을 부여받은 도구라는 의미를 갖는다.

자연은 단지 눈앞에 있는 [보이는] 것으로서만 이해되어서는 (…) 안 된다. 숲
은 [벌목장]이고 산은 채석장이며, 강은 수력이고, 바람은 돛에 안긴 순풍이다.
― 하이데거, 《존재와 시간》 **41**

인간이 세계 안에서 살고 있는 존재라는 것은, 한편으로 인간이
그 세계의 물리적인 조건에 의해 제약을 받는 것을 뜻하며 다른 한
편으로는 인간이 그 세계를 자신의 관심이나 목적들로 변화시킨다
는 것을 뜻한다. 이는 세계와 인간이 서로가 서로를 존재할 수 있게
해주는 관계에 있다는 것을 의미한다. 세계 없이 인간은 존재할 수
없고, 인간의 관심이나 목적 없이 세계 또한 인간에게 아무런 의미
가 없다. 다시 말해 서로에게 의미 있는 존재로 존재할 수 없다. 바
로 여기에 인간이 자신의 본래적인 삶이나 존재(실존)를 되찾아 행
복하게 살 수 있는 가능성이 있다.

　나와 상관없이 객관적으로 주어진 세계 속에서 사물처럼 살아가
지 않고, '내'게 던져진 세계 속에서 '나'의 관심이나 목적에 따라 세
계를 '나'에게 의미 있는 존재로 만들며 살아갈 수 있다. 이 깨달음
이 '자유'라는 본래 의미에 충실한, 본래적인 행복한 삶을 살아갈 실
마리를 던져준다. 결국 존재의 의미는 신이든 인간이든 '나'든 나름
의 의미를 부여하여 의미 있는 존재로 만드는 자에 의해 결정된다.

다른 사람[이나 세상]의 지배에 놓여 있는 [나와 상관없이 객관적으로 주어
진] 일상세계로부터 떨어져 나온 유한하고 고독하며 불안으로 가득 찬 세계,
그곳이야말로 우리의 본래적인 세계이며 그곳에서 비로소 우리는 [나에게 고

유한 참된] 존재 의미를 밝힐 수 있다.

_ 하이데거, 《존재와 시간》

 ▶ **2악절 : 시간의 해석학**
시간의 의미는 의미를 만드는 자가 결정한다

　인간이 본래의 삶이나 존재를 되찾아 행복하게 살 수 있는 계기
는 무엇일까? 하이데거는 '시간의 참된 의미'를 깨달을 때 존재의
참된 의미를 되찾을 수 있다고 말한다. 즉, 시간이 존재의 의미를 결
정한다고 믿는다. 시간의 참된 의미를 찾아 나서는 하이데거의 시
간의 해석학은 무엇일까?

　하이데거는 인간 현 존재가 비본래적인 삶이나 존재로부터 본래
적인 삶이나 존재로 돌아가려면 죽음을 미리 체험해야 한다고 말한
다. 죽음을 피하지 않고 죽음과 대결하는 것이다. 죽음을 자신의 운
명으로, 다시 말해 나의 가장 고유하고 가장 극단적이며 도저히 뛰
어넘을 수 없는, 언젠가 일어날 수밖에 없는 사건으로 적극적으로
받아들이는 것이다.

　　죽음은 (…) 가장 고유하고 가장 극단적이며 도저히 뛰어넘을 수 없는 〔언젠가
　　일어날 수 있는, 일어날 수밖에 없는〕 가능성이다.

　　_ 하이데거, 《존재와 시간》

그리하여 삶의 유한성을, 시간의 유한성을 깨달을 수 있다. 이것이 바로 실존을 위한, 본래적인 존재를 위한 '실존적인 결단'이다. 죽음이나 죽음의 불안을 피하지 않고, 죽음과 대결하여 죽음을 미리 체험하는 실존적인 결단을 내리면, 지금까지의 모든 비본래적인 삶이나 존재들이 무가치한 것(비본래적인 것)으로 변한다.

한 달 뒤에 죽는다고 생각해보라. 잡다한 호기심으로 이것저것 자극적인 것들을 찾아다니며 흐리멍덩한 잡담들을 떠들며 살 것인가. 채워지지 않는 공허함이나 지루함을 느낄 수 있을까. 그 하루를 내가 아닌 누가 살아도 상관없는 것처럼 살 수 있을까. 아마도 매 순간이 다시 못 올 시간으로, 단 하루를 살아도 혼신을 다해 살게 될 것이다. 이것이 바로 제대로 존재하며 살아가는 '실존'이다.

죽음의 불안은 모든 것을 무가치하게 만든다

죽음은 불안이라는 기분으로 자신을 드러낸다. 죽음의 불안이 엄습하면, 모든 일상적인 존재와 존재자들이 비본래적인 무가치한 것으로 낯설게 나타난다. 내일 죽는데 시험을 잘 보는 게 무슨 가치가 있으며, 좋은 대학이나 좋은 회사에 들어가는 게 무슨 소용일까?

시간이 내게 무한하다고 믿을 때만이 세상이 내게 부여한 존재의 의미나 가치들이 중요해진다. 죽음이라는 유한한 시간의 의미 앞에서 세상이 부여한 모든 가치는 신기루처럼 사라진다.

불안 속에서는 존재하는 모든 것은 의미[와 가치]를 잃는다.
_ 하이데거, 《형이상학이란 무엇인가》[42]

유한한 시간은 비본래적 존재의 공간을 남김없이 비운다. 하지만 그 빈 공간은 내가 원하는 의미와 가치로 자유롭게 채울 수 있는 무한한 가능성의 공간으로 다시 열린다. 이제는 아무도 간섭하지 않는다. 내일 죽는 나에게 신도, 도덕도, 법도, 이웃도, 친구도, 연인도, 남편도, 아내도, 자식도 그 어떤 의미나 가치를 강요할 수 없다. 그들이 내게 이래야 된다, 저래야 된다며 요구하는 숱한 의무가 무슨 소용이 있고 어떤 가치가 있을까.

미리 죽음을 체험하는 것은 삶의 방식을, 존재의 방식을 뒤바꾼다. 주어진 세계 속에 사물처럼 살아가는 삶이 아니라, 나의 관심이나 목적에 따라 그 세계를 만들며 살아가는 본래적인 자유로운 삶의 방식으로 살게 한다. 죽음의 불안을 피하려는 자는 죽음을 남의 일쯤으로 여기는 무관심으로 불안을 감추려 한다.

> 유혹, 안주, 소외는 퇴락이라는 존재 양식의 특성이다. (…) 퇴락하는 존재는 죽음으로부터 끊임없이 도망간다. (…) 〔그는 자신이〕 〔죽음〕에 이르는 과정 속에 있다는 현실을, 죽음이란 남들에게나 발생하는 사건이라고 바꿈으로써 스스로 은폐한다.
>
> _ 하이데거, 《존재와 시간》

죽음의 공포에 사로잡힌 이들은 교회나 절, 병원으로 도망쳐 죽음을 피하려 애쓴다. 죽음을 종교나 과학기술, 의학이 지배하고 통제할 수 있는 객체로 여기기 때문이다. 하지만 죽음은 보이지 않는다. 보이지 않는 것은 사물처럼 대상화하거나 객관화하여 지배하

거나 이용할 수 없다. 따라서 모든 존재하는 것을 대상화하거나 객관화하여 지배하거나 이용하려고 하는 비본래적 삶의 방식은 죽음 앞에서 그 한계에 부딪힐 수밖에 없다. 종교와 과학기술의 한계다.

존재하지 않는 것과 싸울 수는 없다. 죽음은 찾아오는 순간 비로소 존재하게 되며, 존재하게 되는 순간 사라지는 운명의 존재다. 죽음은 체험을 통해 그 존재를 깨달을 수 있을 뿐이다.

죽음은 창조의 원천이다

죽음을 미리 체험하는 실존적 결단을 통해 본래적인 삶의 방식으로 돌아오면, 죽음은 모든 것을 잃게 되는 삶의 끝이 아니라, 나의 삶의 방식을 뒤바꾸고 세계를 '나의 세계'로 고유하게 드러내는 창조의 원천으로 나타난다. 나는 본래적인 '나의 삶'을 살아가는 온전히 홀로 선, 실존하는 존재가 된다. 주어진 객관적인 세계가 아니라, '나'의 세계 속에서 나에게 고유한 방식으로 세계의 의미를 드러내는 '나'는 의미의 주체, 의미의 창조자가 된다.

> 무의 근원적인 드러남(모든 게 무가치하다는 것이 드러남)이 없이는 자기 자신으로(자신이 의미의 창조자로) 존재할 수 없고 자유롭게 살아갈 수 없다.
> _ 하이데거, 《형이상학이란 무엇인가》

세계를 '눈앞에 존재하는 객관적인 것'으로 보면, 세계는 변함없이 무한히 지속되는 것으로 나타난다. 내가 죽어도 다른 사람이 그 자리를 대신 메울 수 있으므로 세계는 영원히 살아 있다.

하지만 '나'의 세계는 내가 죽어서 사라지면 어느 누구도 그 자리를 대신 메울 수 없다. '나'의 세계는 유한한 시간 속에서 나의 관심과 목적에 따라 이러저러한 의미를 갖는 세계로 끊임없이 창조된다. 세계와 나는 어떤 일이 벌어져도 변함없는 무한한 시간이 아니라 오로지 주어진 유한한 시간 속에서만 본래의 진정한 모습으로 존재할 수 있다.

죽음을 망각하면 시간의 유한한 의미를 망각하게 되고, 결국 제대로 존재하는 삶의 의미를 망각하게 된다. 하지만 죽음을 자각하면 시간의 유한한 의미를 자각하게 되고, 결국 제대로 존재하는 삶의 의미를 깨닫게 된다. 이로써 존재의 해석학과 시간의 해석학이 완성된다. 이것이 하이데거 주저의 제목이 '존재와 시간'인 까닭이다.

제3악장

아픈 사랑 vs 죽음

차가운 바닷속에서 그녀를 살려내기 위해 스스로 죽음을 선택한 것은 그의 실존적 결단이었다. 왜 그들의 사랑이 그토록 애절했을까? 다시는 돌이킬 수 없는 유일무이한 시간 때문이다. 다른 어떤 것으로도 대체할 수 없는, 다시는 만날 수 없는 유일한 시간과 존재로 만났기 때문이다. 그래서 실존적 사랑은 그토록 애틋하고 애절하다. 사랑만이 아니다. 실존적 삶 역시 그렇다. 실존적 삶을 위한 선택으로 고민하던 학생이 메일을 보내왔다.

> 안녕하세요? 교수님. 성적 때문에 속상했습니다. 여러 차례 결석한 것은 제가 친구들과 함께 쓰고 있는 책 때문이었습니다. 물론 제가 선택을 내린 것이고 선택에 대한 책임도 저에게 귀속된다고 생각합니다만 솔직히 아쉽지 않다고 하면 거짓말일 것 같아요.
>
> _ 학생 메일

학생은 원하는 일과 성적 사이에서 갈등하고 있었다. 원하는 일을 선택했지만 그 선택으로 인한 낮은 성적을 아쉬워했다. 나는 그에게 하이데거 철학을 들려주었다.

안녕? 성적 때문에 많이 속상했구나. 하지만 성적보다 자신에게 소중한 걸 선택하는 실존적 결단으로 채워지는 삶이 더 아름답지 않을까? 나도 살면서 그런 숱한 결단을 내렸어. 지금의 삶이 그런 결단의 결과지. 만족하냐고? 꼭 그렇진 않아. 후회하냐고? 후회되는 선택들도 많았지. 하지만 후회해도 '좋은' 선택들이었어. 너의 결단도 후회해도 '좋은' 선택이었길 바란다.

실존주의 철학자, 하이데거에 따르면 인간은 아무런 본질이 없는 존재야. 그는 인간이 가장 인간다울 수 있는 건, 인간의 실존이 본질에 우선하기 때문이라고 말해. 학생의 본질이 우수한 성적을 받기 위해 학습하는 존재라면, 세상에 존재하는 이유는 바로 우수한 성적 때문이고, 좋은 학생이란 그런 본질을 잘 구현하는 학생일 거야.

그런데 우리는 세상에 던져져 있을 뿐, 애초에 부여된 아무런 본질도 없어. 때문에 본래적으로 우리가 달성해야 할 목표도 없고 좋은 학생이라는 본질적 기준도 없어. 학생은 공부하고 선생은 가르치고 아빠는 돈을 벌고…. 이것은 하이데거에 따르면 '비본래적인 삶의 모습'일 뿐이야. 그저 주어진 목표를 착실히 수행하면서 살아가는 모습이지.

비본래적인 삶을 비난하려는 게 아니야. 보다 인간다운 삶이 '본래적인 삶'이라고 말하고 싶은 거야. 사람과 사물이 구별되는 지점이 바로 여기지. 인간에게는 실존이 본질을 우선하며, 아무런 본질이 부여되지 않았다는 말을 되새겨보자. 사람의 본질이 주어지지 않았다면 실존적 삶을 통해 내 고유한 삶을 만들면 되는 거야.

사물이 아닌 인간으로 살려면, 자신이 가장 좋다고 판단되는 목적을 자유롭게 선택하고, 그 목적에 따라 세상을 만들어가야 한다는 말이야. 매 순간 '실용적 선택'이 아니라, '실존적 결단'을 내리며 살라는 거야. 삶의 선택이 어려운 이유는 가장 철저하게 '본래적인 삶'의 시각으로 우리 인생을 바라보기를 요구하기 때문이지.

본래적 삶을 살면 불안할 수밖에 없어. 그래서 자꾸만 '비본래적인 삶'으로 돌아가 실용적인 선택을 하고 싶어지지. 우수한 성적으로 돈과 성공, 명예 등을 열심히 추구해서 지금의 내 불안감을 몰아내고만 싶지.

그렇게 불안할 때면, 비본래적 삶으로 도망가고 싶을 때면, 죽음을 생각해 봐. 죽는다고 생각하면 주변의 일들이 비본래적인 것으로 다가와. 그리고 나에게 진짜 의미 있는 것들만을 받아들이는 결정이 한결 쉬워져. 죽기 전에 내가 진짜 하고 싶은 일들을, 살고 싶은 날들을 떠올리게 되지. 그러면 지난날의 수많은 선택들에 대한 후회도 다독여지고 새로운 선택을 하는 데 더 용기가 생길 거야.

어떤 행동을 선택할지 결정하기에 앞서, 먼저 본래적인 삶을 살기로 결단해 보자꾸나. 내가 진정으로 원하는 삶을 상상해보자. 모든 선택은 세상이 아니라 네가 원하는 삶과 세상을 만들기 위해 필요한 도구라고 생각해보렴. 불안할 때면 지금 제대로 잘 살고 있다는 신호가 오는구나 하고 생각하자. 불안할 때면 나는 더 이상 잃을 게 없다고 마음먹어보자. 그럼 정말, 우리가 원하는 삶을 살 수 있지 않을까?

_ 나의 답장

오늘이 마지막인 것처럼 살라

자기계발서는 이렇게 말한다. "불안을 이기는 가장 효과적인 방법은 노력하여 목표를 성취하는 것이다"라고. 세상이 원하는 삶을 살라고 한다. 프랑스 철학자 라캉의 지적대로 우리는 세상이 욕망하는 것을 애당초 내 욕망인 듯 욕망한다. 거기서 불행이 싹튼다.

오로지 내가 의미 있고 가치 있다고 여기는 것들에 온갖 열정을 쏟아 추구할 때 비로소 행복한 청춘을 불태울 수 있는 무한한 존재(삶)의 가능성이 열린다.

아직도 너무 아픈 사랑은 사랑이 아니라고 생각하는가? 아직도 님과 함께했던 시간들을 미워하는가? 아직도 아픈 사랑 지우고 싶은가? 진정한 사랑은, 아니 진정한 행복은 아픔으로부터 다시 찾아온다. 철저히 아파할수록 사랑은, 행복은 새 살 돋듯이 솟아난다. 행복하게 살고 싶은가? 그렇다면 죽음을 체험하라. 오늘이 마지막 날인 것처럼 살라. 철저히 죽어야 산다!

그 아픈 사랑 지울 수 있을까
너무 아픈 사랑은

.

.

.

.

.

가장 고유한

가장 극단적인
뛰어넘을 수 없는
실존의 가능성이었음을

TRACK 11

"그녀가 처음 울던 날"과
정의의 철학

김광석 VS 롤스

Side 11   2:55

김광석과 철학하기

세상에서 가장 견디기 힘든 고통은 절대적 결핍이 아니라
공정하지 못한 상대적 결핍이라고 한다.
더불어 사는 사회에서 공정함은 행복의 척도다.
행복해지기 위해 스스로 무지의 베일을 기꺼이 써보는
자기최면을 한번 걸어보지 않겠는가?

그녀가 처음 울던 날

그녀의 웃는 모습은
활짝 핀 목련꽃 같애
그녀만 바라보면 언제나
따뜻한 봄날이었지

그녀가 처음 울던 날
난 너무 깜짝 놀랐네
그녀의 고운 얼굴 가득히 눈물로
얼룩이 졌네

아무리 괴로워도 웃던 그녀가
처음으로 눈물 흘리던 날
온 세상 한꺼번에 무너지는 듯
내 가슴 답답했는데

이젠 더 볼 수가 없네
그녀의 웃는 모습을
그녀가 처음으로 울던 날
내 곁을 떠나갔다네

아무리 괴로워도 웃던 그녀가
처음으로 눈물 흘리던 날
온 세상 한꺼번에 무너지는 듯
내 가슴 답답했는데

이젠 더 볼 수가 없네
그녀의 웃는 모습을
그녀가 처음으로 울던 날
내 곁을 떠나갔다네

그녀가 처음으로 울던 날
내 곁을 떠나갔다네

작사 · 작곡 이정선 | 노래 김광석

제1악장

그녀는 왜 떠나갔을까

그녀는 왜 떠나갔을까? 활짝 핀 목련 꽃 같고 따뜻한 봄날 같던 그녀가 왜 떠나갔을까? 아무리 괴로워도 웃던 그녀가 왜 울었을까? 김광석의 이 노래를 들을 때마다 늘 궁금했다.

그러던 중, EBS 지식채널e 〈사랑〉 시리즈를 보다가 해답을 찾았다. 웃음이라곤 없는 쓸쓸한 한 남자가 있었다. 어느 날 카페에서 우연히 한 여자와 부딪혀 뜨거운 커피가 그녀의 손으로 쏟아졌다. 당황한 남자가 여자의 손을 움켜쥐고 어쩔 줄 몰라 했다.

바로 그때 여자는 남자의 당황한 눈동자 속에서 사랑의 희망을, 아니 행복의 희망을 보았다. 외로웠던 남자에게 여자는 활짝 핀 목련꽃 같았고 따뜻한 봄날 같았다.

그 이후로 여자는 늘 남자를 기다렸고, 남자는 여자를 기다리게 했다. 여자는 바쁘고 힘들 때도 남자를 생각했고 남자는 바쁘고 힘들지 않을 때만 여자를 생각했다. 여자는 사랑했고, 남자는 사랑을 받았다.

어느 날 여자는 여느 때처럼 남자를 기다리다 약속 시간보다 훨씬 늦었음에도 태연히 걸어오는 남자의 걸음걸이에서 사랑의 절망을, 아니 불행의 늪을 보았다. 여자는 처음으로 눈물을 흘렸다. 고운 얼굴 가득히 눈물로 얼룩이 졌다. 아무리 괴로워도 웃던 여자가 남자 곁을 떠나갔다.

도대체 왜 여자가 떠나갔을까? 억울해서 떠났을 것이다. 사랑의 게임이 공정하지 못해서, 참다 참다 도저히 견딜 수 없어 떠났을 것이다. '사랑의 규칙'이 공정하지 못하니까.

이심전심이랄까. 김광석도 나와 똑같이 생각했다는 걸 나중에서야 알았다. "그녀는 참 착했어요. 그가 아무리 잘못해도 웃어주고, 약속 시간에 늦게 나와도 미소로 맞아주고, 그가 한눈을 팔아도 따뜻하게 대해주고. 그러다가 참다 참다못해 그녀가 처음으로 울어버렸죠. 그런데 그게 끝이었어요. 한 번 울고 간 거죠. 그러게 있을 때 잘하지 왜 가고 나서 가슴이 무너진다는 둥, 하늘이 캄캄하다는 둥 하는지 (…) 여러분, 모두 있을 때 잘하세요."[43]

'여자는 기다리고, 남자는 기다리게 한다'는 규칙, '여자는 바쁘고 힘들 때도 남자를 생각하고, 남자는 바쁘고 힘들지 않을 때만 여자를 생각한다'는 규칙, '여자는 사랑하고, 남자는 사랑을 받는다'는 규칙. 이런 정의롭지 못한 '사랑의 규칙'은 행복한 사랑을 가로막는다. 이게 김광석의 '공정한 사랑의 철학'이다.

공정하지 못한 사랑은 행복하지 못하다

김광석의 '공정한 사랑의 철학'을 잘 보여주는 영화가 있다. 영화 〈이프 온리〉다. 두 남녀가 사랑을 한다. 여자는 자기 일에도 열심이지만 남자에 대한 사랑이 먼저다. 하지만 남자는 자기 일이 먼저이고 여자에 대한 사랑은 늘 두 번째다. 여자는 마침내 이별을 선언한다.

난 더 이상 견딜 수 없어. 자기한테 난 늘 2순위잖아. 더 비참한 건 내가 거기에 익숙해진다는 거야. 나도 사랑을 받고 싶어.

_ 〈이프 온리〉 중

그리고는 식당을 뛰쳐나와 택시를 불러 탄다. 따라 나온 남자는 택시 문을 열고 여자에게 떠나가지 말라고 말한다. 택시 운전사가 남자에게 묻는다. "탈 거요, 말 거요?" 순간, 남자는 망설인다. 여자는 문을 닫았고, 택시는 떠나간다.

여자를 실은 택시는 떠나자마자 교차로에서 신호를 위반하고 달려오는 차에 부딪힌다. 여자는 죽고 남자는 오열한다. 남자는 그제야 못다 준 사랑에 후회를 한다. 만약 어제 지나간 하루가 다시 주어진다면, 단 하루만 다시 주어진다면If only one more day is given, 남자는 어떻게 사랑을 할까? 그래서 영화의 제목이 〈이프 온리〉다.

다음 날 남자가 눈 뜨자 거짓말처럼 옆에 여자가 누워 있다. 어제 지나간 하루가 다시 주어지는 기적이 일어났다. 남자는 모든 것을 다 바쳐서, 심지어 자신의 목숨까지 바쳐서 후회 없는 사랑을 한다.

사랑의 개과천선 이야기라고나 할까.

떠나가지 말라고 붙잡던 남자가 막상 "탈 거요, 말 거요?"라는 물음에 왜 망설였을까? 당장의 이해관계를 따져본 거다. 사랑보다 더 중요하다고 여기는 자기 할 일이 있었을 것이다. 늘 사랑은, 아니 그녀는 2순위였다. 그래도 여자는 변함없이 이해해주고 사랑해줬다.

공정하지 못한 조건에도 불구하고 여자가 자신을 사랑하기로 스스로 결정을 내린 것이므로 자신이 사랑을 받는 게 정당하고 당연하다고 여겼으리라.

많은 이들이 사랑과 정의는 어울리지 않는 한 쌍이라고 생각한다. 과연 그럴까? 나는 항상 기다리고 사랑하는데, 상대는 항상 기다리게 하고 사랑받기만 한다면, 행복하게 사랑할 수 있을까? 이성 사이의 사랑은 그럴 수 없어도 부모의 자식 사랑은 그럴 수 있다고 생각할 수도 있겠다.

하지만 온갖 정성과 사랑을 다해 키워놓았는데 자식이 왜 이 정도밖에 못 키웠느냐고 불만스러워한다면, 부모는 여전히 자식을 행복하게 사랑할 수 있을까? 노후 준비도 포기하고 모든 것을 자식에게 쏟아 부어 번듯하게 키워 부잣집 여성과 결혼시켰는데, 이젠 부모를 가난하다고 부끄럽게 여기거나 무시한다면, 그래도 자식을 여전히 행복하게 사랑할 수 있을까.

어떤 사랑이든 공정하지 못하면 행복한 사랑을 하기 어렵다. 이것이 바로 김광석이 〈그녀가 처음 울던 날〉에서 들려주는 '공정한 사랑의 철학'이다. 그렇다면 정의로운 '사랑의 규칙'은 어떻게 만들 수 있을까?

제2악장

케이크를 자른
자가 마지막에
가져가는 게
정의다

김광석의 노래에 담긴 '공정한 사랑
의 철학'을 잘 보여주는 이는 롤스(Rawls, 1921~2002)다. 롤스의 '정
의의 철학'은 그 철학적 근거를 제공한다. 공정하지 못한 사랑은 행
복할 수 없다는 것이 '공정한 사랑의 철학'이라면, '정의의 철학'은
정의론을 바탕으로 어떤 사랑이 공정하고 정의로운지 알려준다.

도대체 사랑에 왜 정의가 필요할까? 사랑은 두 사람 사이의 사회
적 행위이기 때문이다. 사람(의 인식)과 세계의 관계를 평가하는 기준
이 진리라면, 사람과 사람 사이의 관계를 평가하는 기준은 정의다.
세계에 대한 이론이 아무리 논리적으로 빈틈이 없을지라도 진리가
아니라면 고치거나 버려야 하듯이, 사람 사이의 규칙이 아무리 효
율적일지라도 정의롭지 못하면 고치거나 버려야 한다.

진리가 사상 체계가 추구해야 할 최고의 덕목이라면, 정의는 사회 제도가 추

구해야 할 최고의 덕목이다. 이론이 아무리 논리적으로 빈틈이 없고 간단하고 명료할지라도 그것이 진리가 아니라면 고치거나 버려야 한다. 마찬가지로 법이나 제도도 아무리 효율적이고 완벽한 것일지라도 그것이 정당하지 못하다면 고치거나 버려야 한다.

_ 롤스, 《정의론》[44]

여자는 기다리는데 남자는 기다리게 하고, 여자는 바빠도 전화를 받는데 남자는 한가할 때만 전화를 받는 것이 오래 전부터 전해져 내려온 별 탈 없는 효율적인 사랑의 규칙이더라도 정의롭지 못하면 바꾸거나 버려야 한다. 정의롭지 못한 사랑은 행복한 사랑 공동체를 이룰 수 없기 때문이다.

이러한 정의의 문제는 사랑뿐만이 아니라 사람 사이의 모든 문제에 해당된다. 예를 들어 시험이나 아파트값이나 사형제도에도 문제된다. 대입 수능의 난이도나 아파트값이 올라가면 웃는 사람이 있고 우는 사람이 있다. 그것이 내려가도 웃는 사람과 우는 사람이 있다. 올려야 할까, 내려야 할까?

사형제도를 유지하면 좋아하는 사람이 있고 싫어하는 사람이 있다. 그것을 없애도 좋아하는 사람이 있고 싫어하는 사람이 있다. 유지해야 할까, 없애야 할까? 도대체 어떤 결정이 정의로울까?

롤스는 어느 한쪽의 손도 직접 들어주지 않으면서도 '합리적인 사람이라면 누구나 동의하지 않을 수 없는' 현명하고 정의로운 해결책을 제시했다. 롤스가 내놓은 해결책은 달콤한 케이크다. 어떻게 케이크 하나가 어느 누구도 억울해하지 않는 정의로운 해결책이 될 수 있을까?

한때 마이클 샌델Michael Sandel의 《정의란 무엇인가》가 베스트셀러였다. 이 책은 바로 롤스의 〈정의론〉에 대한 오마주다. 물론 훌륭한 오마주가 그렇듯이 공동체주의자 샌델은 자유주의자 롤스에게 존경보다는 비판을 헌정한다. 그렇다면 샌델이 비판하는 이른바 롤스의 케이크 정의론이란 무엇일까?

▶ 1악절 : 하나로 정의론
공리와 의무, 자유와 평등을 하나로

대표적인 정의론에는 벤담Jeremy Bentham이나 밀John Stuart Mill의 공리주의 정의론과 칸트의 의무주의 정의론이 있다. 공리주의 정의론은 최대 다수의 최대 행복을 목적으로 하거나 이를 결과로 낳는 행위가 정의로운 행위라고 주장한다. 우리 시대에 가장 강력한 정의론이 바로 이러한 실용주의 정의론이다. 가장 많은 유용한 결과를 낳는 행위가 정의로운 행위라는 것이다.

반면에 칸트의 의무주의 정의론은 양심의 법이나 의무를 따르는 행위가 정의로운 행위라고 주장한다. 칸트가 주장하는 양심의 법 또는 의무는 "네 의지가 따라야 할 법칙이 항상 동시에 보편적인 법칙을 만드는 원리로서 타당하도록 행위하라"는 거다. 자신이 남의 입장이 되어도 그 법칙을 따르고자 하면, 그 법칙에 따르는 행위는 정의로운 행위다. 입장을 바꾸어보는 역지사지易地思之의 의무를 따르는 행위가 정의로운 행위다.

공리주의 정의론의 약점은 최대 다수의 최대 행복을 위해서, 누구나 옳은 것으로 받아들이는 도덕적인 규칙이나 의무가 희생될 수도 있다는 점이다. 개인은 누구나 자유롭게 행동하고 평등하게 대우받을 권리를 가지고 있다는 것은 누구나 받아들이는 도덕적 규칙이다. 하지만 공리주의 정의론에 따르다보면 다수의 이익을 위해 이러한 개인의 권리가 제한될 수 있다.

예를 들어 휠체어를 타고 다니는 장애인의 통행을 금지하면 다수의 장애가 없는 이들이 편리하게 다닐 수 있다고 하자. 아무리 다수의 이익을 위한다고 하지만 개인의 정당한 통행의 자유를 제한하거나 불평등하게 대우하는 행동을 정의롭다고 할 수 있을까? 그렇다면 이것은 어떨까.

배가 난파되어 구명보트에 있는 네 명이 굶어 죽게 되었다고 하자. 세 명이 살기 위해 한 명을 잡아먹는 행동을 정의로운 행동이라 할 수 있을까. 이는 1884년 영국에서 실제로 있었던 일이다. 더들리, 스티븐슨, 브룩스가 열일곱 살인 아이 리처드 파커를 잡아먹고 목숨을 건졌다. 그래서 롤스는 이러한 공리주의를 비판한다.

모든 사람은 사회 전체의 복지라는 명목으로도 침해할 수 없는 정의에 대한 권리를 가지고 있다. 그러므로 다른 사람들이 가지게 될 더 큰 선을 위하여 소수의 자유를 빼앗는 것은 정당화될 수 없다. 다수가 누릴 더 큰 이익을 위해서 소수에게 희생을 강요하는 것은 정의롭지 못하다. 따라서 정의로운 사회라면 누구에게나 동등한 시민적 자유를 보장하며 정치적 거래나 사회적 이익의 계산을 이유로 이미 정의에 의해 보장된 권리들을 빼앗을 수 없다.

_ 롤스, 《정의론》

　한편 의무주의 정의론의 약점은 어떤 의무를 따라야 하는지 알기가 힘들며, 서로 주장하는 의무들이 충돌하는 경우에 어떤 의무가 옳은 것인지 판단하기 힘들다는 데 있다. 옳은 의무는 직관으로 알 수 있다고 하는데, 사람들의 직관이 서로 다르다면, 그 옳음을 판단할 신의 직관이 필요할 수밖에 없다.

　소포클레스의 비극 《안티고네》 이야기가 대표적인 사례다. 이 이야기는 '형제의 시신은 묻어주어야 한다'는 신의 법에 따른 의무와 '조국을 배신한 자의 시신은 묻어주면 안 된다'는 나라의 법에 따른 의무 사이의 갈등을 다룬다.

　오이디푸스의 딸이자 여동생인 안티고네는 신의 법을 따른다. 그녀는 나라의 법을 어기고 조국을 배신한 오빠의 시신을 묻어준다. 결국 그녀는 외삼촌 크레온 왕에게 사형을 선고받고 스스로 목숨을 끊는다.

　비극은 여기서 끝나지 않았다. 소포클레스는 사람의 법을 위해 신의 법을 어긴 크레온 왕을 비극으로 몰아간다. 안티고네를 사랑한 크레온의 아들이 그녀의 죽음을 따라 스스로 목숨을 끊고, 아들을 사랑한 크레온의 아내도 스스로 목숨을 끊는다. 안티고네를 죽음으로 내몬 크레온 왕의 오만이 부메랑으로 되돌아와 그의 가슴을 찔렀다.

　하지만 안티고네의 판단이, 아니 소포클레스의 판단이 옳다는 것을 어떻게 알 수 있는가. 직관으로? 사람마다 직관이 다르다면? 쉽지 않은 문제다.

자유와 평등, 정의의 두 바퀴

한편 개인의 자유와 평등도 서로를 제한하는 갈등 관계에 있다. 개인의 무한한 자유는, 능력이 뛰어나거나 부유하고 힘 있는 자들과 능력이 모자라거나 가난하고 힘없는 자들 사이에서 커다란 불평등을 초래할 수 있다. 어른과 아이나, 말을 타고 달리는 자와 맨발로 뛰는 자가 공정한 경쟁을 할 수 없다.

그렇다고 평등만을 강조하다보면 개인의 자유를 제한할 수 있다. 장애인들이 자전거를 탈 수 없다고 아예 누구도 자전거를 타지 못하게 제한하거나, 모두에게 말을 줄 수 없다고 아예 누구도 말을 타지 못하게 제한한다면 이 또한 옳다고 할 수 없다.

롤스는 공리주의 정의론과 의무주의 정의론의 단점들을 피하고 장점들을 아우르며, 자유와 평등의 갈등을 조화롭게 해결할 수 있는 '하나로two in one' 정의론인 케이크 정의론을 만들었다. 케이크 정의론이란 '자신의 처지를 모르는 평등한 상황에서 자유롭게 선택하는 행동이 정의로운 행동이다'는 정의론이다.

이 정의론에 따르면 어느 누구도 다수를 위해 희생되지 않으며, 어떤 의무를 따라야 할 지도 알 수 있다. 자신의 행동을 자유롭게 선택할 수 있으며, 정의로운 절차 덕분에 평등하고 정의로운 결과를 낳을 수 있다. 도대체 케이크 정의론이 무엇이기에 이토록 신통방통할까.

▶ 2악절 : 케이크의 정의론
자른 자가 마지막에 가져가는 게 정의다

케이크가 하나 있다. 세 사람이 나누어 먹으려고 한다. 모든 사람이 가지고 싶은 만큼 갖고, 먹고 싶을 만큼 먹을 평등한 자유가 있다. 하지만 모든 사람들이 다른 사람보다 더 많이 먹기를 원한다면 결국 싸움이 일어날 것이며 가장 힘이 센 사람이 혼자서 다 먹을 것이다.

'최대 다수의 최대 행복'도 이루어질 수 없으며, 다른 사람의 입장에서 판단하는 '역지사지의 의무'도 지켜질 수 없다. 다수의 먹을 자유도 충족될 수 없으며, 똑같이 나누어 먹는 평등도 이루어질 수 없다.

롤스가 찾아낸 비결은 '무지의 베일the vail of ignorance'이다. 이 베일을 씌우면 자신이 어떤 처지에 있는지를 전혀 알 수 없는 '처음의 처지original position'에 서게 된다. 다시 말해 나누어진 케이크 조각을 첫 번째로 가져갈지, 마지막에 가져갈지 모르는 처지에 놓이게 된다. 무지의 베일을 쓰고 자신의 처지를 알 수 없는 평등한 처음의 처지에 선다면 어떤 처지에 있더라도 손해를 보지 않는 결정을 내릴 것이다.

공정함으로서의 정의[를 실현해주는] 평등한 (…) '처음의 처지'는 (…) 아무도 자신의 사회적 지위나 계층적 위치를 모르며, 누구도 자기가 어떤 소질이나 능력, 지능, 체력 등을 타고났는지 모르는 상황이다. 심지어 자신의 가치관이

나 심리적 성향까지도 모르는 상황이다. (그야말로 자신에 대한 '무지의 베일'
을 쓴 상황이다.)

사람들은 이 (자신에 대한) 무지의 베일을 쓰고 있는 상황에서 정의로운 원칙
들을 선택한다. 자신에 대한 무지의 베일을 쓰고 있기 때문에 이 원칙들을 선
택하는 데 아무도 타고난 우연적인 조건이나 사회적인 우연한 조건 때문에 유
리하거나 불리해지지 않는다. (그래서 그 원칙들은 공정하며, 그래서 정의롭
다.) 모든 이가 비슷한 상황 속에 있기 때문에 아무도 자신의 특정한 조건에
유리한 원칙들을 생각할 수 없다. 그래서 공정한 합의나 약속의 결과로서 정
의로운 원칙을 얻게 된다.

_ 롤스, 《정의론》

이런 신기한 도깨비 베일이 세상에 존재할 리가 없다. 그러나 롤
스는 만들 수 있다고 한다. 케이크를 세 덩이로 자르고 나서 가위,
바위, 보나 사다리 타기와 같은 우연한 방법에 의해 가지고 갈 순서
를 정하면 된다.

그러면 케이크를 자르는 사람은 자신이 가장 먼저 가져가게 될
지, 가장 나중에 가져가게 될지는 전혀 모르게 된다. 케이크를 자르
는 사람은 자신이 어떤 처지에 놓일지 전혀 알 수 없는 평등한 처지
에 놓이기 때문에 어떤 처지에 놓이더라도 손해를 보지 않도록 똑
같이 세 덩이로 자를 것이다.

케이크를 똑같이 잘라야 한다는 의무나 강요도 없었다. 최대 다
수의 최대 행복을 목적으로 하지도 않았으며, 케이크를 불평등하게
자를 자유를 빼앗지도 않았다. 그런데 완전한 자유 속에서 내린 결

정이 마치 똑같이 자를 의무를 따른 것처럼, 최대 다수의 최대 행복을 목적으로 한 것처럼, 케이크를 평등하게 자를 것을 강요한 것처럼, 케이크를 불평등하게 자를 자유를 빼앗은 것처럼 되었다.

롤스의 '케이크 정의론'의 핵심은 무엇이 옳은 행동인지 미리 결정하여 강요하지 않고, 스스로 옳은 행동을 자유롭게 결정하게 만드는 데 있다. 다시 말해 '이것이 정의다'라고 적극적으로 주장하지 않고 '정의를 찾을 수밖에 없도록 만드는 절차 또는 계약'만을 따르도록 하여 무엇이 정의인지 스스로 찾도록 만드는 거다. 이런 점에서 그의 정의론을 절차적 정의론 또는 계약적 정의론이라고도 부른다.

롤스가 선택한 '무지의 베일'이라는, 밖에서 강제한 외부 절차는 결국 마치 마음속에서 자발적으로 자신의 처지地를 가장 불리한 사람의 처지와 바꾸어易 생각思하는 '역지사지易地思之'라는 내부절차를 따르는 듯이 만든다.

'무지의 베일'이라는 절차는 결국 칸트가 주장한 '역지사지의 의무'를 '스스로' 따르도록 만드는 역할을 한다. 그런 점에서 롤스를 20세기의 칸트라고 부르기도 한다. 다만 칸트는 마땅히 따라야 할 행동법칙이나 의무를 스스로 따르려는 선한 의지에 호소했다면, 롤스는 손해를 보지 않으려는 악한 의지에 호소했다고 볼 수 있다.

▶ 3악절 : 약한 자의 정의론
마지막에 가져가는 자가 많이 가져가는 게 정의다

세상의 모든 문제를 케이크처럼 자를 수는 없다. 사랑을 둘로 나누어 딱 절반씩만 사랑할 수도 없고, 시험의 난이도를 수험생의 수만큼 나눌 수도 없다. 아파트값을 둘로 나누어 딱 절반 값으로 사고 팔 수도 없고, 사형제도를 둘로 나누어 딱 절반만 죽일 수도 없다. 그럼 어떻게 해야 정의로운 의사결정을 내릴 수 있을까.

최소 수혜자 이익 최대화의 원칙

롤스는 모든 문제에 손쉽게 적용할 수 있도록 정의로운 의사결정의 원칙을 만들어준다. 바로 '최소 수혜자 이익 최대화의 원칙 Maximin Principle'이다. '의사결정에 참여할 평등한 자유를 주되, 최소의 혜택을 받는 약자에게 최대의 혜택이 돌아가도록 하라'는 원칙이다. 다시 말해 정의로운 의사결정을 하려면, 가장 불리한 약한 자가 가장 유리하도록 의사결정을 하라는 말이다.

왜 케이크 정의론 또는 무지의 베일 정의론이 약한 자의 정의론일까? 강한 자인지 약한 자인지 자신의 처지를 모르면, 자신이 약한 자일수도 있기 때문에 약한 자가 손해를 보지 않을 쪽으로 선택을 할 것이다. 그것은 결국 약한 자에게 가장 유리한 선택이 정의로운 선택이라는 말이다.

처음의 처지에서 어떤 정의로운 원칙들이 선택될까? (…) 처음의 처지에서 사

람들은 다음과 같은 (…) 두 원칙을 선택할 것이다. 첫 번째 원칙은 기본적인 권리와 의무를 나눌 때 평등하게 나눌 것을 요구하는 [평등의] 원칙이며, 두 번째 원칙은 경제적, 사회적 불평등을, 예를 들어 재산과 권력의 불평등을 허용하되, 그것이 모든 사람에게, 그 가운데서도 특히 사회의 최소 혜택을 받은 사람들에게 그 불평등을 보상할만한 이득을 가져올 때만 정당한 것임을 내세우는 [불평등의] 원칙이다.

_ 롤스, 《정의론》

최소의 혜택을 받는 약한 자인 여자에게 최대의 혜택이 돌아가도록 하는 게 정의로운 사랑이다. 자신의 처지를 모르는 무지의 베일을 써서 내가 여자인지, 남자인지를 모른다면 어떤 사랑의 규칙을 원할까. 여자를 더 이상 기다리지 않게 하고, 바쁠 때 전화가 와도 짜증을 내지 않고, 늘 여자를 성실히 사랑하고, 사랑을 받은 만큼 여자에게 사랑을 주는 규칙을 원할 것이다. 왜냐면 내가 여자일 수도 있으니까. 이런 사랑의 규칙이야말로 정의로운 규칙이며, 정의롭고 행복한 사랑을 가능하게 해준다.

그럼 시험이나 아파트값이나 사형제도의 경우는 어떤 결정이 정의로울까? 가장 불리한 약한 자가 유리하도록 시험을 쉽게 내고, 아파트 값을 싸게 하고, 사형제도를 없애는 게 정의로운 의사결정이다.

그런데 얼마나 쉽게 내고, 얼마나 싸게 해야 하는가? 가장 불리한 약한 자에게 가장 유리한 결정이 정의롭다면, 여자는 사랑을 받기만 하는 게 가장 유리하고, 공부를 못하는 사람은 가장 쉬운 시험이 가장 유리하고, 못사는 사람은 아파트값이 공짜인 게 가장 유리하고, 사형수는 아무런 처벌을 받지 않는 것이 가장 유리한 게 아닐까? 하지만 무지의 베일을 쓰면 자신이 최소 수혜자일수도 있지만 최대 수혜자일 수도 있다고 생각할 거다. 그래서 마냥 최소 수혜자의 입장만 고려하지는 않을 거다.

그렇다면 그는 최소 수혜자가 아니라 중간 수혜자에게 가장 유리한 결정을 내리지 않을까? 앞에서 데카르트는 미래를 확실히 알 수 없을 때 중간의 경우를 선택하라고 하지 않았던가. 그래야 손해를 덜 볼 수 있으니 말이다.

롤스에 따르면 사람의 심리는 이익과 손해를 똑같은 비중으로 평가하지 않는다고 한다. 이익보다 손해에 더 민감하다. 이익보다 손해를 보는 것을 더 싫어한다는 거다. 사돈이 논을 사면 배가 아프다. 논을 산 사람이 느끼는 기쁨의 정도보다 이를 시기하는 사람의 배 아픈 고통의 정도가 훨씬 더 크다.

사람의 심리가 이렇다면 자신의 처지를 모르는 상황에서는 최소 수혜자, 중간 수혜자, 최대 수혜자라는 모든 경우를 고려하되 최소 수혜자의 경우를 가장 많이 고려하여 결정할 것이다. 그래서 이러한 상황에서 의사결정을 하는 정의의 원칙을 최소 수혜자 이익 최대화의 원칙이라고 한다.

이 원칙을 적용하면 케이크나 사랑의 경우는 평등한 것을, 시험 난이도나 아파트값의 경우는 중간보다 낮은 것을, 다시 말해 최소 수혜자에게 유리하도록 불평등한 것을, 사형제도의 경우에는 없애는 것을 최소 수혜자의 입장을 가장 많이 고려한 것으로 판단할 것이다.

제3악장
공정한 사랑
vs 정의

1년간 부부 폭력을 경험한 사람이 45.5퍼센트라고 한다(여성가족부, 2013년). 정의롭지 못한 사랑의 가장 심한 형태가 바로 폭력적인 사랑이다. 사랑과 폭력은 모순처럼 보이지만 놀라울 정도로 밀접하다.

심지어 살인까지 한다. 경찰청 통계에 따르면 2015년 살인사건 가운데 30퍼센트가 가족 살인이다. 부부만의 문제도 아니다. 연인도 마찬가지다. 언젠가 학생에게서 메일이 왔다.

> 교수님, 전에 사귀던 남자 친구가 저에게 손을 댔습니다. 격한 감정싸움 중에 순식간에 일어난 일이었습니다. (…) 다시는 그 친구를 보지 않으리라 마음먹었습니다. 정말 무서웠습니다. 그러나 1주일 만에 제가 먼저 연락했습니다. 그 친구가 너무 보고 싶어 가슴이 터질 것 같았기 때문입니다.
> _ 학생 메일

정의롭지 못한 이는 남의 고통을 느끼지 못한다

나는 그 학생에게 아무리 보고 싶어도 더 이상 만나지 말라고 했다. 폭력적인 사랑은 무엇보다 정의롭지 못한 사랑이며, 정의롭지 못한 사랑이 행복하기는 어렵기 때문이다. 물리적인 폭력이 물리적인 상처를 주는 것도 문제지만, 더 큰 문제는 폭력을 행사하는 이의 정의롭지 못한 삶의 태도와 철학이다.

정의는 복지 못지않게 행복에 중요하다. '배고픈 것은 참아도 배 아픈 것은 못 참는다'는 말이 있다. 시기심을 염두에 둔 말이지만 불평등과 불공정에 대한 저항감에도 적용할 수 있는 말이다. '배고픈 것은 참아도 억울한 것은 못 참는다'로 바꿀 수 있다.

사랑에 정의롭지 못한 사람은 다른 것에도 정의롭지 못할 가능성이 크다. 정의롭지 못함은 몸에 밴 이기적인 삶의 태도나 철학이기 때문이다. 늘 손해만 보는 관계가 행복할 리가 없다. 처음에는 사랑 때문에 손해를 감수할 수도 있겠지만 늘 당하고만 살 수 없다. 가장 잔인한 형벌이 억울함이라고 하지 않는가.

롤스가 제시한 '정의의 철학'에 따르면, 정의의 핵심은 다른 사람 입장에 서서 생각해보는 역지사지하는 마음이다. 정의롭지 못한 사람은 늘 자기의 입장에서 생각할 뿐, 다른 사람의 입장에서 생각해보는 역지사지를 할 줄 모른다. 아니 아예 그렇게 해볼 생각조차 않는다.

사랑이란 상대를 위하는 마음이다. 상대를 위한다는 것은 상대의 입장에서 상대가 원하는 것을 행하고, 원하지 않는 것을 행하지 않는 거다. 그 밑바탕에 공감하는 마음이 깔려 있다. 상대의 기쁨과 슬픔을 마치 나의 기쁨과 슬픔처럼 함께 느낀다.

폭력을 행사하는 것은 상대가 겪을 고통을 느끼지 못해서다. 그 극단적인 사례가 다른 사람의 고통을 전혀 느끼지 못하는 사이코패스다. 상대가 겪을 고통을 느끼는 사람은 상대에게 고통을 주는 폭력 행동을 차마 하지 못할 것이다.

어린 자녀들을 억울하게 잃은 가족들이 억울함을 벗겨달라고 단식을 하는 곳에 가서, 보란 듯이 폭식을 하는 이들이야말로 남이 겪을 고통을 느끼지 못하는 이들이다. 이들은 상대의 고통을 느끼지 못하므로 상대의 입장에 서서 생각해볼 줄 모른다. 아니 아예 그렇게 해볼 생각조차 못 한다.

이들에게는 정의롭지 못한 이기적인 마음이 몸에 배어 있다. 남의 고통을 느낄 수 없는 이들은 정의가 무엇인지 전혀 알 수 없다. 그럼에도 이들은 감히 '정의'를, '올바름'을 주장한다. 자식의 억울함을 벗겨주려는 부모들을 자식 장사를 하는 염치없는 파렴치한들이라고 비난한다. 죽은 자식은 빨리 잊는 게 올바르다고 한다. 나라 경제를 위해서.

정의란 '나'를 벗어나는 해탈

정의가 이루어지지 않는 가장 큰 이유는 자기 입장만 생각하는 이기적인 욕심에 있다. 부처는 모든 욕심이 '나'가 있기 때문에 생긴다고 한다. 부처는 '나'는 실제로 있는 실재가 아니라 허상일 뿐이라고 가르친다. '내'가 없다는 것을 깨닫는 순간, '나'를 위한 모든 이기적인 욕심이 사라진다고 한다. 이것이 바로 '해탈'이다.

부처의 해탈이 '내가 없다'는 것을 모르는 무지로부터 벗어나는 것이라면, 롤스의 해탈은 '나의 조건'에 대해 모르는 무지 속으로 들어가는 거다. '나'에 대한 무지로부터 벗어나든 '나의 조건'에 대한 무지 속으로 들어가든, 두 가지 모두 해탈은 '나' 또는 '나의 조건'으로부터 벗어나는 것이다.

해탈의 경지라 할 수 있는 '처음의 처지'는 '나의 조건'에 대해 전혀 모르는 무지의 상황이다. '나의 조건'에 대한 무지가 최악의 조건 속에 있는 '남(약자)'의 입장에서 판단하는 역지사지를 가능하게 만든다.

문제는 누가 어떻게 고양이 목에 방울을 달 것이냐는 거다. 다시 말해 누가 어떻게 유리한 사람들 머리에 무지의 베일을 씌우느냐는 거다. 그들이 과연 스스로 무지의 베일을 쓰려고 할까? 그들이 스스로 쓰지 않으려 한다면 방법이 있다. 우리가 먼저 스스로 무지의 베일을 쓰고 가장 불리한 약한 자들의 입장에 서서 무엇이 그들에게 가장 유리한지 알아보는 것이다. 그리고 강한 자들로 하여금 그러한 의사결정을 하도록 선거나 시민운동이나 여론을 통해 강제하면 된다.

세상에서 가장 견디기 힘든 고통은 절대적 결핍이 아니라, 공정하지 못한 상대적 결핍이라고 한다. 아무리 행복을 돈이나 명예가 아니라 중용을 지키며 잘 살아가려는 태도나 방식에서 찾으려 해도, 아무리 행복을 외부 세계의 조건 자체가 아니라 그것을 바라보는 우리의 생각에서 찾으려 해도, 아무리 행복을 죽음을 미리 체험함으로써 유한한 시간 속에 의미 있는 '나'의 삶을 살아가는 데서 찾으려 해도, 더불어 사는 사회에서 공정한 대우를 받지 못하면, 행복하게 살기 어렵다.

당신은 부당한 대우를 받아 온 세상이 한꺼번에 무너지는 고통을 느껴본 적이 있는가? 또는 부당한 대우로 누군가를 떠나보내거나 울린 적은 없는가? 가난하고 약한 이웃들을 나 몰라라 한 적은 없는가? 그들을 소외시키면 그들을 불행하게 만들뿐만 아니라, 스스로도 정의에 어긋난다는 양심의 가책 때문에 행복할 수가 없다.

가난하고 약한 이웃들을 돌아보고 그들을 행복하게 만들고 스스로도 행복해지기 위해 스스로 무지의 베일을 기꺼이 써보는 자기최면을 한번 걸어보지 않겠는가?

아무리 괴로워도 웃던
그녀가 처음으로 울던 날
내 곁을 떠나갔다네

·

·

·

·

·

억울해서

"말하지 못한 내 사랑"과
몸의 철학

당신의 짝사랑을 벗어나고 싶은가?
그렇다면 생각들만 잔뜩 늘어놓은 연애 지침서만 읽지 말고,
"저기, 커피 한 잔 어때요?"라고 당당하게 말할 수 있는
연애 근육을 단련시켜야 한다.

말하지 못한 내 사랑

말하지 못하는 내 사랑은 음 어디쯤 있을까
소리 없이 내 맘 말해 볼까

울어보지 못한 내 사랑은 어디쯤 있을까
때론 느껴 서러워지는데

비 맞은 채로 서성이는 마음에
날 불러 주오 나지막이
말없이 그대를 보면
소리 없이 걸었던 날처럼 아직은 난

가진 것 없는 마음 하나로
난 한없이 서 있소
잠들지 않은 꿈 때문일까

지나치는 사람들 모두
바람 속에 서성이고
잠들지 않은 꿈 때문일까

비 맞은 채로 서성이는 마음에
날 불러주오 나지막이
내 노래는 허공에 퍼지고
내 노래는 끝나지만

내 맘은 언제나
하나뿐
하나뿐
하나뿐

작사 · 작곡 유준열 | 노래 김광석

제1악장

**광석이와
광식이의
짝사랑**

김광석이 부른 이 노래처럼 말하지 못한 사랑을 안고 비 맞은 채로 서성이는 한 남자가 있었다. 같은 수업을 듣는 여학생을 사랑했지만 '그저 그렇게 멀리서 바라볼 뿐 다가설 수가' 없었던 남자, 광식이다.

멀리서 바라보기만 하다가 어느덧 중간시험 기간이 다가왔다. 그때는 민주화 시위 때문에 수업에 빠지는 경우가 많아, 시험 때 노트를 빌려 복사하는 경우가 많았다. 그녀에게 노트를 빌리기로 했다. 드디어 용기를 내어 그녀에게 노트를 빌렸고 돌려주며 데이트를 신청하기로 마음먹었다.

"저기…." 그녀는 말없이 다음 말을 기다렸고 나는 안절부절 못하다 결국 고맙다는 말만 하고 다시 돌아섰다. 또다시 멀리서 바라보는 일이 이어졌고 기말시험 기간이 되었다. 다시 용기를 내서 노트를 빌렸고 고맙다며 초콜릿을 건넸다.

"저기…." 머뭇거리며 다음 말을 차마 못 잇던 나에게 그녀가 말했다. "저, 다음 학기에 고급 과정을 들을 건데, 같이 들을래요?" 나는 뜻밖의 제안에 고마워하며 돌아섰다. 고대하던 다음 학기가 시작되었고 그녀를 다시 만났다. 수업은 고급으로 한 단계 업그레이드되었지만 우리들의 진도는 제자리에 맴돌았다. 멀리서 바라보고 노트를 빌리고 돌려주고, 또 멀리서 바라보고 노트를 빌리고 돌려주고.

"저기…." 나는 끝내 그다음 말을 잇지 못했다. 그녀와 사랑이 절대로 이루어질 수 없다고 생각했기 때문이다. 이번에는 그녀도 다음 학기에 수업을 같이 듣자는 제안을 할 수가 없었다. 최고급 과정이 없었기 때문이다. 결국 말하지 못한 내 사랑은 영원히 끝나지 않을 가장 긴 이야기로 남았다.

짝사랑의 태도를 바꾸어라

김광석도 말하지 못한 사랑이 있었던가 보다. 그는 지독한 가라앉기를 시도했다. "어디까지 가나 보자, 싶어서 한번 빠져봤습니다. 술 마시고 싶으면 술 마시고, 그냥 지내고 싶으면 그냥 지내고. 그게 일종의 가라앉기라는 생각을 하고 다리가 닿으면 그 속에서라도 걸어가면 될 거라 생각했지요. 그런 생각으로 가라앉기를 시도했는데 (…) 끝이 없더군요. 너무 힘들고 도저히 못 견디겠더라고요." 결국 그는 가라앉기를 포기했다.

〈광식이 동생 광태〉라는 영화 속 광식이 또한 7년 동안이나 "저기…"만 되뇔 뿐 다음 말을 잇지 못했다. 광식이 역시 그녀를 누구보다 사랑하지만, 용기를 내지 못했기 때문이다. 영화 속 광식이든 현실 속 광식이든 또는 광석이든 자신의 삶을, 아니 자신을 둘러싼 세상을 바꾸지 못하는 이유는 무엇일까?

어떤 이들은 광식이가 참으로 어리석다는 생각을 할 것이다. 그녀와의 사랑이 절대 이루어질 수 없다는 그 어리석은 생각만 딱 한 번 고쳐먹으면 그 사랑이 이루어졌을 텐데, 하고 말이다. 하지만 광식이 어느 날 아침에 내 연애 사전에 불가능은 없다고 마음을 고쳐먹었다고 치자. 그날부터 당장 수많은 여자들과 만날 수 있을까? 아니 적어도 "고맙습니다. 저기 커피 한 잔 어때요?"라며 뒷말을 이어 사랑을 이룰 수 있었을까?

그럴 수 없다. 단 한 번 마음을 고쳐먹는다고 광식이가 카사노바 광태가 될 수 없다. 삶이나 세상을 바꾸는 것은 단 한 번 고쳐먹는 생각이 아니라 사는 방식이 '몸에 밴' 몸의 성향이 우리의 사랑이나 삶, 또 세상을 바꿀 수 있기 때문이다. 이것이 김광석의 '짝사랑의 철학'이다.

우리는 흔히, 머리로 행동을 선택하여 세상을 살아간다고 생각한다. 적어도 사람이라면. 하지만 실제로는 그렇지 않다. 사람은 머리가 아니라 몸이 선택한 행동으로 세상을 살아간다. "커피 한 잔 어때요?"라고 뒷말을 이어야 한다고 머리로 생각은 하지만 정작 입은 열리지 않는다. 몸이 머리의 명령을 듣지 않는 것이다. 그렇게 행동하며 살아가는 방식이 아직 몸에 배지 않았기 때문이다.

제2악장
세상을 바꾸는것은
생각이 아니라
몸이다

　　　　　김광석의 노래에 담긴 '짝사랑의 철
학'을 잘 보여주는 철학은 김광식의 '몸의 철학'이다. '짝사랑의 철
학'이 짝사랑의 태도를 바꾸는 것은 생각이 아니라 몸이라고 말한
다면, '몸의 철학'은 세상을 바꾸는 것은 생각이 아니라 몸이라고 주
장한다.

　김광식의 '몸의 철학'은 인지문화철학이다. 인지문화철학이란 인
지과학의 성과를 토대로 한 인지철학을 바탕으로, 문화 현상의 의
미를 되짚어보고 실천적 대안을 찾아보는 철학이다. 김광식은 마투
라나Humberto Maturana의 인지생물학, 푀르스터Heinz von Foerster
의 사이버네틱스와 같은 인지과학을 토대로 하는, 구성주의 인지철
학을 바탕으로 언어폭력, 동성애 혐오, 높임말과 반말 등과 같은 다
양한 문화 현상의 의미를 되짚어 보고 그 실천적 대안을 모색했다.

　김광식의 '몸의 철학'은 세상을 바꾸는 것은 생각이 아니라 몸이라고 주장하는 철학이다. 매우 낯선 철학적 주장이다. 김광식은 인지생물학과 사이버네틱스와 같은 인지과학을 근거로 그 주장을 펼친다. 근거를 살펴보기 전에 리벳Benjamin Libet의 유명한 인지과학 실험을 살펴보자.

생각하기 전에 몸이 먼저 움직인다

지금 왼손을 들어보라. 왼손을 들겠다는 의식적인 생각을 몸이 수행했다고 생각할 것이다. 그러나 놀랍게도 그 반대다. 당신이 왼손을 든 것은 머리가 아니라 몸이 스스로 '명령'을 내린 것이다. 왼손을 들겠다는 의식적인 생각은 몸이 스스로 내린 명령이 의식이라는 스크린에 비친 것에 지나지 않는다.

미국의 생리학자 벤저민 리벳과 독일의 생리학자 한스 코른후버Hans Kornhuber는 다음과 같은 실험을 했다. 실험 대상자에게 의식적으로 손가락을 움직이겠다는 생각을 하고 아무 때나 손가락을 움직여보라고 했다. 실험 대상자들이 의식적으로 손가락을 움직이겠다고 생각한 순간과 실제로 손가락을 움직인 순간은 거의 일치했다. 하지만 뇌파 측정기로 측정한 결과, 의식적으로 손가락을 움직이겠다고 생각하고 실제로 손가락을 움직이기 0.8초 전에 이미 특정한 뇌파의 변화가 일어났다는 것을 알아냈다.

의식적인 뇌가 생각하기 전에 이미 무의식적인 뇌, 즉 몸이 스스로 명령을 내린 것이다. 몸이 스스로 내린 명령을 손가락이, 즉 다른 몸이 수행한 것이다. 의식적인 생각은 더 이상 주인이 아니다. 생각은, 주인인 몸이 내린 명령을 의식이라는 스크린에 비쳐 알리는 앵무새 역할을 할 뿐이다. 말하자면, 문화적인 의식적 행동의 시나리오를 쓰는 작가는 무의식적인 몸이고, 그 시나리오를 생각이라는 영화로 만들어 보여주는 영화감독이 바로 의식적인 뇌인 것이다.

그러므로 먼저 시나리오를 바꿔야 한다. 아무리 착하게 살자고 의식적으로 생각을 고쳐먹어도 착하게 사는 방식이 몸에 배지 않았다면, 다시 말해 덕이 쌓여 무의식적인 몸이 스스로 명령을 내리지 않으면 착하게 살 수 없는 이유가 여기에 있다.

생각이 아니라 몸이 행동을 낳는다는 것을 이해하기 위해서는 행동에 영향을 미친다고 여기는 두 가지 종류의 앎을 구분할 필요가 있다. 앎에는 크게 두 가지가 있다. '~을 안다'고 할 때의 앎과 '~을 할 줄 안다'고 할 때의 앎이 있다.

'지구가 태양 둘레를 돈다는 것을 안다'고 할 때의 앎이 앞의 것이고, '자전거를 탈 줄 안다'고 할 때의 앎이 뒤의 것이다. 앞의 것은 머릿속에 생각으로 있는 정보 지식이고, 뒤의 것이 몸에 밴 행동 지식이다. 정보 지식은 그것을 찾거나 만들거나 저장하거나 되찾을 줄 아는 행동 지식의 산물이다. 그런 점에서 근본적인 앎은 행동 지식이라고 할 수 있다.

정보 지식에 초점을 맞춘 행동 이론은, 행동이란 머릿속 정보 지식을 실현하거나 표현하는 것이라고 본다. 이러한 행동 이론은 지식과 행동의 구분을 전제한다. 안다고 모두 행하거나 행할 줄 아는 것은 아니다. 가난한 이를 돕는 것이 옳다는 것을 알지만 행하지 않거나, 자전거를 이렇게 저렇게 타면 된다는 것을 알지만 실제로 탈 줄은 모르는 경우도 있다. 짝사랑을 고백하려면 "저기, 커피 한잔 어때요?"라고 말해야 한다는 것을 알지만 행동으로 행하지 못하는 이가 많다.

행동 지식에 초점을 맞춘 행동 이론은, 행동을 몸에 밴 행동 지식이 실현되거나 표현되는 것이라고 본다. 이러한 행동 이론은 지식과 행동 사이의 통일을, 이른바 지행합일을 전제한다. 알면 행할 줄 안다.

가난한 이를 도울 줄 아는 행동 지식이 몸에 배어 있으면서도 돕는 행동을 할 줄 모르는 경우는 없으며, 자전거를 탈 줄 아는 행동 지식이 몸에 배어 있으면서도 타는 행동을 할 줄 모르는 경우는 없다. 마찬가지로 사랑을 고백할 줄 아는 행동 지식이 몸에 배어 있으면서도 "저기, 커피 한잔 어때요?"라고 고백하는 행동을 할 줄 모르는 경우는 없다.

몸의 철학, 지행합일을 지향하다

정치, 경제, 사회, 문화 행동을 포함하여 세대를 이어 전승되는 모든 문화 행동도 마찬가지다. 정보 지식에 초점을 맞춘 문화 이론은 문화 행동을 머리 밖으로 표현된 정보 지식, 곧 텍스트라고 본다. 이러한 문화 이론은 지식과 문화 행동 사이의 구분을 전제한다.

반면, 행동 지식에 초점을 맞춘 문화 이론은 문화 행동을 몸에 밴 행동 지식, 곧 행동 방식이 밖으로 드러난 것으로 본다. 이러한 문화 이론은 지식과 문화 행동 사이의 통일을 전제한다.

김광식의 인지문화철학, 곧 '몸의 철학'은 무엇보다 지식과 행동 사이의 통일을, 곧 지행합일을 지향한다. 옛말에, 제대로 알면 그대로 행한다고 했다. '제대로 안다'는 것은 단지 머릿속 정보 지식으로 서가 아니라 몸에 밴 행동 지식으로 알고 있다는 걸 뜻한다. 그것은 지혜라고도 하고, 덕이라고도 한다. 김광식은 행동 지식, 지혜, 덕에 초점을 맞추어 문화 현상들의 의미를 되짚어 보고 실천적 대안을 모색한다.[45]

▶ 1악절 : 몸의 인지생물학
앎이란 곧 효과 있는 행동이다

김광식은 자신의 '몸의 철학'을 뒷받침해 줄 인지과학적 근거를 마투라나의 자기생산체계이론이라는 인지생물학에서 찾는다. 마투라나는 왜 인간의 문화 행동이 정보 지식의 표현이 아니라, 몸에 밴 행동 지식의 표현인지를 그 생물학적 뿌리로부터 설명하고자 한다.

그는 신기한 두 가지 앎의 현상으로부터 출발한다. 첫 번째 현상을 직접 체험해보자. 왼쪽 눈을 감아라. 그리고 아래 그림의 십자꼴을 똑바로 바라보라. 약 20~40센티미터 떨어진 거리에서 얼굴을 앞뒤로 움직여보라. 무슨 일이 벌어지는가? 검은 점이 갑자기 사라질 것이다.

맹점 실험

두 번째 현상도 몇 가지 장치만 준비하면 직접 체험해볼 수 있다. 스탠드 두 개를 준비하여 오른쪽 그림과 같이 왼쪽과 오른쪽에 놓아라. 원뿔 모양의 마분지로 전구를 씌워라. 왼쪽 전구 앞 마분지를 얇게 비치는 붉은색 종이로 막아보자.

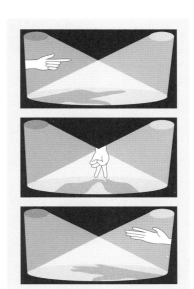

색 그림자 실험

그림처럼 손을 여기저기 원뿔꼴의 빛 속에 넣고 바닥에 비친 그림자를 살펴보라. 무슨 일이 일어나는가? 그림의 세 개 상황 가운데 위의 손 그림자와 중간의 오른쪽 손 그림자는 청록색(그림에서 회색 부분)으로 나타날 것이다.

외부 세계에는 분명히 '있는' 점을 우리는 어떻게 '없는' 것으로 보며, 외부 세계에는 '없는' 청록색을 우리는 어떻게 '있는' 것으로 보는 걸까? 도대체 외부 세계에 대한 앎이란 무엇일까? 그들은 이 현상들로부터 다음과 같은 결론을 끌어낸다. 외부 세계에 대한 우리의 앎은 외부 세계의 객관적인 정보가 아니라, 우리의 특수한 인식 행동의 구조나 방식에 의해 구성된 것이다.

우리의 앎을 결정하는 것은 외부 세계가 아니라, 우리의 인식 행동, 정확히는 몸에 밴 인식 행동 방식이다. '그곳에 아무것도 없다'는 앎은 곧 아무것도 없는 것으로 '볼 줄 아는' 몸에 밴 인식 행동 방식의 산물이며, '그곳에 청록색이 있다'는 앎은 곧 청록색이 있는 것으로 '볼 줄 아는' 몸에 밴 인식 행동 방식의 산물이다.

이 행동 방식이 바로 몸에 밴 행동 지식이다. 그런 점에서 우리의 앎이란 우리의 인식 행동 방식, 곧 행동 지식이다. 행동 지식이 곧 앎이며, 앎은 곧 행동 지식이다.

> 함이 곧 앎이며, 앎이 곧 함이다.
> _ 마투라나, 《앎의 나무》[46]

우리의 인식 행동 방식 또는 구조가 우리의 앎을, 또는 우리가 아는 세계를 구성한다고 주장하는 점에서 이러한 앎의 철학을 구성주의 인지철학이라고 부른다. 이런 점에서 마투라나는 현대판 칸트라고 할 수 있다.

하지만 마투라나는 더 나아간다. 우리의 앎뿐만 아니라 모든 생명체의 앎 또한 마찬가지라고 주장한다. 생명체의 앎과 우리의 앎은 근본에서 같다. 생명체든 우리든 어떤 세상, 환경 속에서 자신의 행동 방식으로 효과적으로 행동'할 줄 알면' 그 세상'을 안다'고 말한다. 신경계나 뇌의 발달은 그 행동 방식의 신축성과 다양성을 늘렸을 뿐이다.

> 앎이란 곧 효과 있는 행동이다.
> _ 마투라나, 《앎의 나무》

생물의 본질은 자기생산

　생물을 특징짓는 것은 끊임없이 자기 자신을 만들어낸다는 데 있다. 생명체의 효과적인 행동은 자신의 세상, 환경 속에서 끊임없이 자신을 생산하는 일이다. 자신의 환경과 상호작용하며 자신을 생산하는 일은 몸에 밴 고유한 행동 방식에, 다시 말해 몸에 밴 행동 지식에 따른다. 단세포 생명체조차도 몸에 밴 자신의 행동 방식에 따라 환경으로부터 나트륨이나 칼슘은 받아들이고 세슘이나 리튬은 받아들이지 않을 줄 안다. 아메바와 같은 단세포 생명체도 몸에 밴 자신의 행동 방식에 따라 먹이가 다가오면 가짜 발로 감싸서 잡아먹을 줄 안다.

　마투라나에 따르면 아메바와 같은 단세포 생물뿐만 아니라 사람을 포함한 모든 생명체가 특정한 방식의 행동을 하는 것은 머리로 하는 생각 때문이 아니다. 오랜 진화 과정을 거치면서 몸에 배고 태어나서 살아오면서 몸에 밴 특정한 행동 방식, 곧 행동 지식 때문이다.

　아메바가 먹이를 감싸자는 생각을 해서 먹이를 잡아먹지 않듯이, 사람도 팔자걸음으로 걷자고 생각을 해서 그렇게 걷는 것은 아니다. 아무리 팔자 모양으로 걷지 말자고 생각을 해도, 똑바로 걷는 방식이 몸에 배어 있지 않으면 어느새 팔자 모양으로 돌아와 있다.

　이러한 몸에 밴 행동 방식은 생명체가 세상, 환경과 상호작용하며 끊임없이 자기를 만드는 행동을 통해 자기 되먹임 되어 만들어진다. 이전 세포는 자신의 몸에 밴 생산 행동 방식을 통해 다음 세포와 그 생산 행동 방식을 생산하고, 그 세포는 '새로' 몸에 밴 생산 행동 방식을 통해 그다음 세포와 그 생산 행동 방식을 생산한다.

이러한 자기 생산 행동은 세상, 환경과의 상호작용 행동을 통해 이루어진다. 단세포 생물 아메바는 주변 환경에 있는 다른 단세포 생물을 잡아먹는 상호작용 행동을 통해 자기를 재생산한다. 따라서 생명체의 자기 생산 행동 방식은 곧 환경과의 상호작용 행동 방식이라고 할 수 있다.

생명체가 자기와 자기 행동 방식을 재생산하는 것을 '자기생산 autopoiesis'이라고 부른다. 이것이야말로 생물을 생물이게 해주는 본질이다. 이 재생산은 신경계가 있든 없든, 아메바든 사람이든, 모든 생물에게 같이 적용된다.

아메바와 사람의 환경과의 상호작용 행동은 둘 다 자기 재생산, 곧 생존이라는 맥락 속에서 효과적인 행동이다. 특정한 맥락 속에서 효과적인 행동을 앎에 따른 행동이라고 한다면, 둘의 행동은 앎에 따른 행동이라고 할 수 있다.

생명체의 앎에 따른 행동은 외부 세계에 대한 객관적인 머릿속 앎에 따른 행동이 아니다. 그것은 몸에 밴 앎에 따른 행동이다. 몸에 밴 앎이나 함을 생산하는 데 생물의 (머리를 포함한) 몸은 적극적인 간섭자나 생산자 역할을 한다. 그 간섭이나 참여가 거듭 되돌아 일어나면 상대적으로 안정된 성향으로 나타난다. 마치 몸에 밴 습관처럼. 이렇게 몸에 배야 "저기, 커피 한잔 어때요?"라고 말할 줄 안다.

▶ 2악절 : 몸의 사이버네틱스

몸에 밴 계산 방식을 계산하는 방식을 바꿔야
행동이 변한다

　김광석의 '몸의 철학'을 뒷받침하는 또 다른 인지철학적 근거는
푀르스터의 2차 등급의 사이버네틱스다. 푀르스터의 2차 등급의
사이버네틱스는 마투라나의 자기생산체계이론을 이해하는 데 도움
을 주고, 마투라나의 이론도 푀르스터의 이론을 이해하는 데 도움
을 준다. 어쩌면 기본적으로 같은 이야기를 각각 사이버네틱스 버
전과 인지생물학 버전으로 이야기한 것이라고도 볼 수 있다.

　사이버네틱스는 자동제어기능을 갖춘 체계를 연구하는 학문이
다. 2차 등급 사이버네틱스는 어떤 대상을 관찰하는 1차 등급 사이
버네틱스를 관찰하는 사이버네틱스다. 그것은 관찰하는 체계를 관
찰한다. 푀르스터는 그러한 관찰의 결과, 관찰하는 체계인 생명 체
계는 외부 세계의 물리적 특징들을 있는 그대로 인식하지 않는다는
것을 밝혀냈다.

　앞에서 살펴본 맹점 실험이나 색 그림자 실험에서처럼 생명 체계
는 외부 세계의 물리적 특징을 있는 그대로 인식하지 않는다. 있는
검은 점을 없는 것으로 인식하고, 없는 청록색 그림자를 있는 것으
로 인식한다.

　생명 체계는 외부 세계가 '무엇(질)'인지가 아니라 '얼마만큼(양)'
인지만 인식한다. 그것이 무엇인지는 그 생명 체계의 몸에 밴 인식
행동 방식에 따라 인식된다. 소는 자신의 고유한 인식 행동 방식에

따라 세상을 흑백으로 인식하고, 사람은 자신의 고유한 인식 행동 방식에 따라 세상을 천연색으로 인식하며, 박쥐는 세상을 흑백이나 천연색이 아닌 초음파로 인식되는 모습으로 인식한다.

우리는 '무엇'이 아니라 '얼마만큼'만 해독한다.

_ 푀르스터, 《보기와 들여다보기》[47]

왜 그럴까? 관찰하는 체계인 생명 체계는 평범한 기계가 아닌 비범한 기계이기 때문이다. 생명 체계가 관찰(앎)을 계산해내는 방식은 다른 평범한 기계와 달리 독특하다. 그것은 어떻게 다를까?

생명 체계는 비범한 기계다

평범한 기계는 특정한 입력에 대해 특정한 출력만을 계산해낸다. 하지만 비범한 기계는 특정한 입력에 대해 특정한 출력을 계산해내는 동시에 특정한 입력에 대해 특정한 출력을 계산해내는 방식까지 계산해낸다.

푀르스터는 생명 체계를 비범한 기계로 본다. 생명 체계는 특정한 입력에 대해 특정한 생명 행동이나 물질(출력)을 계산해내는 동시에, 특정한 입력에 대해 특정한 생명 행동이나 물질(출력)을 계산해내는 방식까지 계산해내는 자기 생산그물체계이기 때문이다. 이것

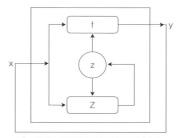

[그림 1] 생물그물체계인 비범한 기계

을 그림으로 나타내면 그림 1과 같다.

f는 생명 행동이나 물질을 계산해내는 행동이고, Z는 생명 행동이나 물질을 계산해내는 행동 방식을 계산해내는 행동이다. 이것을 비범한 기계로 만드는 것은 계산 행동 방식을 계산해내는 행동(Z)이다.

계산 행동 방식을 계산해내는 행동(z1)이 새로운 계산 행동 방식(z2)을 계산해내고, 이것은 Z2로 입력되어 Z2는 또 다른 새로운 계산 행동 방식(z3)을 계산해내고, 이 자기 되먹임 과정은 끊임없이 되풀이된다. 이 계산 행동 방식들이 바로 새로운 행동들을 낳는 몸에 밴 행동 방식 또는 행동 지식이다.

신경 체계도 비범한 기계다

퓌르스터는 우리의 신경 체계도 그러한 비범한 기계라고 생각한다. '그림 2'에서 보듯이 감각 표면에서 발생한 신경 흥분은 신경 다발들과 시냅스들을 통해 한편으로는 운동표면

[그림 2] 비범한 기계인 신경 체계

으로 흘러가며, 다른 한편으로는 뇌하수체로 흘러간다. 감각 표면으로부터 온 신경 흥분에 의해 야기된 운동 표면의 효과인 근섬유의 운동(출력)은 감각 표면으로 되먹임 되어 감각 표면의 신경흥분(입력)을 변화시킨다.

동시에 감각 표면으로부터 온 신경 흥분에 의해 야기된 뇌하수체

의 효과인 호르몬의 분비(출력)는 시냅스들로 되먹임 되어 시냅스 틈들의 전달물질들의 화학적인 합성을 변화시켜 신경계의 계산 방식을 변화시킨다. 이 자기 되먹임 과정은 끊임없이 되풀이된다. 이 끊임없이 변하는 계산 방식들이 바로 새로운 행동들을 낳는 몸에 밴 행동 방식 또는 행동 지식이다.

신경계의 이러한 수평과 수직의 이중적 자기 되먹임이 바로 자기가 자기를 재계산하는 생명 체계의 '자기계산'이다. 왜냐하면 이것은 한편으로 입력 부분이 출력 부분을, 출력 부분이 다시 입력 부분을 재계산하며, 다른 한편으로 입력과 출력 사이의 과거 상호작용 방식이 현재 상호작용 방식을, 현재 상호작용 방식이 미래 상호작용 방식을 재계산하는 자기 되먹임이기 때문이다.

이러한 자기 되먹임, 곧 자기 재계산 방식이 바로 끊임없이 변하는 몸에 밴 앎이다. 이것은 외부 세계에 대한 늘 변함없는 객관적인 머릿속 앎이나 그것에 바탕을 둔 행동을 불가능하게 만든다. 인식 계산 방식이 자기 되먹임으로 되풀이될 때마다 끊임없이 변하기 때문이다. 이 자기 재계산이 거듭 되돌아 일어나면 상대적으로 안정된 성향으로 나타난다. 마치 몸에 밴 습관처럼. 이렇게 몸에 배야 "저기, 커피 한잔 어때요?"라고 말할 줄 안다.

▶ **3악절 : 몸의 인지문화철학**

몸에 밴 행동 방식을 바꿔야 동성애 혐오 문화가 바뀐다

김광식의 '몸의 철학'은 인지철학에 머물지 않고 인지문화철학을 지향한다. 인지철학을 바탕으로 문화 현상의 의미를 되짚어보고 실천적 대안을 찾아보고자 한다. 그래서 우리 사회의 언어폭력, 동성애 혐오, 높임말과 반말과 같은 문화 현상의 의미를 되짚어보고 그 실천적 대안을 모색해보았다. 여기서는 그 가운데 동성애 혐오 행동이라는 문화 현상을 되짚어보자.

동성애자를 편하게 대할 줄 아는 앎이 몸에 배게 해야

사회·문화적 행동을 몸에 밴 앎에 따른 행동으로 보는 사회·문화 이론에 따르면, 동성애 혐오라는 사회·문화적 행동의 원인은 오랜 역사를 거치며 몸에 밴 앎이나 함에 있다. 따라서 그 해법도 동성애자와 거듭된 상호작용을 통해 몸에 밴 앎이나 함을 바꾸는 데서, 다시 말해 동성애자를 편하게 대할 줄 아는 앎이 몸에 배게 하는 데서 찾는다.

'차별금지법 반대 국민연대'가 똥물을 투척할 정도로 동성애나 동성 결혼 합법화에 결사적으로 반대하는 이유는 동성애에 대한 특정한 머릿속 앎 때문이 아니다. 다시 말해 단지 "동성애는 정상적인 사랑이 아니다"라는 앎 때문이 아니다.

바로 동성애를 혐오하는 자들과 거듭 상호작용을 하면서 몸에 밴 앎 때문이다. 여기서 주목할 점은 동성애 혐오가 동성애자들과 상호작용하면서 몸에 배게 되었다기보다는 동성애를 혐오하는 자들이나 그러한 환경과 상호작용을 하면서 그 혐오가 몸에 배게 되었다는 점이다.

동성애를 혐오하는 환경에, 막강한 영향력을 갖는 대중매체를 빼놓을 수 없다. 대중매체를 포함하여 동성애를 혐오하는 환경 조성에 커다란 영향력을 행사하는 대표적인 두 집단은 정치적으로 보수적인 사람들과 보수 성향의 기독교인들이다. 두 집단 모두 낯선 것에 대해 상대적으로 너그럽지 않은 성향이 몸에 배어 있다는 공통점을 가지고 있다. 그래서 그들과 거듭된 직접 또는 간접 상호작용을 하는 자들 가운데 동성애를 혐오하는 것이 몸에 밴 자들이 많다.

하지만 차별금지법에 성적 지향에 대한 차별금지를 포함하여 동성애 혐오 문제를 해결하려는 노력들이, 심지어 진보 성향을 내세운 노무현 정부에서조차 번번이 무산되었던 근본적인 이유는 "하나님은 이성끼리 사랑하도록 창조하셨다"라는 종교적인 머릿속 앎 때문이 아니다. "동성애도 사랑이다"라고 머릿속으로는 '알고' 있지만, 막상 동성이 사랑 고백을 하면 사랑하지 않는 이성이 고백했을 때와 사뭇 다른 '당혹스러움'을 느끼는 몸에 밴 앎 때문이다.

왜 동성이 사랑 고백을 하면 이른바 진보 성향의 몸도 당혹스러움을 느낄까? 낯설기 때문이다. 진보 성향의 몸은 보수 성향의 몸보다 낯선 것에 상대적으로 더 너그러운 성향이 몸에 배어 있지만, 동성의 사랑 고백은 여전히 감당하기에 벅찰 정도로 크게 낯선 것이기 때문이다.

따라서 동성애에 대한 낯섦을 바꾸려면, 그래서 차별금지법을 성적 지향에 대한 차별도 포함하도록 개정하려면, 내 머릿속 앎이 아니라 내 몸에 밴 앎을 바꿔야 한다. 낯익음이 몸에 배게 하려면 거듭 상호작용하는 수밖에 없다. 동성애자들과 거듭 직접 상호작용하는 것이 가장 효과적이겠지만, 우리 사회는 아직 커밍아웃한 사람들이 적다.

대중매체를 포함하여 동성애에 우호적인 환경을 많이 조성하여 그 환경과 직접 또는 간접 상호작용을 거듭할 수 있게 해서, 동성애에 대한 낯익음이 몸에 배게 하는 방법이 차선책이다. 그렇다면 동성애에 대한 낯익음이 몸에 배게 하는 다른 방법은 없을까? 인사법을 바꾸어 보는 것은 어떨까? 동성들을 포함하여 전 국민 인사법을 고개 숙임이나 악수대신 포옹으로 바꾸자는 캠페인을 벌여보는 것이다. 악수도 처음에는 무례하다고 저항이 거세었지만 보편화되면서 남녀 사이에도 악수를 하면서 심리적 거리와 낯섦을 좁혔듯이 말이다.

제3악장

짝사랑 vs 몸

　　　　어느 시대이든 '세상'에 대한 사랑은 짝사랑으로 머무는 경우가 많다. 아무리 착하고 성실하게 살아도 세상이 되돌려주는 것은 풍요가 아니라 궁핍이고, 안녕이 아니라 불안이며, 희망이 아니라 절망인 때가 많다.

　내가 세상을 사랑한 만큼, 세상은 나에게 사랑을 돌려주지 않는다. 세상의 1퍼센트가 세상의 절반을 가지고 있다고 한다. 그래서 세상이 절망스럽고 암울할 때 세상의 마지막 희망의 끈을 놓지 않은 이들은 혁명을 꿈꾼다. 하지만 혁명은 역사 속 유물이 되어버린 지 오래다.

　세상이 나를 버렸음에도 미련하게 여전히 세상에 희망을 품고 짝사랑하는 이들을 어찌할까. "삶이 그대를 속일지라도 슬퍼하거나 노여워하지 말라"라고 말할 것인가.

　우리의 마지막 희망인 선거가 있다. 하지만 선거에 희망을 걸 수 있을까. 투표하지 않는 사람이 많고, 하더라도 세상을 사랑하는 이보다 나를 사랑하는 이를 찍는 사람도 많다. 투표를 하는 게 옳다거나 세상을 사랑하는 이를 찍는 게 옳다고 가르치면 달라질까?

달라지지 않을 것이다. 그것을 몰라서가 아니라 몸에 배지 않았기 때문이다. 몸은 여전히 투표를 하지 않는다. 하더라도 세상을 사랑하는 이를 찍지 않는다. 세금을 늘려서 가난한 이들을 돕고 값싼 임대아파트를 늘려 주거안정을 꾀하겠다는 이보다 세금을 깎아주고 아파트값을 올려주겠다는 이를 찍는다.

억울하게 죽은 아이들의 억울한 진실을 밝혀내 주자는 이보다 진실을 밝혀 무엇을 하자는 거냐, 죽은 자식 장사 그만하고, 나라 경제에 걸림돌이 되니 민생에 올인하자는 이를 찍는다. 생각 따로 행동 따로다. 왜일까? 세상을 사랑하며 착하게 사는 방식이 몸에 배지 않았기 때문이다.

그래서 투표 근육을 단련시키자는 말을 하는 사람들이 있다. 생각을 한 번 고쳐먹는 것만으로는 부족하므로 아예 생각이 몸에 배도록 몸을 만들자는 것이다. 동서고금의 철학자들이 그렇게 강조했던 '덕의 철학'을, 김광석이 '짝사랑의 철학'으로, 김광식이 '몸의 철학'으로 역설하는 것이다. 세상을 사랑하는 착하게 사는 방식이 덕으로 몸에 배어야 세상을 바꿀 수 있다.

연애 근육을 단련시켜라

세상에 대한 짝사랑은 됐고, 사람에 대한 짝사랑만이라도 해결해 달라고? 커피 한잔 마시자고 말 한마디 못한 내가 무슨 수로 당신의 짝사랑을 해결해줄 수 있을까마는, 그럼에도 김광석의 '짝사랑의 철학'과 김광식의 '몸의 철학'으로부터 애써 얻은 깨달음이 있다.

짝사랑이나 삶과 세상을 바꾸려면 그러한 행동을 할 수 있도록, 그러한 행동 방식이 몸에 배도록 몸을 만들어야 한다. 어떻게? 피트니스를 해야 한다. 사람에 대한 사랑이든 세상에 대한 사랑이든 사랑의 근육을 만드는 비결은 끊임없이 자기 되먹임하며 사랑의 행동을 되풀이하는 데 있다. 세상이 그대를 속일지라도 슬퍼하거나 노여워하지만 말고 세상을 사랑하고 또 사랑하라.

아직도 말하지 못하는 사랑을 안고 비 맞은 채로 서성이고 있는가? 아직도 그저 멀리서 바라볼 뿐 다가설 수가 없는가? 당신의 짝사랑을, 아니 삶과 세상을 바꾸고 싶은가? 그렇다면 이런저런 생각들만 잔뜩 늘어놓은 연애 지침서만 읽지 말고 "저기, 커피 한 잔 어때요?"라고 당당하게 말할 수 있는 연애 근육을 단련시켜야 한다.

당신의 연애 근육은 튼튼한가?

말하지 못하는 내 사랑은 어디쯤 있을까
소리내어 내 맘 말해볼까
·
·
·
·
·
저기,

커피 한 잔 어때요?

행복을 가르칠 수 있을까

"행복은 잘 사는 방식,

　곧 훌륭한 라이프스타일이다."

_ 아리스토텔레스

　행복하게 산다는 것은 잘 사는 것이다. 잘 사는 방식은 저마다 다르다. 삶은 사는 이마다 제각기 다르니까. 똑같은 삶은 없다.

　모두에게 통하는 단 하나의 절대적인, 잘 사는 행복의 비법 같은 것은 없다. 행복하게 사는 방식은 사는 이의 삶에 따라 제각기 어울리는 방식이 따로 있다. 행복은 맞춤옷과 같다.

　나는 누구에게나 통하는 절대적 행복의 비법을 가르치려 하지 않았다. 그랬다면 이렇게 다양한 방법이 아닌 단 한 가지 방법만 줄곧 역설했을 것이다. 많은 자기계발서가 그렇듯이 그렇게만 살면 행복할 수 있다고 큰소리를 치고, 그렇게 살지 않는 당신을 호되게 꾸짖었을 것이다. 행복은 가르칠 수 없다. 저마다의 행복을 스스로 깨우칠 수 있을 뿐이다.

나는 단지 당신 앞에 앉아 내가 좋아하는 노래와 철학으로 당신의 삶을 쓰다듬고 흔들어놓고 다독이며 살아가는 이야기를 나누고자 했다.

　김광석의 노래와 나의 철학이, 당신이 마음 깊숙이 감추었을지도 모르는 슬픔을 쓰다듬고 다독여 스스로 치유하고, 당신의 삶이나 슬픔의 모양에 맞는 행복을 스스로 깨우치도록 돕는 작은 마중물이 되었으면 좋겠다.

주

1 에피쿠로스, (1985).《에피쿠로스 Epikur: Briefe, Sprueche, Werkfragmente》, Hrsg. v. H. W. Krautz. Reclam, Stuttgart.

2 김광석, (1995. 8. 26). 나우누리 팬클럽, '노래 이야기' 게시판.

3 김광석, (1995. 8. 5). 〈경향신문〉.

4 월간 〈음악세계〉, (1988. 4).

5 아리스토텔레스, (2003).《니코마코스 윤리학 Nikomachische Ethik, Reclam, Stuttgart》.

6 김광석, 〈노래 이야기〉.

7 플라톤,《티마이오스 Timaios》, Hrsg. u. uebers. v. F. Susemihl, http://www.opera-platonis.de/Timaios.pdf.

8 플라톤,《크리티아스 Kritias》, Hrsg. u. uebers. v. F. Susemihl, http://www.opera-platonis.de/Kritias.pdf.

9 플라톤,《국가 Politeia》, Hrsg. u. uebers. v. W. S. Teuffel u. W. Wiegand, http://www.opera-platonis.de/Politeia.html.

10 플라톤,《향연 Symposion》, Hrsg. u. uebers. v. F. Susemihl, http://www.opera-platonis.de/Symposion.pdf.

11 김광석, 〈수첩〉.

12 에피쿠로스, (1985).《에피쿠로스 Epikur: Briefe, Sprueche, Werkfragmente》, Hrsg. v. H. W. Krautz. Reclam, Stuttgart.

13 위와 동일.

14 위와 동일.

15 위와 동일.

16 위와 동일.

17 위와 동일.

18 이윤옥, (2009).《김광석 평전》에서 재인용, 177쪽.

19 데카르트, (1993).《성찰Meditationen uber die Grundlagen der Philosophie》, Hrsg. u. uebers. v. Luder Gaebe. Meiner, Hamburg.

20 데카르트, (1997).《방법서설Discours de la methode》, Descartes, R., Franz.-dt., Hrsg. un uebers. v. Luder Gaebe. Meiner, Hamburg.

21 셰익스피어, (1996).《오셀로Othello》, Arden Shakespeare.

22 흄, (1951).《인간 본성론A Treatise of Human Nature》, Clarendon, Oxford.

23 흄, (2000). 〈회의주의에 대하여〉,《인간 오성론An Enquiry concernung Human Understanding》 Clarendon, Oxford.

24 흄, (2000). 〈관념의 기원〉,《인간 오성론An Enquiry concernung Human Understanding》, Clarendon, Oxford.

25 김동인, (2009).《배따라기》, 푸른 생각.

26 코페르니쿠스, (2008).《천체의 회전에 대하여Ueber die Umschwuenge der himmlischen Kreise》, Hrsg. u. uebers. von J. Hamel u. Th. Posch, Frankfurt a. M.

27 장자, (2005).《장자》, 풀빛.

28 칸트, (1956).《순수이성비판Kritik der reinen Vernuft》, Felix Meiner, Hamburg.

29 헤겔, (1986).《논리학Wissenschaft der Logik I, II》, Hrsg. v. E. Moldenhauer u. K. M. Michel, Frankfurt a. M.

30 헤겔, (1989).《역사철학 강의Vorlesungen ueber die Philosophie der Geschichte》, Reclam, Stuttgart.

31 마르틴 니묄러, 〈그들이 왔다Als die Nazis die Kommunisten holten〉, http://www.martin-niemoeller-stiftung.de/4/daszitat/a31.

32 마르크스&엥겔스, (1999).《공산당 선언Das Kommunistische Manifest》, Argument, Hamburg/Berlin.

33 마르크스, (2009).《포이어바흐에 대하여Thesen ueber Feuerbach》, in: Engels, F., Ludwig Feuerbach und der Ausgang der klassichen deutschen Philosophie, BMV, Zittau.

34 마르크스, (2014).《정치경제학 비판을 위하여Zur Kritik der politischen Oekonomie》, Kindle.

35 워즈워스, 〈무지개My Heart Leaps Up〉, https://en.wikipedia.org/wiki/My_Heart_Leaps_Up.

36 니체, (1981).《차라투스트라는 이렇게 말했다Also sprach Zarathustra》, in: Werke in drei Baenden. Zweiter Band. Hrsg. v. Karl Schlechta. Karl-Hanser-Verlag, Muenchen.

37 니체, (1981).《도덕의 계보Zur Genealogie der Moral》, in: Werke in drei Baenden. Zweiter Band. Hrsg. v. Karl Schlechta. Karl-Hanser-Verlag, Muenchen.

38 김광석, (1994. 8. 27). 〈학전 공연〉.

39 월간 〈음악세계〉, (1988. 4).

40 김광석, (1995. 8. 26). 나우누리 팬클럽, '노래 이야기' 게시판.

41 하이데거, (2006).《존재와 시간Sein und Zeit》, Niemeyer, Tuebingen.

42 하이데거, (2007).《형이상학이란 무엇인가Was ist Metaphysik》, Klostermann, Frankfurt a. M.

43 김광석, (1995. 8. 26). 나우누리 팬클럽, '노래 이야기' 게시판.

44 롤스, (2008).《정의론A Theory of Justice》, Belknap.

45 Kwangsik Kim, (2008).《행동지식Handlungswissen als verkoerperte Handlungsweise》, MBV, Berlin.

46 마투라나, (1987).《앎의 나무The Tree of Knowledge》, Boston.

47 푀르스터, (1985).《보기와 들여다보기Sicht und Einsicht》, Braunschweig.